वध

वध

(एक सामाजिक उपन्यास)

मनहर चौहान

राजपाल

मूल्य : एक सौ पचहत्तर रुपये (Rs. 175.00)

संस्करण : 2009
ISBN : 978-81-7028-790-2
VADH (Novel) by Manhar Chauhan

राजपाल एण्ड सन्ज़, कश्मीरी गेट, दिल्ली-110 006

website : www.rajpalpublishing.com
e-mail : mail@rajpalpublishing.com

उड़न-पहाड़ी

अचानक हड़बड़ा कर मैंने अपनी खटारा साइकिल का ब्रेक ज़ोर से दबा दिया। डामर की गरम सड़क पर टायर घिसटने की तेज़, रिरियाती आवाज़ हुई। मैं साइकिल से उतरने लगा। तभी कोई चिल्ला पड़ा, "रे! हरामी!" और एक पुरानी साइकिल शांय करती हुई मुझे छूती निकल गई। उसे चला रहे मर्द का चेहरा मैं न देख सका। पीछे, कैरियर पर, उसने कोई औरत बिठा रखी थी। उसका चटक लाल पल्लू फड़फड़ा कर मेरे चेहरे पर लगा और सरक गया।

तिलमिला कर मैंने पल्लू वाली की तरफ़ देखा। वह मेरी ही तरफ़ देख रही थी, पल्लू सम्भालती हुई। तब तक मैं अपनी साइकिल से उतरकर सड़क पर आ चुका था। फ़ासला बढ़ने से पल्लू वाली तेज़ी से सिकुड़ कर छोटी हो रही थी। साइकिल के पैडल झटपट घुमा रहा वो मर्द कुछ ऐसे जोश में था, जैसे एकाएक अपनी प्रेमिका को भगा ले जाने का मौक़ा पा गया हो! कैसी मज़ेदार कल्पना! मैं मुस्करा दिया। ज़रूर वो पुरानी साइकिल ठीक मेरे पीछे-पीछे आ रही थी। इसीलिए मेरे अचानक ब्रेक लगाने पर उसका अगला चक्का मेरे पिछले चक्के से, बस, भिड़ने ही वाला था। मुझे 'रे! हरामी!' कहकर, बग़ल से काट लगा कर, शांय करता वह मर्द आगे निकल गया था। काश, उसे पता होता; वह कितने ज़बर्दस्त ठिकाने से दूर भाग रहा था!

मुझे भी तो अभी-अभी ही पता चला था, वो ठिकाना कितना ज़बर्दस्त था। पहले से थोड़े कुछ जानता था। अभी, बस, अचानक, जादू की तरह महसूस हुआ था, 'रुको! आगे मत बढ़ो। ज़रूर यहां कोई करामात छिपी है। उसे समझो।' और मैंने बेसाख़्ता दोनों ब्रेक एक साथ दबा दिए थे।

एकदम चौकस होकर समझना चाहा, आख़िर क्यों यह ठिकाना इतना ज़बर्दस्त महसूस हुआ। धड़कन बढ़ गई। साइकिल थाम कर, सड़क के किनारे, एक पेड़ की छांह में आ खड़ा हुआ। साइकिल पेड़ से टिका दी। भरपूर नज़र उठा कर सामने देखा।

उधर, ऊंचाई पर, धूप में कैसी चकाचक चमक रही है वो पहाड़ी! अभी-अभी उड़ती महसूस हुई थी, लेकिन इस वक़्त कैसी अटल बैठी है।

दूसरों के लिए भले न उड़ी हो, मेरे लिए वो पहाड़ी ज़रूर उड़ी थी। धरती छोड़ कर ऊपर उठी थी, आसमान में आई थी; उत्तर-दक्षिण, पूरब-पश्चिम छा गई थी। फिर भला कैसे नज़र न पड़ती। प्रेमिका को साइकिल पर बिठा कर जो भगा ले जा रहा था, उसके लिए वो नहीं उड़ी थी। मेरे लिए तो उड़ी थी। हा-हा! कैसा अलौकिक इशारा! सिर्फ़ मेरे लिए। सोने की पहाड़ी! सिर्फ़ मेरी।

'कितने टन सोना होगा इसमें?' मैंने अन्दाज़ा लगाने की बेवक़ूफ़ाना कोशिश की। किस माई के लाल ने तौल कर देखा है, जो बता सके; पहाड़ी कितने टन की है!

दोनों आंखों से सहसा एक-एक आंसू टपक गया। घूरने की भी एक हद होती है। क्या उस हद के बाद भी आंसू न गिरें? अपने ही माल को भला कोई यूं घूरा करता है? उजबक की तरह?

वैसे, वो पहाड़ी मेरे लिए अनजानी नहीं थी। कितनी ही बार उसके नज़दीक से गुज़र चुका था। कभी साइकिल पर, कभी टैम्पो से, कभी बस से। पैदल भी, कई बार। आश्चर्य! पहले कभी ध्यान नहीं गया, पहाड़ी तो सोने की है। शायद आज भी ध्यान न जाता, मगर आज तो पहाड़ी उड़ी। हर बात का एक वक़्त होता है। वक़्त से पहले भगवान भी अवतार नहीं लेते। आज वक़्त था, पहाड़ी के उड़ने का, लिहाज़ा वो उड़ी।

यह रायपुर और भिलाई को जोड़ती, दिन-रात चलती सड़क है। बसें, कारें, स्कूटर, ट्रक, टैम्पो, बैलगाड़ियां, साइकिलें, पैदल चलते लोग...भरपूर आवाजाही! पहाड़ी का सोना किसी को भी दीख सकता था। मुझी को क्यों दीखा?

फटा रूमाल निकाल कर मैंने अपने दोनों गालों पर से आंसुओं की धारियां पोंछीं। वे आंसू सोने की पहाड़ी को घूरने के तो थे ही; आश्चर्य, आनन्द और रोमांच के भी थे। भगवान जब देता है, छप्पर फाड़ कर देता है।

आमने-सामने...साक्षात् हनुमन्त लेटे हुए थे, पहाड़ी के पहलू पर! किसी को नहीं दीखेगा, मुझे दीख रहा था, हनुमन्त कैसे मज़े-मज़े में लेटे थे। मन-ही-मन सर झुका कर नमस्कार किया, "प्रभो! मुझ पापी पर ऐसी कृपा? आज तो भवसागर पार हो गया। आदेश, महाबली?"

अचानक लगा, पहाड़ी एक बार फिर उड़ान भर रही है। ठीए से उठ कर आकाश में छा रही है। उसके पहलू पर लेटे हनुमन्त मुस्करा रहे हैं। कितने स्नेह से निहार रहे हैं मुझे। उनका स्वर कितना स्पष्ट है, "रे, मानव! देखता क्या है! यह मैं ही हूं। तेरे पिछले जनम के सुकर्मों का फल है, जो तुझे दीख रहा हूं। अकेला तू ही न देख। ऐसी व्यवस्था कर कि दूसरे भी देखें। आया समझ में? जा! आज से तू मेरा विशेष सेवक!"

"प्रभु! प्रभु! मैं कहां इस योग्य!"

"योग्यता की चिन्ता न कर। तेरा भाग्य है और भाग्य ही तेरी योग्यता है। यूं खड़ा-खड़ा, टुकुर-टुकुर मत देख।"

"आप ही को देख रहा हूं, भगवन! कितनी भव्यता से बाईं करवट पर लेटे हैं। पैर ज़रा सिकोड़ रखे हैं। महा-पराक्रमी दुम लहरा कर फैलाई है। बायां हाथ मोड़ कर सिरहाने धर रखा है। दाहिने हाथ में गदा थमी है। दोनों आंखें मुंदी हुई हैं। नींद में भी होंठों पर कैसी मन्द-मधुर मुस्कान है..."

"अच्छा! इतना साफ़ दीख रहा हूं?"

"हां, भगवन! सब आपकी कृपा है।"

"लेकिन अभी तो मैं ठीक से सामने भी नहीं आया।"

"दूसरों के लिए नहीं आए होंगे। मेरे लिए तो कब के आ चुके। क्या आप ही के इशारे पर मेरी साइकिल में अपने-आप ब्रेक नहीं लगा? आहाहा! कितनीं भव्यता से निद्राधीन हैं!"

"अरे, अभी तो मैं तुझसे बातें कर रहा हूं। निद्राधीन कैसे हूं?"

"यही तो है, प्रभु की लीला!"

"मेरी लीला बाद में। पहले तू अपनी लीला दिखा। तभी तेरा कल्याण होगा।"

उड़ती पहाड़ी वापस अपने ठीए पर जस-की-तस बैठ गई है। हनुमन्त मन्द-मन्द झलक रहे हैं, पहलू पर। रेलवे के तीन स्लीपर-कोच क़तार में जोड़ें, इतनी लम्बाई में, साठ-पैंसठ फीट की ऊंचाई पर, पहाड़ी में से एक ज़बर्दस्त चट्टान बाहर निकली हुई है। पहाड़ी तो समूची हरियाली से ढकी पड़ी है, मगर उस चट्टान पर मिट्टी की परत भी नहीं है। शुद्ध, ठोस पत्थर का महापिण्ड! जो गेरुए रंग का है। मुझे तो वहां सोने का ही रंग दीख रहा है, चकाचक! क्योंकि वहीं से होगी, सोने की वर्षा। पहाड़ी की ऊंची करवट पर, हरियाली के बीचोंबीच, अलग-थलग झलकती वो चट्टान! कैसी चमत्कारी! अपने ही हाथ का तकिया बना कर लेटे हनुमन्त! लम्बाई रेलवे के तीन स्लीपर-कोच जितनी, तो ऊंचाई दो स्लीपर-कोच जितनी।

नहीं, किसी ने छेनी नहीं चलाई है, चट्टान के पहलू पर। कुदरत का ही करिश्मा है। चट्टान ख़ुद-ब-ख़ुद ऐसी कटी-फटी, ऊंची-नीची है कि जहां हनुमन्त का चेहरा होना चाहिए, ठीक वहीं चेहरे का आभास है। मुंदी हुई आंखें भी क्या हू-ब-हू बनी रखी हैं। दो हाथ। दो पैर। मज़बूत गदा। लहराती दुम...सब क़ुदरत ने ही तराश रखा है।

अब? मेरा पहला क़दम क्या हो? हनुमन्त ने कितना स्पष्ट आदेश दिया है मुझे, "जा! मेरी लीला बाद में। पहले तू अपनी लीला दिखा!" हनुमन्त कहीं

मख़ौल के मूड में तो नहीं थे? नहीं, नहीं। मुझ जैसे तुच्छ मनुष्य के साथ भला वो देव-पुरुष मख़ौल करेंगे?

लीला तो मुझे दिखानी ही पड़ेगी। तभी यह पहाड़ी, जो आज सिर्फ़ मिट्टी और पत्थर की है, मेरे लिए ख़ालिस सोने की बन सकेगी। पहाड़ी ने तो बाक़ायदा उड़-उड़कर आदेश दिया है; कितना स्पष्ट!

लेकिन यह मेरा भ्रम भी तो हो सकता है...पहाड़ी उड़ी ही नहीं, मुझे लगा कि उड़ी। हनुमन्त ने आदेश दिया ही नहीं, मुझे लगा कि दिया।

हिश्ट! ऐसे कैसे भ्रम हो जाएगा। बाल धूप में सफ़ेद नहीं किए हैं। भला कौन-सा घाट है ऐसा, जहां का पानी नहीं पीया। चार जवान सन्तानें हैं। तीन बेटे। एक बेटी। ज़ाहिर है, बीवी भी है एक। पचास की हो चुकी। चालीस की लगती है। मैं भी बावन का कहां लगता हूं। बयालीस का ही लगता हूं, ज़्यादा-से-ज़्यादा। ह-ह-ह! मुझे भ्रम? सवाल ही नहीं।

चलूं, चलूं। घर पहुंचूं। सबको बताऊं। जिस पहाड़ी को दुनिया रोज़ यूं ही देखा करती है, उसी को आज मैंने किस नज़र से देखा। अब, जल्द-से-जल्द, ऐसा क्या किया जाए कि पहाड़ी से सोना बरस पड़े? बरसे भी ऐसे कि सिर्फ़ हमीं पर बरसे। अलौकिक आदेश है। सोने की पहाड़ी आज से मेरी! दम हो, तो इसी वक़्त उठा कर ले जाऊं। सिफ़त हो, तो छिपा कर रख लूं।

नहीं, इतनी बड़ी पहाड़ी उठा तो सकता नहीं। छिपा भी नहीं सकता। पहाड़ी मेरे पास नहीं आएगी। मुझी को पहाड़ी के पास जाना होगा। सरेआम क़ब्ज़ा कर, तमाम मिट्टी-पत्थर को सोने में बदलना होगा...कुछ ऐसे कि कोई दूसरा न तो आ सके, न पा सके।

लेकिन यह होगा कैसे? आख़िर कैसे? यूं लगा, जैसे दिमाग़ घूम जाएगा, इसी वक़्त। फिर लगा, नहीं घूमेगा। हनुमन्त ने कुछ सोच-समझ कर ही कृपा की होगी।

रायपुर की सड़कों पर साइकिल मैंने आहिस्ता-आहिस्ता चलाई। किधर मुड़ना है, सामने से क्या आ रहा है, होश किसे था! ऐसे में कस कर पैडल मारना ख़तरनाक रहता। शहर के मशहूर बूढ़े तालाब का पानी दूर से चमक छोड़ता दीखने लगा। मैंने साइकिल गली में मोड़ी और अपने पुश्तैनी कच्चे मकान के सामने रोक दी।

तब तक एक फ़ैसला मन-ही-मन पक्का हो गया था। विशाल चट्टान पर कुदरती बने हनुमन्त की बात, आज, तत्काल, घर में किसी को नहीं बताऊंगा। मेरे बापू कहा करते थे, कोई भी नाजुक बात किसी को बताने से पहले एक रात ज़रूर गुज़रने देनी चाहिए। नींद इन्सान को ताक़त देती है और अक़ल भी।

घर के अन्दर मैं लगातार चुप बना रहा, लेकिन मेरा चेहरा दमक रहा था।

"लगता है, बाऊजी की कहीं नौकरी लग गई है।" भुच्चड़ ने कुरेदा। भुच्चड़

याने मेरा बड़ा लड़का। पूरा नाम : भैरोसिंह। भुच्चड़ के नाम से मशहूर, रायपुर का दादा।

"नहीं, भुच्चू! सेठ से मुलाक़ात ही न हो पाई। रिश्तेदारी में कहीं ग़मी का मौक़ा था, अचानक वो उधर चला गया था।" मैंने बताया, "दो दिन बाद लौटेगा, तब फिर कोशिश करूंगा।"

एक भट्ठे में, ईंटों की लदान के लिए ट्रक-ड्राइवर की नौकरी ख़ाली थी। उसी के फेर में कुम्हारी रोड पर साइकिल चलाता, दसेक किलोमीटर दूर के उस भट्ठे तक जा पहुंचा था। वहीं से लौटते में दीखी थी वो उड़न-पहाड़ी।

आधी रात के बाद, नींद में, अचानक मैंने हंसना शुरू कर दिया। मज़ा यह कि थोड़ा-थोड़ा मुझे भी पता चला कि हंस रहा हूं। सम्भल कर, फ़ौरन चुप हो गया। करवट बदल कर, मुंह ढांक कर सोने लगा, मगर आध-पौन घण्टे बाद फिर वही खी-खी-खी! चुप हो सकता, उससे पहले ही स्विच ऑन होने की टिच्च! और पूरा कमरा रोशनी से लबालब! देखता क्या हूं, घर का एक-एक जना उठ पड़ा है।

सब मुझे छेड़ने लगे कि ऐसी भी क्या ख़ुशख़बरी है, जिसे मैं छिपा-छिपा कर हंस रहा हूं। "कहां की ख़ुशख़बरी! नौकरी लगेगी, तो छिपाने की क्या बात! चलो, चलो, सो जाओ सब। ऐसी कोई बात ही नहीं है।" और मैंने सर से पांव तक चादर खींच ली।

अगले दिन, सुबह की चाय पी रहे भुच्चड़ से मैंने पूछा, "क्यों रे! आज दिन में क्या कर रहा है तू?"

हनुमन्त के समाचार, सबसे पहले, भुच्चड़ को ही देने का मन था। घर के दूसरे लोगों को क्रम से थोड़ा-थोड़ा करके ही बताना ठीक रहेगा। बात एकाएक यक़ीन करने लायक़ नहीं है। भला क़ुदरती तौर पर उतनी ज़बर्दस्त चट्टान पर हनुमन्त बने-बनाए कैसे हो सकते हैं! और अगर हैं भी बने-बनाए, तो इससे हमें क्या लाभ? भुच्चड़ को यह सब न केवल बताया जा सकता था, बल्कि उससे सलाह भी मांगी जा सकती थी कि आख़िर ऐसा क्या करें कि जिससे पत्थर और मिट्टी की बनी वो पहाड़ी हमारे लिए सोने की पहाड़ी बन जाए।

हनुमन्त-दर्शन

"आज तो, बाऊ जी, दिन भर घर में ही हूं।" भुच्चड़ बोला, "कहीं नहीं जा रहा। क्यों?"

"तुझे एक ख़ास चीज़ दिखानी है उससे हम सबकी क़िस्मत पलट सकती है।"

मेरी और भुच्चड़ की साइकिलें पहाड़ी के सामने आकर रुकीं। मैंने चट्टान में धुंधले अंकित हनुमन्त की ओर इशारा किया, "बता, भुच्चड़ ! कुछ है उधर?"

"किधर?"

"उधर। वहां। क्या दीखता है?"

"चट्टान है। और क्या है?"

आख़िर मैंने ही बारीकी से समझाया; हनुमन्त का चेहरा किधर, हाथ किधर, पैर किधर, दुम किधर, गदा किधर।

भुच्चड़ का मुंह खुला रह गया, "बाप, रे, बाप! इतने बड़े हनुमान जी!"

"शी...धीरे बोल। कोई सुन लेगा।" मैं उसे सड़क की आवाजाही से दूर, एक तरफ़ ले गया, "ऐसा है, भुच्चड़! अब यह हनुमान जी हमारे हैं।"

"क्या कहते हैं! इतनी बड़ी चट्टान पर क़ुदरती बने हनुमान जी हमारे कैसे?"

"यही सोचना है, इन पर क़ब्ज़ा कैसे करें? इनके ज़ोर पर सोना कैसे बरसाएं?"

भुच्चड़ के साथ मेरी जितनी निभती है, उतनी निक्के या झब्बू के साथ नहीं। इन तीन भाइयों की इकलौती बहन वर्षा, पति से मतभेद हो जाने के कारण, इन दिनों हमारे साथ ही रह रही है। लाड़ली वह भी कम नहीं, मगर भुच्चड़ की बात निराली है। वह उतना ही ऊंचा-पूरा है, जितना मैं। मैं छह फीट एक इंच का हूं। भुच्चड़ एकाध सूत ज़्यादा ही होगा, कम नहीं। उसने ठीक वैसी ही नुकीली मूछें रखी हुई हैं, जैसी मैंने। मेरी मूंछों में सफ़ेदी बहुत है, उसकी मूंछों में नहीं, वरना हमारी मूंछें याने जुड़वां बहनें। भुच्चड़ पर जब भी नज़र पड़ती है, यही लगता है,

जैसे किसी शीशे में देख रहा होऊं। उसके शौक़, उसका पहनावा, उसकी आवाज़, उसकी चालढाल...साक्षात् मेरा ही अवतार!

"वाह, बाऊ जी! क्या दूर की कौड़ी बिठाई आपने भी। क्या ग़ज़ब की खोज की।" वह किलक रहा था।

"हनुमन्त के इशारे के बिना कुछ नहीं हो सकता था।"

"नहीं, बाऊ जी! यह खोज तो आप ही ने की है, किसी के भी इशारे के बिना।"

मैंने उसका हाथ पकड़ कर दबाते हुए कहा, "बेटे! मैं जानता हूं, तेरे और मेरे बीच अगर कोई फ़र्क़ है, तो यही कि मैं आस्तिक हूं और तू नास्तिक। इसीलिए ...जो तरीक़े तुझे सूझेंगे, वो मुझे कभी नहीं। बता, भुच्चू! क्या करें कि यह चट्टान हमारी हो जाए।"

वह एकाएक खिल गया, "जानते हैं, अभी क्या आ रहा है मेरे दिमाग़ में?"

"बता।"

"हमें आम आदमी के साथ जुड़ना होगा। यह आम आदमी ही है, जो अफ़वाहें फैलाता है और जब तक अफ़वाहें नहीं फैलतीं, भगवान के नाम पर सोने-चांदी की बरसात नहीं होती।"

"बात तो तेरी सच है।"

"यक़ीन जानिए, बाऊ जी! हनुमन्त आपको सिर्फ़ इसलिए दीख रहे हैं कि आपने उनकी कल्पना कर रखी है। आम आदमी को वो नहीं दीखेंगे। अभी वो बहुत गिचपिच हैं, मॉडर्न आर्ट की तरह। आम आदमी हाथ जोड़े, मत्था टेके, इसके लिए ज़रूरी है कि उसे अपना देवता साफ़ दिखाई दे। हमें हनुमन्त की आकृति को उभार कर आसान बनाना होगा।"

"कैसे?"

"लकीरों को गहरा करके।"

"मगर कैसे?"

"छेनी चला कर! और कैसे।"

"लेकिन, बेटे, सरेआम कैसे इस चट्टान पर छेनी..."

"मैंने भी कब कहा, छेनी सरेआम चलाओ।"

"तो फिर?"

"सोचेंगे। अभी चलिए यहां से। आज के लिए इतना काफ़ी है।"

मैं और भुच्चड़ वापस रायपुर रवाना हो गए। रास्ते में भुच्चड़ ने कठोरता से हिदायत दी, "फ़िलहाल घर में किसी को भनक न लगे, हम कैसी खिचड़ी पका रहे हैं। मैं नहीं चाहता, हमें शेख़चिल्ली कह दिया जाए। बाक़ी इतना तो आज तय हो ही गया कि यह चट्टान हमारी है।"

''चट्टान नहीं, बेटा! हनुमन्त।''

''फिर वही बात! वहां हनुमन्त नहीं, सिर्फ़ चट्टान है।''

दो दिनों तक भुच्चड़ घर में बहुत कम दिखाई दिया। वह भला, उसकी साइकिल भली। तीसरे दिन, दोपहर के यही कोई ग्यारह बजे, मैं और भुच्चू जाकर बूढ़े तालाब के बीचोंबीच बैठ गए। ज़मीन की एक लम्बी, कुदरती पट्टी इस तालाब के बीचोंबीच तक पहुंची हुई है। वाक़ई यह एक निराला, सूखा, ख़ूबसूरत भूखण्ड है, जिसे नगरपालिका ने और भी ख़ूबसूरत बना दिया है। टहलने या ठलहा बैठने के लिए ऐसी प्यारी, नन्हीं-सी जगह, रायपुर में दूसरी कोई नहीं। रायपुर वाले इसकी क़द्र नहीं करते। तभी तो बेंचें अक्सर ख़ाली पड़ी रहती हैं। मुम्बई होता, तो यहां चौबीस में से अठारह घण्टे प्रेमी पंछी आकर गुटरगूं करते।

वहां के सन्नाटे में एक सूनी बेंच पर बैठ कर हमने हौले-हौले पूछना-बताना शुरू किया। गत दो दिनों में भुच्चड़ ने काफ़ी-कुछ मालूम कर लिया था। सोचा-विचारा भी बहुत था। घर में बैठ कर सबके सामने तो हम खुसुरफुसुर कर नहीं सकते थे।

''बाऊ जी! एक बात ऐसी है, जो हमारे लिए बहुत फ़ायदे की रहेगी। उस पहाड़ी की चोटी पर एक राम-मन्दिर है।''

''राम-मन्दिर?'' मैंने आंखें सिकोड़ीं।

''छोटा-सा है। बहुत कम श्रद्धालु आते-जाते हैं। ऊपर पहुंचने के लिए पगडण्डियां बनी हैं।''

''क्या तू ऊपर तक गया था?''

''हां। पुजारी से भी मिला। उसका शिकारी कुत्ता बहुत ख़ूंख़्वार है। मन्दिर में एक लठैत चौकीदार भी है। ये तीनों वहीं मन्दिर के पिछवाड़े में रहते हैं। पहाड़ी की ओट में, तलहटी में फैली हुई, झोपड़ों की एक छोटी-सी बस्ती भी है।''

''हूं...''

''रात के आठ बजे तक इक्का-दुक्का श्रद्धालु आते रहते हैं। फिर मन्दिर बन्द हो जाता है। पुजारी और चौकीदार पिछवाड़े के अपने कमरे में चले जाते हैं और खाना पकाते हैं।''

''किसी को शक-वक तो नहीं हुआ? आख़िर तुमने कुरेद कर सब पूछा होगा।''

''शक कैसा! सिर्फ़ पचास का एक नोट मन्दिर में चढ़ाया, तो पुजारी और चौकीदार दोनों खुश हो गए। अपने-आप सब बताने लगे। वहां जो भी श्रद्धालु आते हैं, ग़रीब ही आते हैं। नाम का ही चढ़ावा चढ़ाते हैं। उतने से तो बेचारे उन दोनों की तनख़्वाह भी नहीं निकलती। कुत्ते का ख़र्च अलग से। मन्दिर का घाटा ट्रस्ट पूरा करता है।''

"ट्रस्ट?"

"बताता हूं। पहले यह तो सुनिए, वहां राम-मन्दिर का होना हमारे लिए कितना फ़ायदेमन्द है।"

"बता।"

"राम-सीता अपने मन्दिर में, पहाड़ी की चोटी पर, सादर विराजमान हैं। नीचे, उनके चरणों पर, याने उस चट्टान पर, हनुमन्त कभी भी प्रकट हो सकते हैं। हनुमन्त का वहां प्रकट हो जाना आम जनता को बड़ा ही स्वाभाविक लगेगा।"

"अरे, वाह! यह तो..."

"होशियारी से ऐलान करना होगा कि हनुमन्त कब और कैसे प्रकट होंगे। अगर हमने एक-एक क़दम फूंक कर नहीं रखा, तो मरेंगे। क्या कहते हैं? पुजारी को भागीदार बनाने की सोचें?"

"पुजारी? भागीदार? जबकि मैं सोचता हूं, क्यों न किसी तरह उसे उधर से भगा ही दिया जाए! क्यों न खुद हमीं जा कर वहां ठस जाएं।" मैं बोला, "ऐसे मामलों में लोग जितने कम रहें, उतना ही अच्छा होता है। मुंह जितने ज़्यादा, बात खुल जाने का ख़तरा भी उतना ही ज़्यादा।"

भुच्चड़ ने गहरी सांस ली, "सोचना होगा।"

"तुम कुछ...ट्रस्ट के बारे में बता रहे थे।"

"हां...वो राम-मन्दिर एक ट्रस्ट का है। सारा चढ़ावा ट्रस्ट को ही जाता है। ट्रस्ट की कोई बड़ी रक़म जमा है, बैंक में। उसी के ब्याज से तनख़्वाह दी जाती है, मरम्मत आदि होती रहती है। मन्दिर के साथ कोई चमत्कार जुड़ा हुआ नहीं है। यह बात भी हमारे लिए फ़ायदे की है। जब हम हनुमन्त का चमत्कार दिखाएंगे, तब हमारा चमत्कार किसी भी दूसरे चमत्कार के साथ क्रॉस नहीं करेगा।"

"वो ठीक है...लेकिन...आख़िर हम क्या चमत्कार दिखाएंगे? और कैसे?"

"अभी मैं इसका जवाब नहीं दे सकता। करेंगे कुछ।" भुच्चड़ आसमान की ओर ताकने लगा, जैसे वहां कोई इबारत लिखी हो, जिसे वह पढ़ सकता हो, "बाऊ जी! सबसे पहले आपको दाढ़ी बढ़ानी होगी। एक तो आपकी उम्र। ऊपर से दाढ़ी। लोगों को आप ज़्यादा भरोसे के इन्सान महसूस होंगे। दो-ढाई महीने लगातार बढ़ाइए। शुरू आज से ही कर दीजिए।"

"नहीं, बेटे!" मैंने कहा, "अभी मेरा हाथ बिल्कुल ख़ाली है। पहले कुछ कमाना-धमाना होगा। तीनेक महीने ज़रूर कहीं नौकरी करना चाहूंगा, बशर्ते मिले। उसके लिए काफ़ी भटकना पड़ेगा। दाढ़ी बढ़ा कर भटकना उचित न होगा। साधु को कौन नौकरी देगा?"

भुच्चड़ ने बेमन से हामी भरी। हम दोनों उठ पड़े। बूढ़े तालाब के तमाम घाटों पर कपड़े पटक-पटक कर धोए जा रहे थे। कपड़े का पटका जाना पहले दिखाई देता। धब्ब की आवाज़ बाद में सुनाई पड़ती। चारों तरफ़ से, दूर-दूर से, धब्ब-धब्ब आ रही थी।

मैं और भुच्चड़ उस लम्बे, हरे-भरे भूखण्ड को सर झुका कर पार करने लगे। सर क्यों झुका रखे थे हमने?

मैंने गहरी सांस लेकर सीना फुलाया। गर्दन कड़ी करके सर ऊपर उठाया। गला खंखारा। शान से चारों तरफ़ देखता हुआ, मैं ज़रा इतरा कर चलने लगा।

भुच्चड़ ने कनखियों से देखा मेरी ओर। मेरी अदा उसे पसन्द आ गई। उसने भी गहरी सांस लेकर सीना फुलाया और गर्दन कड़ी करके सर ऊपर उठा दिया। पूरे रुतबे के साथ उसने गला खखारा। अरे, हम हैं ख़ालिस सोने की बनी पहाड़ी के मालिक! भला हम सर झुका कर चलेंगे?

दोपहरी ढलने के बाद भी गरमी की तल्ख़ी कम होने का नाम नहीं ले रही थी। मेरी खटारा साइकिल कुम्हारी रोड पर चली जा रही थी। मैं उसी पहाड़ी के सामने से गुज़रने लगा। मैंने मन-ही-मन हनुमन्त को प्रणाम कर लिया। नज़र उठा कर देखा नहीं उनकी ओर। आज मैं देखूंगा, तो कल मेरी देखादेखी दूसरे भी देखेंगे। लोगों की भीड़-की-भीड़ देखना शुरू कर देगी। फिर तो किसी का भी ध्यान चला जाएगा, छिपे-छिपे लेटे हनुमन्त पर। बेड़ा ग़र्क़! जो चमत्कार हम कर ले जाना चाहते हैं, वही कोई और कर ले जाएगा। कहीं हम टुकुर-टुकुर ताकते न रह जाएं। बेहतर होगा, हनुमन्त की ओर नज़र डालूं ही नहीं। हनुमन्त को पीछे छोड़ मैं आगे निकल गया।

आमने-सामने

कच्ची ईंटों की ऊंची थप्पी के साथ टिका कर मैंने अपनी साइकिल खड़ी कर दी। रूमाल निकाल कर, सबसे पहले, चेहरे का पसीना पोंछा, अच्छी तरह। फिर हाथ गर्दन तक ले जाकर वहां के भी रेले रूमाल में जज़्ब किए।

नमस्कार करता हुआ मैं भट्ठे के मालिक के सामने आ खड़ा हुआ। मालिक को यह जान कर ख़ुशी हुई कि मैं बस और ट्रक चलाने का अच्छा अनुभवी था।

"हां, इधर नौकरी ख़ाली तो है, ड्राइवर की।" उसने मेरी नज़र-से-नज़र भिड़ा कर पूछा, "ड्राइविंग-लाइसेन्स लाए हो?"

"जी, यह रहा..." मैंने जेब में हाथ डाला।

दिल धक् सा रह गया। लाइसेन्स नहीं था। घर से निकलते वक़्त कितना सम्भाल कर रखा था जेब में, प्लास्टिक की पतली थैली में लपेट कर। ऊपर से रूमाल भी धरा हुआ था। रूमाल के भी नीचे से निकल कर वो कहां गिर गया?

रूमाल! पसीना पोंछने के लिए रूमाल निकाला था न? कहीं उस वक़्त तो नहीं गिरा? हमेशा ऐसे ही गिरता है लाइसेन्स, साला।

"माफ़ कीजिएगा...उधर, साइकिल पर रखा है। अभी लाता हूं।" अगले ही पल मैं साइकिल की दिशा में लपक पड़ा।

दूर से ही नज़र आ गया कमबख़्त। प्लास्टिक की थैली में कैसा सुरक्षित! मगर पड़ा हुआ था नीचे, धूल में। झपट कर उठा लिया। धूल झाड़ने के लिए कई बार फूंका। कनखियों से देखता भी जा रहा था, क्या भट्ठे के मालिक की नज़र मुझ पर है? थी। याने, झूठ पकड़ा गया। मैंने उससे कहा था, "साइकिल पर रखा है", लेकिन यहां तो यह धूल में पड़ा था। झूठ, वैसे, छोटा-सा है, मगर छोटी बात भी कभी इतनी बड़ी हो जाती है कि...

लौटते-लौटते, बीच राह में ही, थैली की परतें खोल कर मैंने ड्राइविंग-लाइसेन्स बाहर निकाल लिया। उसे मालिक की ओर बढ़ाता हुआ मैं इतना ही कह सका, "जी, यह रहा। देख सकते हैं..."

"अब क्या देखना है।" मालिक मुस्कराया भी नहीं, "जो अपना लाइसेन्स भी नहीं सम्भाल सकता, वो मेरा ट्रक क्या सम्भालेगा।"

बेसाख़्ता मुझे हंसी आ गई। रुका ही न गया। लाइसेन्स को वापस लपेटकर मैंने जेब में रखा। 'अरे, तेरे भट्ठे में भुट्टा मारूं! समझता क्या है, रे, तू, अपने मन में? कि नौकरी के बिना मैं मरा जा रहा हूं? रे, तुझे पता भी है, कौन खड़ा है तेरे सामने?' बेशक, यह सब मैं बोल नहीं सकता था, मगर मेरे चेहरे पर अंकित यही था। मालिक मेरी हंसी को चकरा कर देख रहा था।

"कोई बात नहीं!" मैंने पुलक के साथ कहा, "फिर मिलेंगे!"

मेरे क़दम वापस साइकिल की ओर उठने लगे। सूअर! मुझे नौकरी पर रखेगा! मैं और नौकरी करूं? मुझे सिर्फ़ दाढ़ी बढ़ानी है। भव्य। असली। कितनी ही खींचो, निकलने का नाम न ले!

रात, अचानक, नींद खुल गई। अलार्म-घड़ी की क्लच-क्लिच्च कमरे के अन्धकार में लबालब भरी हुई थी। उस क्लच-क्लिच्च के साथ ताल मिलाकर मेरा दिमाग भी क्लच-क्लिच्च करने लगा।

यह भुच्चड़! बेशक सगा बेटा है, दिल का टुकड़ा है, लेकिन कैसी सिफ़त से घुमा रहा है मुझे! बाऊ जी! आप तो, बस, घर में बैठे दाढ़ी बढ़ाते रहिए!.. .याने, बाहर का सब-कुछ भुच्चड़ के हवाले। हनुमन्त की खोज मैंने की। ले उड़ेगा भुच्चड़। अरे, वाह!

यह चालाक लड़का अपने भाइयों को भी साथ नहीं रखना चाहता। तभी तो इसने अभी तक एक लफ़्ज़ भी किसी भाई को नहीं बताया है। मां को नहीं। बहन को नहीं। किसी को नहीं।

ठीक है। इस भुच्चू के बच्चे से ज़रा सावधान रहना होगा...

अगले दिन सुबह से ही भुच्चड़ बहुत ख़ामोश और परेशान नज़र आया। मैं उसे तालाब में नहलाने ले गया। लौटते वक़्त रास्ते में पूछा, "क्या करना है आगे?"

वह चुपचाप चलता रहा।

"दाढ़ी बढ़ाना कब से शुरू करूं?" मैंने ख़ास उसे छेड़ने के लिए ही कहा।

उसने बहुत मायूस नज़र से देखा मेरी ओर। इतनी गहरी थी उसकी मायूसी कि मैं तो जैसे सिटपिटा ही गया। एकाएक उसे ज़ोर की सिसकी आ गई। उसने अपनी दोनों आंखें भींच लीं, मुट्ठियां भी कस लीं; सर इतने ज़ोर से हिलाया कि छींटे उसके गीले बालों से उड़कर मेरे चेहरे पर गिरे।

"बाऊ जी!" वह एकदम नरवस आवाज़ में बोला, "यह तो बहुत बड़ी स्कीम है। इतनी पेचीदा और ख़तरनाक कि...जितना सोचता हूं, उतना घबराता हूं। इससे तो दुनिया हिल जाएगी। कैसे होगा सब?"

मैंने पासा फेंका, "मेरी हालत भी यही है। दिमाग़ की खिड़कियां बन्द-सी हो गई हैं। सुन, भुच्चड़! ये हम दो के बस का काम नहीं। क्यों न झब्बू को भी साथ ले लें?"

इसमें मेरा दांव यही था कि झब्बू को साथ रखने से भुच्चड़ मुझ पर एकाएक हावी नहीं हो सकेगा। झब्बू के सहारे कुछ-न-कुछ इधर-उधर मैं कर ही लूंगा। झब्बू याने मेरा मझला बेटा। असली नाम : झंवरसिंह।

भुच्चड़ अचानक राह बदलकर एक बड़ के नीचे पहुंच गया। तने से टिककर उसने बड़ की मोटी जटाएं पकड़ लीं। उसे वाक़ई सहारे की ज़रूरत थी। यकायक मुझे उस पर रहम आने लगा। उसकी ख़ामोशी मुझसे सही नहीं जा रही थी। मैंने उसका कन्धा दबाते हुए कहा, "ऐसा भी क्या हो गया, बेटे?"

"बाऊ जी! क्या झब्बू के शामिल होने के बाद भी हम इसी तरह छिपकर बातें करेंगे? यह ग़लत है।"

"मगर ये तो तू ही चाहता था कि हम छिप-छिपकर बातें करें, ताकि घर में कोई हमें शेख़चिल्ली न समझे।"

"वो मेरी भूल थी...लेकिन आपने अकेले झब्बू की बात क्यों की? झब्बू को शामिल किया जाए, तो निक्के को क्यों नहीं? और मां को अलग क्यों रखें? शामिल तो वर्षा को भी करना चाहिए।"

मैं देखता रह गया। ऐसे जवाब के लिए मैं तैयार नहीं था। कितना अच्छा है भुच्चड़ द ग्रेट। इतने नेक इन्सान पर मैंने शक किया। यह बेचारा मुझ पर हावी होने की साज़िश क्या करेगा। यह तो पूरे परिवार को ही साथ रखना चाहता है। मेरा जी भर आया।

भुच्चड़ बड़ की जटाओं के सहारे थोड़ा-थोड़ा डोल रहा था, "बाऊ जी! एक से भले दो, दो से भले चार। हमें शेख़चिल्ली समझ लिए जाने का ख़तरा तो रहेगा; फिर भी कहता हूं...मशविरा के लिए हमें जो घर से बाहर भटकना पड़ रहा है, वो न हो। खिल्ली उड़े, तो घर के अन्दर उड़े। सही राय मिले, तो घर के अन्दर मिले। जो भी तय करें, मिल-जुल कर करें। दिमाग़ सबका लड़े। तभी कुछ होगा।"

"बात तेरी समझ में आती है। आज की ही रात बैठक लेकर सबको सब बता देते हैं। देखेंगे फिर, जो भी होगा।" मैंने तहेदिल से कहा।

पहाड़ी पर क़ुदरती लकीरें और उतार-चढ़ाव ही ऐसे हैं कि हनुमन्त दिखाई देते हैं, इस बात से तो घर का एक-एक जना उछल पड़ा। किसी ने एक बार

भी ऐसा न जताया कि मैं और भुच्चड़ शेख़चिल्ली हैं। मेरी आंखों में चमक आ गई। भुच्चड़ की आंखें भी खुलकर खिलखिला रही थीं।

सुबह चार बजे तक पूरा परिवार बतियाता रह गया। किसी को नींद ही नहीं थी। आख़िर मैंने टोका, तो सब लेटे, मगर दो ही घण्टों में फिर उठ पड़े। नहा-धो, तैयार हो, सबने बेहतरीन कपड़े पहने, जैसे किसी की बारात में निकल रहे हों।

''आज का ख़र्चा मेरे ज़िम्मे!'' झब्बू ने ऐलान कर दिया। झब्बू की जेब बिल्कुल ख़ाली कभी नहीं रहती। यह उसकी एक ऐसी फ़ितरत है, जिसकी क़द्र मैं हमेशा करता हूं। भुच्चड़, झब्बू, निक्का और वर्षा, साथ में चारों की मां कावेरी और मैं, सब-के-सब, सुबह के ठण्डे झोंकों के बीच, बाक़ायदा बस में बैठ, कुम्हारी की ओर रवाना हो गए।

पहाड़ी जब आधे किलोमीटर के फ़ासले पर रह गई, तब कण्डक्टर की खुशामद कर, बिना स्टॉप के ही, मैंने बस रुकवा दी। हमारा बनाठना पूरा कारवां बस से उतर पड़ा। सब हमीं को देख रहे थे। देखें। किसी को क्या मालूम, हमारी मंजिल क्या है और क्यूं है!

पहाड़ी की दिशा में हमने पैदल चलना शुरू किया। सड़क पर से ट्रैफिक शांय-शांय करता गुज़र रहा था। हम किनारे-किनारे सरक रहे थे। कितना बढ़ गया है ट्रैफिक, भिलाई-कुम्हारी-रायपुर के बीच! अजी, अभी बढ़ा ही कितना है। बढ़ेगा तो तब, जब यहां हनुमन्त प्रकट होंगे, जनता के संकट दूर करने! देश के कोने-कोने से लोगों का ठठ लहराता चला आ रहा होगा। छत्तीसगढ़ सरकार को नई सड़कें बनवानी पड़ेंगी। ऐसी ज़रा-ज़रा-सी सड़कों से काम थोड़े चलेगा। जो भी इधर आएगा, हनुमन्त के नाम पर कुछ-न-कुछ देकर जाएगा। सब गिरेगा तो आख़िर हमारी ही झोली में। सोना बरसेगा। रोज़!

आगे-आगे मैं और भुच्चड़। पीछे-पीछे कावेरी और वर्षा। उनके भी पीछे झब्बू और निक्का। सब ख़ामोशी से क़वायद करते हुए से चल रहे थे। एक-एक क़दम पर पहाड़ी नज़दीक!

मोड़ पार करते ही पहाड़ी झपाक्क से सामने आ गई। पल भर को मैं भी चकरा गया। मेरे पीछे बाक़ी सब भी ठिठक कर रुक गए।

मैंने सावधानी से लम्बे डग भरने शुरू किए। मेरे साथ सब एक पेड़ की छांह में आ खड़े हुए।

''सीधी नज़र से मत देखो।'' मैंने हौले से हिदायत दी, ''उड़ती नज़र से ही देखो। सब एक साथ भी मत देखना। कभी कोई देखे, तो कभी कोई। आते-जाते किसी को पता न चले कि हम किधर देख रहे हैं और क्या देख रहे हैं। आया समझ में?''

प्लास्टिक की तीन बड़ी बोतलों में हम पीने का पानी लेकर चले थे। मैं पानी निकाल-निकाल कर, बारी-बारी, सबको देने लगा। दिखावा हमें यही करना था, 'सिर्फ पानी पीने के लिए छांह में रुके हैं।'

कावेरी मेरी बग़ल में आती पूछने लगी, ''क्या जी, आप भी तमाशा करते हैं! कहां हैं वो?''

''वो तो रहे! कितने साफ़ नज़र आ रहे हैं।'' मैंने ज़रा चिढ़कर कहा।

''किधर ? मुझे तो नहीं दीखते।''

वर्षा हौले-हौले हंसने लगी, ''मुझे दीख रहे हैं।''

''देखूं, देखूं!'' कावेरी वर्षा की बग़ल में चली गई!''

वर्षा ने हाथ उठा कर इशारा किया, ''वो क्या रहे!''

मेरा तो ख़ून ही जल गया, उसे यूं इशारा करते देख। सब को कितनी कड़क हिदायत दे रखी थी, 'पहाड़ी की ओर इशारा कोई न करे।'

मैंने आंखें फाड़ कर वर्षा को घूरा। उसने झट से हाथ नीचे गिरा लिया।

कावेरी चहक उठी, ''अब तो मुझे भी दीख रहे हैं, थोड़े-थोड़े।''

झब्बू और निक्का ऐसी सिफ़त से बार-बार ताक रहे थे कि किसी भी आते-जाते को शक न हो। पानी के गिलास उन्हें देते हुए मैंने हौले से पूछा, ''क्यूं? दिखाई पड़े? तुम दोनों को?''

निक्के ने इन्कार में मुण्डी हिला दी। झब्बू अपनी भौंहों पर बल पड़ने से रोकने में व्यस्त था; कुछ न बोला।

''दीखेंगे। दीखेंगे।'' फुसफुसा कर मैं किनारे हट गया।

भुच्चड़ ने पहाड़ी की ओर एक बार भी नज़र नहीं डाली थी। उसे ज़रूरत भी क्या थी। अब तक तो वह अनगिनत बार कर चुका था, हनुमन्त के दर्शन। भुच्चड़ के लिए हनुमन्त सिर्फ़ एक रोज़मर्रा बन चुके थे।

छेनी-हथौड़ी

''बस! अब चलो यहां से।'' मेरी आवाज़ धीमी गुर्राहट जैसी थी, ''ज़्यादा रुकना ठीक नहीं। अग़ल-बग़ल का कोई भी हमारी देखादेखी उस तरफ़ देख सकता है। ग़लत हो जाएगा।''

''चलिए।'' झब्बू सर झुकाकर बोला।

''देख पाए?''

''हां।''

''और, निक्के, तुम?''

''ज़बर्दस्ती देखूं, तो दीखते हैं। वैसे नहीं दीखते।'' निक्का बौखला रहा था। लगता है, उसकी आंखों की जांच करवानी पड़ेगी। हमारे ये साहबज़ादे सबसे छोटे हैं। सबसे ख़ूबसूरत भी हैं। कॉलेज में पढ़ते हैं। असली नाम, नैनसिंह। जैसा नाम, वैसा गुण। कॉलेज में पढ़ाई कम, नैनलड़ाई ज़्यादा।

''कोई रह तो नहीं गया? देख लिया सबने? चलें अब?'' मैंने पूरी टुकड़ी पर नज़र फेरकर आख़िरी बार हौले से पूछा।

वर्षा ने हाथ उठाकर इशारा करने की जो भूल की थी, उससे भी बड़ी भूल कावेरी ने कर डाली। विचलित होकर उसने बाक़ायदा दोनों हाथ जोड़े और झुका दिया मत्था, हनुमन्त की दिशा में!

''ये क्या! कावेरी!'' मैं एकदम तनाव में आ गया।

कावेरी ढिठाई से मुस्कराई, ''पहली बार दर्शन कर रही हूं। प्रणाम भी न करूं? आपको तो महाबली की नाराज़गी का भी डर नहीं है!''

मैंने मन-ही-मन माथा पीट लिया। जहां एक शब्द भी नहीं बोलना चाहिए था, वहीं पूरी लम्बाई के तीन-तीन वाक्य! माताजी के बाद अब अगर बिटिया जी ने भी यही पराक्रम कर डाला, तो...लेकिन वर्षा को अग्रिम घुड़कने का इरादा मैंने छोड़ दिया। कुछ भी कहूंगा, तो वह जवाब दे सकती है। बचपन से जवाब देने में तेज़ रही है। इसीलिए पति के साथ निभी नहीं। बेशक, दहेज का सवाल भी बीच में अड़ा हुआ था, लेकिन सिफ़त से, मीठी ज़बान से काम लेती, तो ससुराल

से यूं धकियाई न जाती। अब पड़ी है मायके में, जाने कब तक। कहीं वर्षा के मुंह से भी 'महाबली' जैसा कोई शब्द खुल्ला न निकल जाए; किसी के भी कानों में पड़ सकता है।

मैं चुपचाप सड़क के किनारे ज़रा तेज़ी से चलने लगा, ताकि बाक़ी सब भी मेरे पीछे यही करें।

कावेरी और वर्षा अभी ठीक से समझी नहीं थीं कि हम कैसी ज़बर्दस्त साज़िश की तैयारियों में जुटे थे। वे केवल इस बात से खुश थीं कि पूरे परिवार को हनुमन्त की सेवा का मौक़ा मिलेगा। सेवा के साथ मेवा तो जुड़ा रहता ही है। मेवा भी मिल गया, तो कौन-सा आसमान टूट पड़ेगा। मेवे में अनैतिक कुछ नहीं।

लेकिन मेवा कितना बड़ा? ज्यों-ज्यों उनके सामने स्पष्ट होता गया कि हम तो आसमान से सोना बरसाने के चक्कर में हैं, त्यों-त्यों वे सन्नाटे में आती गईं। हनुमन्त के नाम पर अगर हम जनता-जनार्दन की जेबें ख़ाली करवाने लगेंगे, तो क्या महाबली आपे से बाहर न हो जाएंगे? महाबली ने तो सोने की लंका भी जला डाली थी। इस घर को मिट्टी में मिलाते उन्हें देर ही क्या। घर तो पहले से ही मिट्टी में मिला पड़ा है। ऊपर से महाबली का कोप! नहीं, नहीं।

बी.ए. पास वर्षा की बोलती बन्द थी। पढ़ी-लिखी होने के कारण वह खुलकर कोई धार्मिक दुहाई नहीं दे सकती थी, मगर उसे भी लग तो यही रहा था, जैसे प्रलय दूर नहीं है। हनुमन्त के बहाने अगर हमने ख़ज़ाना भरना शुरू किया, तो साथ में पाप का घड़ा भी भरता जाएगा।

भुच्चड़ बोला, "लेकिन हम कोई पाप कर ही नहीं रहे। पहाड़ी पर हनुमन्त हैं ही नहीं। वहां सिर्फ़ बेजान पत्थर है। उसी पर हम कुछ आड़ी-टेढ़ी लकीरें डाल देंगे, छेनी हथौड़ी चलाकर। इसमें पाप कैसा?"

झब्बू ने कहा, "और, मां! हम कोई हिंसा या भ्रष्टाचार तो करेंगे नहीं। धर्म का ही प्रचार करेंगे।"

निक्के ने और भी ऊंची बात कही, "हम अधर्मियों को भी ऐसा धार्मिक बना देंगे कि हनुमन्त प्रसन्न हो जाएंगे। चोटी पर राम-सीता विराजमान हैं ही। उनकी प्रसन्नता का भी ओरछोर नहीं रहेगा। दस पीढ़ियों के पाप कट जाएंगे हमारे।"

निक्के ने ज़रूर यह सब मज़ाक़ में ही कहा था, लेकिन कावेरी और वर्षा ने उसी को पूरी संजीदगी से अपने दिलोदिमाग़ में बिठा लिया। दोनों का जो स्वर विरोध में उठ रहा था, वही सहमति में बदल गया।

जमी हुई बर्फ़ झब्बू की इस बात से टूटी, "उस ज़बर्दस्त चट्टान का रंग गेरुआ है। गेरू की इस इलाक़े में क्या कमी! चट्टान पर हम जहां-जहां छेनी चलाएंगे, वहां-वहां गेरू भर कर लकीरें बन्द करते जाएंगे। चट्टान सड़क से बहुत दूर है। नज़दीक जाकर कोई देखता नहीं। सब दूर से ही देखते हैं। गेरुआ चट्टान पर लगा गेरू, दूर से, भला किसे नज़र आएगा।"

निक्का बोला, "मेरा तो अन्दाज़ा है, छेनी-हथौड़ी के दो-चार दिनों के ही काम से बात बन जाएगी। कोई महीने भर थोड़े ही चलानी पड़ेगी छेनी-हथौड़ी।"

भुच्चड़ ने सावधान किया, "इतना आसान मत समझना, निक्के! महीना भर भी लग सकता है।"

"अच्छा? इतना वक़्त लगेगा?" कावेरी और वर्षा, दोनों चकित।

अगली रात हम बजट बनाने बैठे। छेनी कितने की, हथौड़ी कितने की। मज़बूत, अखण्ड रस्सा भी चाहिए। छेनी-हथौड़ी साथ लेकर, उसी रस्से के सहारे, चट्टान के पहलू पर लटकना पड़ेगा। रस्सा चट्टान के ऊपर बंधा होगा, किसी मज़बूत पेड़ के साथ। बीच में कहीं गठान न हो। गठान का क्या है; कितनी ही कसो, खुल सकती है। फिर तो लटकने वाला धड़ाम से नीचे।

रस्सा हो कम-से-कम दो सौ फीट का। रस्से रायपुर में बहुत मिल जाते हैं, लेकिन क्या इतना लम्बा रस्सा अखण्ड मिलेगा? भटककर पूछना होगा। पूछना भी आसान नहीं। दुकानदार का सवाल होगा, 'क्या करोगे, भाई? इतने लम्बे रस्से का?' छत्तीसगढ़ की राजधानी है तो क्या! रायपुर है तो छोटा ही शहर। फ़ालतू की पूछताछ यहां बहुत होती है। अचानक फ़ैसला! रस्सा रायपुर से नहीं, नागपुर से ख़रीदेंगे।

और गेरू? वो कुल कितना चाहिए होगा? अरे, मेरे बाप! इसका हिसाब पहले से कौन लगा सकेगा? रेलवे के तीन-तीन स्लीपर-कोच जितने लम्बे, दो-दो स्लीपर-कोच जितने ऊंचे चट्टानी पहलू पर छेनी चलेगी। जाने कितनी नई लकीरें खुदेंगी, तब जाकर हनुमन्त उभरेंगे, साफ़-साफ़। हर लकीर को पहले तो गहरा करो, फिर उसमें गेरू भरो। ऊपर से गेरू पोतो भी, एकसार करो, ताकि सारा-कुछ ठीक से बन्द हो जाए। कहीं से कुछ झलके नहीं। इसमें पहले से क्या अंदाज़ा, गेरू कुल कितना लगेगा? और फिर, अन्दाज़ा लगाने की ज़रूरत भी क्या? जितना-जितना लगता जाए; लाते जाओ, लगाते जाओ।

"अब सुनिए; आगे का ड्रामा!" झब्बू उठ खड़ा हुआ। वह भुच्चड़ जैसा लम्बा नहीं है, अपनी मां पर गया है। मुश्किल से पांच फीट तीन इंच। इसीलिए जब भी कोई ख़ास बात कहनी होती है, वह उठ खड़ा होता है। यूं उसकी शख़्सियत कुछ तो उभरती है। झब्बू ने अपने घने, लम्बे, लहराते बालों को बड़े रुतबे से

सहलाया। फिर कहा, "हम छत्तीसगढ़ में रहते हैं, जो धान के कटोरे के तौर पर मशहूर है। यहां हमेशा कसकर बारिश होती है। हमें इसी का सहारा लेना है। ग़ौर से सुनिए; कैसे, क्या करना होगा...हनुमन्त की सभी लकीरों को हम गेरू भरकर बन्द कर चुके होंगे। चट्टान का अपना रंग गेरुआ है। सब वहां एकसार हो जाएगा; कुछ नज़र नहीं आएगा। अब हम ज़बर्दस्त अफ़वाह फैलाएंगे कि ज्यों ही पहली तेज़ बारिश होगी, त्यों ही चट्टान पर श्री हनुमन्त प्रकट हो जाएंगे। अफ़वाह फैलाना इस देश में ज़रा भी मुश्किल नहीं। आगे सोचिए...पहली तेज़ बारिश के साथ कैसा ड्रामा होगा...लकीरों में भरा गेरू हो जाएगा गीला। गेरू बाक़ायदा बहने लगेगा। यही लगेगा, जैसे स्वयं चट्टान घुलकर बह रही है! गेरू निकल गया, तो लकीरें खुल जाएंगी और चट्टान पर उभरने लगेगी एक अनोखी आकृति—स्वयं श्री हनुमन्त! यह वही आकृति होगी, जिसे हमने छेनी चलाकर, चट्टान के सीने पर खोद कर तैयार कर रखा होगा। कहिए, क्या ख़याल है?"

योजना सस्ते में तो संचालित होगी नहीं। शुरू में लगा ज़रूर था कि ख़र्च ज़्यादा नहीं है। छेनी, हथौड़ी, गेरू, रस्से का क्या ख़र्च! बाद में आंखें खुलीं कि असली ख़र्च तो भागदौड़ का है, न कि साज़ोसामान का। भागदौड़ भी ऐसी कि जिसमें एक की जगह दस ख़र्च हो जाएं। चारों दिशाओं में छोटी-छोटी मण्डलियां रवाना करनी होंगी, जो हनुमन्त के प्रकट होने की अफ़वाह को हवा देंगी। ऐसी कोशिशों का ख़र्च पहले से कैसे कूता जाए?

घर की हालत ऐसी थी, पांच-सात हज़ार का जुगाड़ भी एकाएक नहीं हो सकता था। योजना बीस-तीस हज़ार में भी पार होती नहीं दीख रही थी। कैसे होगा इन्तज़ाम?

तब कावेरी ने कठोरता से कहा, "मेरे गहने कब काम आएंगे?"

बूढ़े तालाब से दूर, नहर पारा के नज़दीक, स्टेशन रोड पर, छोटा-सा वो हनुमान-मन्दिर! वहां हर शाम ठीक आरती के समय हाज़िर हो जाता हूं। दाढ़ी महीने भर की बढ़ी हुई। आंखों में भीषण भक्ति भाव। आरती ख़त्म होते ही दण्डवत प्रणाम करते हुए लेट जाना। होंठ कंपाना। बार-बार आंखें चढ़ा लेना। फ़र्श पर सर पटकना। बाक़ायदा आंसू टपकाना। हनुमन्त का जयजयकार करना...

उस शाम मैं कुछ ज़्यादा ही सर पटक रहा था, फ़र्श पर। आख़िर चेहरा उठाया, तो पाया; सामने चिन्तित पुजारी।

मेरे कन्धे पर हाथ रखते हुए उसने स्नेह से पूछा, "कौन हो, भाई?"

साथ में तीनेक भक्त और भी थे।

परम गम्भीर भाव से मैंने पुजारी को उत्तर दिया, "मैं वही हूं, जो आप हैं..."

पुजारी की आंखें चमक उठीं, "अद्भुत! आपने तो अद्भुत उत्तर दिया! आप वही हैं, जो मैं हूं। मैं वहीं हूं, जो आप हैं। जो ईश्वर है, वही हम हैं। जो हम हैं, वही ईश्वर है! आपका शुभ नाम?"

"तेजसिंह। वैसे, सब तेजा कहते हैं।"

मन्दिर के कोने में सब पालथी लगाकर बैठ गए।

"लगता है, शुरू से हनुमान-भक्त हैं।"

"शुरू से नहीं, बस, थोड़े ही दिनों से..."

"किन्तु आप इतना भक्ति-भाव दर्शाते हैं कि..."

"पुजारी जी! सच बताऊं? महाबली ने मुझ पर जो कृपा की है, उसे देखते हुए मुझे तो अपने प्राण ही न्यौछावर कर देने चाहिए, मगर क्या करूं। दुनियादार आदमी हूं। उतनी ही भक्ति कर सकता हूं, जितनी दर्शा रहा हूं। यक़ीन करेंगे? महाबली हनुमन्त मुझे साक्षात् दर्शन दिया करते हैं।"

"क्या कहते हैं!"

"जी हां, पुजारी जी! आपसे क्या छिपाना। आज से ठीक छब्बीस दिन पहले की बात है..."

मैं बोल नहीं रहा था, केवल बुदबुदा रहा था, किन्तु मुझे अच्छी तरह मालूम था, मेरा एक-एक शब्द ध्यान से सुना जा रहा है। आंखें फैलाकर मैं मन्दिर की छत की ओर ताक रहा था। थरथरा कर मैंने सबको बताया; किस प्रकार आधी रात बीत चुकी थी, जब मेरे घर का दरवाज़ा किसी ने अचानक खटखटाया। खोलते ही देखा, सामने श्री हनुमन्त खड़े मुस्करा रहे हैं!

साज़िश

पुजारी एवं भक्त-गण मुझे निहार रहे हैं। मैं उनके आरपार देख रहा हूं, दिशाओं की न जाने किस गहराई में। होंठों पर खेलना चाहती मुस्कान को दबाए रखने में सफल हूं। कर रहा हूं बयान, अपने उस अलौकिक, अनोखे अनुभव को, "...मुझे तो अपनी आंखों पर यक़ीन ही नहीं था। क्या सचमुच साक्षात् बजरंग बली खड़े थे मेरे दरवाज़े पर? यूं आधी रात को? कहीं ऐसा तो नहीं, अपने ही यार-दोस्तों में से किसी ने मसख़री की हो? धर लिया महाबली का रूप। खटखटा दिया आधी रात को दरवाज़ा। किसी का क्या जाता है!

"लेकिन ज्यों ही महाबली ने बोलना शुरू किया, मेरा भ्रमजाल टूट गया। ओहोहो! क्या वाणी थी! घनी मेघ-गर्जना भी उसके सामने क्या अर्थ रखती! वह वाणी तो समूचे आकाश से उतर रही थी...आनन्द और आश्चर्य से मैं थरथर कांपने लगा। किसी भी यार-दोस्त के गले से वैसी वाणी फूट नहीं सकती थी। निश्चित रूप से वह हनुमन्त स्वयं ही थे। ख़ास मुझी को दर्शन देने पधारे थे। अहो, अहो, हनुमन्त!

"जानते हैं; अंजनि-पुत्र, पवनसुत, महाबली श्री बजरंग बली ने मुझसे क्या कहा? कहने लगे, 'तेजा! अपने पिछले जनम के सुकर्मों का फल भोगने को तैयार हो जा। मैं तुझे इसी क्षण से अपना विशेष सेवक, विशेष दूत नियुक्त करता हूं। आज से तुझ पर मेरी विशेष कृपा है। जा, मेरी भक्ति में लीन हो जा! और मेरे आदेश की प्रतीक्षा कर..."

"हनुमन्त ने मुझे मेरे मस्तक पर छूकर आशीर्वाद दिए। उनके दिव्य स्पर्श में जो विचित्र झुरझुरी थी, उसे मैं बयान नहीं कर सकता। यहां, इस मन्दिर में, उनकी मूर्ति के सामने, रोज़, फ़र्श पर मैं जो मस्तक पटकता हूं, वो इसीलिए कि मुझे उन्होंने मस्तक पर ही छूकर आशीर्वाद दिए थे। उसी दिन उन्होंने मुझे अपना विराट् स्वरूप भी दिखाया था। मनुष्य के जितनी बड़ी उनकी आकृति एकाएक विस्तार पाकर आकाश छूने लगी थी। चेहरा इतनी ऊंचाई पर चला गया था कि दिखाई भी न दे! वैसे भी, रात का अन्धकार छाया था। मैंने उनके चरणों की ओर

देखा, जो क्षण-क्षण बड़े होते जा रहे थे। मुझे डर लगा, कहीं वे शक्तिशाली चरण विशाल होकर आसपास के मकानात को गिरा न दें! लेकिन तभी उन चरणों ने धरती छोड़कर ऊपर उठना शुरू कर दिया। पवनसुत हनुमान विराट् रूप धरकर, पवन पर सवार होकर, कड़ाके के साथ उड़ान भरते, किसी अज्ञात दिशा में प्रस्थान कर गए। इसका जो तेज़ झोंका आया, वह बड़े-से-बड़े बवण्डर से भी बड़ा था।

"सोचिए, पुजारी जी! मेरी क्या दशा हुई होगी! फ़ौरन मैंने घर के लोगों को जगाया। बताया, किस प्रकार अभी-अभी श्री हनुमन्त पधारे और दर्शन देकर गए। घरवालों ने समझा, ज़रूर मैंने सपना देखा है। उन्होंने मुझे चुनौती दी कि हनुमन्त के विशाल चरणों के निशान सड़क की धूल पर क्यों नहीं हैं कहीं? किन्तु मैं जानता था, मैंने साक्षात् हनुमन्त को ही देखा था। कोई माने, न माने; मुझे क्या!

"बस, पुजारी जी! वह दिन है और आज का दिन है। रोज़ी-रोटी ज़रूर कमानी पड़ती है, लेकिन मैं तो, बस, चौबीसों घण्टे हनुमन्त की ही भक्ति कर रहा हूं। जब तक इस मन्दिर में आकर, हनुमन्त के सामने अपना मस्तक नहीं पटक लेता, चैन नहीं पाता। मैं हनुमन्त में समाया हूं, हनुमन्त मुझमें। हनुमन्त! हनुमन्त! आदेश दीजिए, हनुमन्त! सेवक तत्काल पालन करेगा..."

पुजारी जी ने लपक कर मेरे घुटने छू लिए। छूना तो पैर चाहते होंगे, किन्तु अहं आड़े आया होगा! दूसरों के पैर छूने का कोई अभ्यास उन्हें नहीं था; स्वयं उन्हीं के पैर दूसरे छुआ करते थे! मैं मुस्कराया, मन-ही-मन। आज इन्होंने मेरे घुटने छुए हैं, कल पैरों पर भी गिरेंगे। बेचारे! रात-दिन हनुमन्त की भक्ति में लगे रहे, किन्तु साक्षात् दर्शन न कर सके। इधर मैं हूं कि दर्शन पहले कर लिए, भक्ति बाद में कर रहा हूं! मेरे चरणों पर तो इन्हें गिरना ही है।

अन्य भक्त-गण सकते में आ गए थे। अचानक वे मेरे सम्मुख लोटपोट हो गए। एक ने नारा लगाया, "तेजा जी की जय!" दूसरा बड़बड़ाने लगा, "धन्नभाग! धन्नभाग!" तीसरे ने जाप शुरू कर दिया, "छमा करें! छमा करें!" भला वह किस बात की क्षमा मांग रहा था मुझसे? उसका अपराध ही क्या था? और क्या मैं उसे क्षमा कर सकने की स्थिति में था?

मैंने सबको स्नेह से उठाया, "नहीं! नहीं! मुझमें ऐसी कोई बात नहीं। सब हनुमन्त की लीला है..."

और मैंने नाचना शुरू कर दिया। मैं नाचा, तो पुजारी समेत सब नाचने लगे। हनुमान-चालीसा की रटीरटाई चौपाइयां अनायास मेरे, और सबके, होठों से फूट पड़ीं।

तीसरे दिन मैंने एक और तीर छोड़ा : आरती होती है, तब श्री हनुमन्त मुझे साक्षात्, किन्तु सूक्ष्म स्वरूप में दिखाई देते हैं! उस रात उन्होंने मुझे

अपना जो विराट् रूप दिखाया था, ठीक उसी का संक्षिप्त संस्करण मैं रोज़ देखा करता हूं!

श्री हनुमन्त कभी अपनी ही मूर्ति के निकट खड़े होते, बित्ते भर की ऊंचाई में। कभी दूर कोने में बैठे दिखाई देते, पांचेक बरस के बालक जितने। अनेक बार वह मेरे कन्धे पर आ बैठते, तब मुश्किल से आधे बित्ते के होते! तितली जितना ही भार होता उनका, महसूस भी न होता।

गाता, झूमता और नाचता मैं ऐलान करने लगता, ''आ पहुंचे हैं! पवनसुत आ पहुंचे हैं!'' मैं हाथ से इशारे करता, ''वो रहे! उधर विराजमान हैं!''

कभी मैं स्वयं अपने उस कन्धे को थपथपाने लगता, जहां वह भारविहीन बैठे मुस्करा रहे होते, ''यहां हैं! यहां विराज रहे हैं!''

भक्तों को बता-बता कर मैं विह्वल कर देता कि श्री हनुमन्त मुस्करा कैसे रहे हैं, अपनी गदा से खेल कैसे रहे हैं, मुदित होकर आंखें कैसे झपका रहे हैं, केले छील कर कैसे खा रहे हैं, छिलकों को हवा में उछाल कैसे रहे हैं, उछालते ही छिलके ग़ायब कैसे हुए जा रहे हैं...

वो सब मुझे 'दीखता', तो उन्हें भी 'दीखने लगता', और अगर न दीखता, तो भी वे मानकर चलते कि दीख रहा है! यही है श्रद्धा। भक्त-गण श्रद्धा में ही तो डूबे हैं; गले-गले तक! मैं दिखाता हूं डांस, भक्त देख लेते हैं लीला! हा-हा! कितने महान हैं! मुझे इन भक्तों के पांव छू लेने चाहिए। उल्टे वे ही मेरे पैरों पर गिरते हैं!

आह! ये अफ़वाहें! कैसी गरम हो गई हैं!...अरे, उस हनुमान-मन्दिर में तो एक ग़ज़ब के भगत जी आया करते हैं। उनकी तो, बस, एक पुकार पर हनुमान जी साक्षात् प्रकट हो जाते हैं! दीखते ज़रूर केवल भगत जी को हैं, मगर श्रद्धा हो, तो किसी को भी दीख सकते हैं। सम्पूर्ण नहीं दीखेंगे, तो झलकी जैसे दीखेंगे। झलकी जैसे भी नहीं दीखेंगे, तो भी पता तो चल ही जाएगा, कब प्रकट भए हनुमन्त! पूरे माहौल में झुनझुनी-सी महसूस होगी। कइयों के तो रोम-रोम में बिजली लपकती है। यहां तक कि ढोल-मजीरों की धमक भी बदल जाती है। भगत जी नाचते हैं, फिर तो ज़रूर बदलती है धमक। जो नीच हैं, नराधम हैं, पापात्मा हैं, उन्हें बेशक कुछ महसूस नहीं होता, लेकिन जो भक्ति-भावना से ओतप्रोत हैं, श्रद्धालु हैं, नेक हैं, धर्मात्मा हैं, उन्हें हर बार, हर बार, हर बार झुनझुनी होती है, महाबली के आने की!

शाम की आरती में मन्दिर अब छोटा पड़ने लगा है। भक्तों का ऐसा ठठ पुजारी ने पहले कभी नहीं देखा। ठठ अभी और बढ़ेगा। अभी तो जनता को पता भी नहीं, कैसी है वो चमत्कारी चट्टान, कुम्हारी रोड पर! भेद ज़रा खुलने तो दीजिए।

न सिर्फ़ उस चट्टान की तरफ़, बल्कि इस इलाक़े के एक-एक हनुमान-मन्दिर की तरफ़ जनता ऐसे झपटेगी, ऐसे कि...ह-ह-ह!

भुच्चड़, झब्बू और निक्का एक-एक क़दम फूंक कर रख रहे हैं। तीनों का ख़ून जवान है। वे ज़रूरत-से-ज़्यादा तेज़ी से आगे न बढ़ें, इसका ध्यान कावेरी और वर्षा रखती हैं। मां और बहन के दबाव में कहीं वे ज़रूरत-से-ज़्यादा धीमे न पड़ जाएं, इसका ध्यान मैं रखता हूं। यूं, पूरा घर चालू हो गया है। सब जानते हैं, मौक़ा सिर्फ़ एक मिलेगा। दूसरे मौक़े की गुंजाइश नहीं और हारने की इजाज़त नहीं।

लम्बा, अखण्ड रस्सा नागपुर से ख़रीद कर चुपके से लाया जा चुका है। छेनी-हथौड़ी भी वहीं से। गेरू के पूरे दो ड्रम भर लिए गए हैं। गेरू, बेशक, रायपुर से ही ख़रीदा गया, लेकिन एकमुश्त नहीं। थोड़ा-थोड़ा कर, रात के काले सन्नाटे में, घर लाया गया। यूं साज़ोसामान तो पूरा आ गया। बस, अब दिमाग़ लड़ाना बाक़ी है!

रोज़ रात, सभी मिल-बैठकर दिमाग़ ही तो लड़ाते हैं। बहस करने की छूट सबको, लेकिन फाइनल हां या ना मेरी।

''निक्के!'' मैंने आदेश दिया, ''पता लगा, पहाड़ी और सड़क के बीच फ़ासला कितने क़दम का है।''

रात की सभा में निक्के ने रिपोर्ट दी, ''पांच सौ क़दम।''

मैं चौंका, ''पांच सौ क़दम! मैंने तो दो सौ भी नहीं सोचे थे।''

झब्बू बोला, ''वो पहाड़ी सड़क के नज़दीक महसूस ज़रूर होती है, मगर है नहीं। उसके और सड़क के बीच का मैदान सपाट और खुला जो है। दूरी का अन्दाज़ा इसीलिए ग़लत निकलता है।''

मैं मुस्कराया, ''मैदान जितना बड़ा, उतना ही अच्छा। ज़बर्दस्त भीड़ जमा कैसे होगी, अगर मैदान ही बड़ा न हुआ? सपाट होना भी ज़रूरी है। भक्त लड़खड़ाएंगे नहीं। मज़े से खड़े रहेंगे। बैठ भी सकते हैं।''

भुच्चड़ हिसाब लगाने लगा, ''सड़क से पहाड़ी तक सीधी लाइन लगाएं, तो कितने भक्त खड़े होंगे, एक-एक लाइन में? अबे, निक्के! क़दम छोटे रखकर नापा था या बड़े रखकर?''

''छोटे न बड़े।''

''फिर भी, एक-एक क़दम पर एक-एक जना खड़ा तो हो जाएगा?''

''क्यों नहीं, मगर बैठ नहीं पाएगा।''

''और अगर बैठना चाहे?''

''तो तीन-तीन क़दम पर दो-दो जने।''

"याने, एक-एक लाइन में तीन-तीन सौ भक्त! लाइनें कितनी लग जाएंगी, रे; तेरे अन्दाज़े से?"

निक्का सोचकर बोला, "समझिए, दो सौ। अब...एक लाइन में तीन सौ भक्त, तो दो सौ लाइनों में कितने? पूरे साठ हज़ार! चलिए, आधा लाख पकड़िए।"

"आधा लाख!" मेरी किलकारी फूट पड़ी, "मैं उपदेश दूंगा। हनुमान-चालीसा पढ़ूंगा। आधा लाख भक्तों के सामने! बोलूंगा, 'जय, हनुमान!' तो जवाब आएगा, 'जय, हनुमान!' अरे, सोचो! क्या गूंज होगी! क्या कड़ाका होगा! आधा लाख भक्तों के एक साथ बोलने का! आकाश कांप जाएगा। धरती हिल जाएगी। तमाम भक्त बढ़-बढ़कर दान करेंगे। लुटाएंगे! दोनों हाथों से। सोना! चांदी! हीरे! मोती! कुछ भी! सब कहां जाएगा? सीधे हमारे ख़ज़ाने में! और कहां! मन्दिर कितने का बनवाया? कितना जेब में डाला? कौन देखेगा? कौन पूछेगा? हा! हा! मैं अरबपति! हम खरबपति! हू! हू!"

अचानक किसी की विशाल हथेली ने मेरा मुंह ज़ोर से बन्द कर दिया। मेरी आवाज़ घुटकर रिरियाहट में बदल गई। मैंने पहचान लिया, उतनी ताक़तवर हथेली सिवा भुच्चड़ के और किसी की हो नहीं सकती थी।

भुच्चड़ ने हथेली हटाई। मैं बुरी तरह झेंप चुका था। कावेरी डांटने लगी, "कमाल करते हैं, जी, आप भी! रात के सन्नाटे में कोई इस तरह चिल्लाता है? अरे, कोई भी सुन ले, गुज़रता हुआ!"

मैं चुप। वर्षा ने फ़रमान जारी किया, "सभा ख़त्म! चलो, सब सो जाओ।"

वर्षा ने मेरी तरफ़ आंखें तरेर कर प्यार से उलाहना भी दिया, "क्यां, बांऊ जी! आप भी!"

मैं खिसिया कर मुस्कराने लगा।

एहतियात

आधी रात को मैंने एक काली एम्बेसेडर कार अपने घर के सामने, दरख़्त के नीचे लाकर खड़ी की। वहां काफ़ी अंधेरा था। लाइटें बुझा कर मैं कार से निकला। घर के दरवाज़े तक मैं पैदल पहुंच गया।

बन्द दरवाज़ा मैंने हौले से तीन बार खटखटाया। भीतर इसी का इन्तज़ार हो रहा था। सबसे पहले निक्का बाहर आया, छेनी-हथौड़ी का बैग कन्धे से लटकाए। फिर निकला भुच्चड़। हम भारी-भरकम टार्च लेकर जा रहे थे, चारों के लिए एक-एक। सभी टार्च भुच्चड़ के बैग में थे। झब्बू आख़िर में निकला। उसने गरम चाय के दो थरमस लटका रखे थे।

कावेरी और वर्षा के चिन्तित चेहरे दरवाज़े पर दिखाई दिए। कावेरी बुदबुदाई, "सम्भल कर..."

दरवाज़ा वापस बन्द कर रही वर्षा ने मुस्करा कर हाथ हिलाया।

कार अन्धेरे में छिपी होने के बावजूद भुच्चड़ ने उसे झट देख लिया। वह उसी ओर बढ़ा। झब्बू और निक्का उसके पीछे चले। भुच्चड़ आगे की सीट पर बैठ गया। निक्के और झब्बू ने पिछली सीट सम्भाली। मैं स्टियरिंग के सामने आ बैठा।

गाड़ी चलाना मेरे तीनों बेटों को आता है, आख़िर वे एक ड्राइवर के बेटे हैं, लेकिन हाथ किसी का साफ़ नहीं है। वजह यही है कि घर में हमारी अपनी कोई गाड़ी नहीं। गाड़ियां मैंने जितनी चलाईं, दूसरों की चलाईं। ड्राइवर की हैसियत से मैं कुछ ख़ास कमा नहीं पाया था। बार-बार छूटती नौकरियां, बेकारी के लम्बे दौर, व्यर्थ के अपमान, विचित्र दुर्घटनाएं, ये सब मेरे जीवन-साथी थे, जिन्हें पालने का शौक़ बेटों को नहीं था। ड्राइविंग उन्होंने सीखी ज़रूर, मगर कामचलाऊ। लाइसेन्स किसी ने नहीं निकलवाया।

गाड़ी अच्छी कण्डीशन में थी। चुटकियों में हम रायपुर से बाहर निकल आए और कुम्हारी की तरफ़ बढ़ चले।

“कहां से उठाई एम्बेसेडर?” भुच्चड़ ने पूछा।

“मियां की दौड़ मस्जिद तक। अपनी चहेती एक ही कम्पनी है, ‘रायपुर मोटर्स’। गाड़ी लेकर भाग नहीं जाऊंगा, ये बात मैनेजर जानता है। बीस साल का परिचित है। सिक्योरिटी-विक्योरिटी का चक्कर नहीं। जाकर बोला, ‘रात भर के लिए चाहिए, किराए पर।’ जवाब मिला, ‘चाहे जो उठा लो।’ मैंने काले रंग की उठाई। अन्धेरे में छिपकर चलेगी।”

आधी रात के बाद की कुम्हारी रोड इतनी गुलज़ार नहीं थी कि गाड़ियां धीमी चलने पर मजबूर होतीं। अगल-बग़ल से जो भी गाड़ी गुज़रती, तीर जैसी तेज़ी से ही। हमने भी अपनी स्पीड किसी से कम नहीं रखी थी।

मोड़ पार हुआ। पहाड़ी ठीक सामने नज़र आई। वो भुतहे अन्धेरे में डूबी झलक रही थी। स्पीड घटाकर मैंने कार एक तरफ़ रोक दी। काली कार एक बार फिर अन्धेरे में ग़ायब-सी हो गई।

मैंने कलाई-घड़ी में देखा। रात के 2 बजकर 12 मिनट। निक्का, झब्बू और भुच्चड़, तीनों ने अपनी कलाई-घड़ियों को ठीक 2.12 पर सेट कर लिया।

तीनों ने झोले में से एक-एक टॉर्च निकालकर ले लिया, एक मुझे भी थमा दिया। भुच्चड़ ने चार चाकू निकाले। तीन चाकू तीन भाइयों ने रखे, चौथा मेरे क़ब्ज़े में आ गया। चाकू की ज़रूरत एकाएक पड़ने वाली नहीं थी, मगर ख़ाली हाथ भी कैसे निकल सकते थे।

आज सिर्फ़ एक जांच करनी थी : चट्टान पर छेनी-हथौड़ी चलाने पर जो खन्न-खन्न आवाज़ होगी, वो रात के वक़्त कितनी दूर तक फैलेगी? सन्नाटे में कहीं वो इतनी तेज़ तो नहीं होगी कि मन्दिर के चौकीदार, पुजारी या किसी और का ध्यान खींचे? अगर कोई आ धमका, फिर तो कबाड़ा।

तीनों भाई रवाना हो चुके हैं। मैं कार में अकेला बैठा एक्शन का इन्तज़ार कर रहा हूं। एक्शन शुरू होगा, ठीक ढाई बजे...

किट-किट-किट...बोल रही है मेरी पुरानी कलाई-घड़ी; बाएं कान से सटी-सटी। ज़रा-सी कलाई-घड़ी की ज़रा-ज़रा-सी आवाज़ भी कितनी सनसनीख़ेज़ हो सकती है, आहा! सिर्फ़ एक कान से सुनकर तसल्ली न हुई। हाथ घुमाकर मैंने कलाई-घड़ी को दूसरे कान पर दबाया। जैसे बायां कान किट-किट-किट की ध्वनि से छलक गया था, वैसे ही दाहिना कान भी छलकने लगा।

अब मैं कलाई-घड़ी को अपने चेहरे के सामने लाकर वक़्त देख रहा था। ढाई बजने में सिर्फ़ चालीस सेकण्ड की कसर थी। मैंने दूर, मगर सामने ही, अन्धकार में खड़ी पहाड़ी पर नज़र डाली। राम-मन्दिर का बल्ब अंधेरे में किसी चमकते छिद्र की तरह उभरा हुआ था।

तीनों भाइयों ने पहाड़ी पर अपनी-अपनी पोज़ीशन ले ली होगी।

ढाई बजने में अब केवल बीस सेकण्ड की कसर!

छरहरा होने के कारण निक्का वज़न में सबसे हल्का है। लिहाज़ा, उसी को पहाड़ी की चोटी पर भेजा गया है। आसानी से पहुंचेगा। वो मन्दिर के अहाते में दाख़िल नहीं होगा। बाहर ही कहीं छिप कर खड़ा रहेगा। पुजारी सोता है पिछवाड़े में, कोठरी के अन्दर। चौकीदार भी रात भर सोता ही रहता है; आंगन में। उसका कुत्ता, ख़ूंख़्वार होने के बावजूद, अहाते से बाहर निकलकर थोड़े ही झपट पड़ेगा। कुत्ता जी, बेशक सो नहीं जाते होंगे, मगर लेट तो जाते ही होंगे। उस ख़स्ता-हाल मन्दिर में ऐसे मौक़े ही कितने कि जब कुत्ता जी अपने भौंकने का रियाज़ भी कर सकें! तेज़-से-तेज़ तलवार भी इस्तेमाल न हो, तो ज़ंग खा जाती है।

फिर भी निक्के को ग़फ़लत में नहीं रहना है। उसे ज़िम्मेदारी सौंपी गई है, ठीक ढाई बजे कान लगाकर सुनने की। यही है वो वक़्त, जब रात के सन्नाटे में छेनी-हथौड़ी चलने की खन्न-खन्न शुरू होगी। क्या यह खन्न-खन्न वहां, मन्दिर तक पहुंचती है? अगर हां, तो कितनी?

तलहटी में, झोपड़पट्टी के नाके पर खड़ा झब्बू भी, ठीक ढाई बजे, अपने कान खड़े करके सुनेगा।

काली कार के अन्दर बैठा मैं भी ग़ौर से सुनूंगा; वो आवाज़ यहां, सड़क तक, कितनी आती है। अगर बहुत ज़्यादा, फिर तो योजना ही खटाई में! क्योंकि यह सड़क तो रात भर चलती है। खन्न-खन्न की आवाज़ से चौंककर अगर कोई ड्राइवर रुक जाए और जांच करने निकल पड़े, तो?

एक बारीक, किन्तु स्वच्छ पगडण्डी उस चमत्कारी चट्टान के माथे तक चली गई थी। भुच्चड़ वहां आसानी से पहुंच गया होगा। ठीक ढाई बजे भुच्चड़ चट्टान के माथे पर छेनी टिकाएगा और चलाएगा हथौड़ी। पूरे एक मिनट तक।

हम चारों की कलाई-घड़ियों में ढाई एक साथ ही बजेंगे।

बज गए।

खन्न-खन्न शुरू!

कितनी साफ़ आवाज़! नहीं, नहीं! ऐसा नहीं होना चाहिए। इतनी साफ़ आवाज़ अगर सड़क तक आ गई, फिर तो हम फ़ौरन पकड़े जाएंगे। ओ, हनुमन्त! आप चाहते क्या हैं? इतना सोच-विचार, इतनी भाग-दौड़, इतनी तैयारी...सब पानी में? मारे ग़रीबी के वैसे ही अधमरे हो चुके थे। ऊपर से ये आटा गीला? आह!

खन्न-खन्न! भुच्चड़ की छेनी की मार से चट्टान की किरचें उड़ रही होंगी। उफ़! कितनी तेज़ आवाज़!

बेड़ा ग़र्क़! कम-से-कम सड़क के किनारे तो बेड़ा ग़र्क़ हो ही गया। क्या पहाड़ी की चोटी पर और पिछवाड़े की झोपड़पट्टी में भी इतने ही ज़ोर से खन्न-खन्न सुनाई पड़ रही है? ग़र्क़! ग़र्क़! बेड़ा ग़र्क़!

कार के अन्दर बैठे रहना मुश्किल हो गया। गहरी सांस फेफड़ों में भरकर, रोक कर, एकाएक छोड़ता हुआ मैं बाहर निकल आया।

खन्न-खन्न ! बस कर, रे, भुच्चड़! तेरा एक मिनट नहीं हुआ अभी? ठोके जा रहा है! बन्द कर।

बन्द।

तौबा! यह एक मिनट! इसने तो जान ही निकाल ली।

भुच्चड़ वापस आता दिखाई दिया। अन्धेरे में से हौले-हौले बाहर निकल कर वो इकट्ठा हो रहा था, "हां, बाऊ जी! कितना सुनाई पड़ा?"

"बहुत ज़्यादा।"

"छेनी चलेगी, तो आवाज़ तो होगी।"

"इतनी नहीं होनी चाहिए। कोई भी सुन लेगा।"

भुच्चड़ हताश होकर नीचे देखने लगा।

झब्बू और निक्का साथ-साथ, मगर अलग-अलग दिशाओं से आते दिखाई दिए।

"ऊपर, मन्दिर के पास भी, आवाज़ आती तो है, मगर ज़्यादा नहीं।" निक्के ने रिपोर्ट दी।

"झोपड़पट्टी के नाके पर तो बिल्कुल नहीं आती।" झब्बू ने बताया।

"शायद इसलिए कि उधर पहाड़ी का पिछवाड़ा है। आवाज़ पहाड़ी की वजह से रुक गई होगी। जहां तक इधर की बात है...यहां सड़क पर तो इतनी तेज़ आवाज़ आई कि..." मारे निराशा के मैं वाक्य ही पूरा न कर सका।

तभी, सड़क पर, दो ट्रक आमने-सामने से आकर, एकदम सनसनाते हुए, अगल-बग़ल से गुज़र गए। आपस में क्रॉस करते ही दोनों ने अपने हॉर्न एक साथ बजा दिए, जैसे एक-दूसरे को सलामी दे रहे हों।

मैंने हाथ बढ़ाया, "भुच्चड़! छेनी दे।"

"क्या करेंगे?"

"वही, जो तू करके आया है। हथौड़ी भी दे।"

छेनी-हथौड़ी क़ब्ज़े में आते ही मैंने बेताबी से कहा, "मैं पहाड़ी के नज़दीक पहुंच कर, किसी भी पत्थर पर, छेनी-हथौड़ी चलाऊंगा। तुम लोगों को यहां से सुनना है। मुमकिन है, जो आवाज़ मुझे बहुत तेज़ लगी, उसी को तुम तीनों पास कर दो।"

लम्बे डग भरता मैं पहाड़ी के नज़दीक आ पहुंचा। टॉर्च जला-बुझा कर मैंने नीचे पड़ा एक पत्थर चुन लिया। मैंने उस पर छेनी-हथौड़ी चलाना शुरू किया। खन्न-खन्न!

एकाध मिनट तक मैं उस पत्थर को तोड़ता ही चला गया। आख़िर जब अपने बेटों के पास लौट आया, तब तीनों ने एक स्वर में कहा, "इतनी आवाज़ से कुछ नहीं बिगड़ेगा, बाऊ जी! कोई भी ड्राइवर, जो अपनी गाड़ी को तेज़ी से ले जा रहा हो, इतनी आवाज़ पर ग़ौर नहीं कर पाएगा। आप तो यूं ही नरवस हो गए। बधाई ! हमने पहली सीढ़ी पार कर ली।"

मैं अपनी घनी दाढ़ी को प्यार से सहलाने लगा। आह ! कितना बड़ा खटका दूर हो गया था। मुस्कान भला कैसे रोक पाता? रोकने की ज़रूरत भी क्या थी?

हम चारों अपनी कार में आ बैठे। काली कार का एन्जिन मैंने स्टार्ट कर दिया।

कार के चलते ही निक्के ने थरमस में से गरम चाय निकाल कर सबकी ओर बढ़ानी शुरू की। स्टियरिंग सम्भालता जाऊं, चाय पीता जाऊं! मज़ा आ गया। मैं बेसाख़्ता गुनगुनाने लगा, "जय हनुमान ज्ञान गुन सागर, जय कपीश तिहुं लोक उजागर..."

रंगे हाथ

अगले ही दिन हमने वही काली कार महीने भर के लिए किराए पर ले ली। दो रातें झमाझम बीत गईं। तीसरी रात के अन्धेरे में छिपकर हम उसी पहाड़ी के सामने हाज़िर हो गए। चट्टान की करवट पर हमने रस्से का झूला लटका भी दिया। गगनचुम्बी इमारतों के पहलू पर रंग-रोग़न करते मज़दूर जिस प्रकार झूलों से लटकते हैं, उसी प्रकार लटकते हुए हमने अपनी कारगुज़ारी शुरू कर दी।

पहाड़ी की हरियाली केवल झाड़झंखाड़ या घासपात की नहीं थी। गर्वीले वृक्ष भी वहां काफ़ी थे। रस्से का झूला हमने एक मज़बूत तने से बांध कर लटकाया था।

झूले के फट्टे पर बैठा भुच्चड़ पूरी सावधानी और ज़ोम के साथ चट्टान के पहलू पर छेनी ठोक रहा था। छेनी पर हथौड़ी के हरेक आघात की जो खन्न! करती आवाज़ होती, वह फव्वारे की तरह उछलकर छितरा जाती। छितराती रहे, बला से! हम उसकी पूरी उपेक्षा करने का फ़ैसला कर चुके थे।

न केवल ध्वनि, बल्कि दृश्य की भी पूरी उपेक्षा का फ़ैसला हम किए हुए थे। दृश्य! चट्टान के माथे से लटकता भुच्चड़। सड़क से देखें, तो फीकी चांदनी में भी इतना तो पता चल ही जाए कि ज़रूर उधर कुछ लटक रहा है। क्या और क्यों, ये सवाल किसी के भी मन में आ सकते हैं, बशर्ते वो शख़्स सड़क पर रुके, देखे और सोचे। हमारे पक्ष की बात, बस, यही है। कौन रुकेगा? कौन देखेगा या सोचेगा?

आधी रात के बाद उस सड़क से शायद ही कोई पैदल निकलता है। साइकिल-सवार कोई अपवाद-स्वरूप ही दिखाई पड़ता है, मगर वो इधर रुकता नहीं। कारें, ट्रक, बसें, वैन या टैम्पो वग़ैरह इक्के-दुक्के ही गुज़रते हैं; वो भी तेज़ी से। उनमें बैठा हुआ कोई भी शख़्स ग़ौर करेगा ही कैसे; दूर, चट्टान पर, झूले जैसा वो क्या लटक रहा है?

खन्न-खन्न! कितनी खुल्लमखुल्ला चल रही है भुच्चड़ की छेनी-हथौड़ी!

मैं चट्टान के माथे पर हाज़िर हूं। साथ में निक्का और झब्बू हैं। लटकते भुच्चड़ को ज़रूरत के मुताबिक ऊपर उठाने या नीचे सरकाने की ज़िम्मेदारी हमीं तीनों मिलकर निभा रहे हैं।

चांद आकाश में ख़ामोश टंगा है। उसकी मन्द रोशनी में चट्टान के पहलू पर लकीरें गहरी होती जा रही हैं। भुच्चड़ के पास टॉर्च भी तो है। जैसी ज़रूरत होती है, जला-बुझाकर देखता जाता है। चट्टान के माथे पर, जहां मैं, झब्बू और निक्का खड़े हैं, खन्न-खन्न की आवाज़ इतनी तीखी है कि आज तो हम भी व्याकुल होने लगे हैं। बार-बार चौकन्नी नज़र से इधर-उधर देखते हैं; कोई आ तो नहीं रहा?

प्लास्टिक की बाल्टी में गेरू की लुगदी भर कर हमने लटकते भुच्चड़ तक पहुंचा दी है। भुच्चड़ पहले तो एकाध फीट लम्बी लकीर गहरी करता है, फिर उसमें गेरू भरने के लिए खुदाई रोक देता है। गेरू की लुगदी में हमने गोंद भी मिला रखा है, ताकि वह लकीर के अन्दर ठीक से चिपके।

रोज़ रात के एक से तीन बजे के बीच, केवल दो ही घण्टे, छेनी चलाने की ठानी गई है। लकीरों में गेरू भरने के बाद भुच्चड़ उसे हाथ फेरकर, लीप-पोतकर, चट्टान के गेरुए रंग के साथ, एकसार कर देता है।

हनुमन्त के चेहरे की लकीरें खुद गई हैं। उनमें गेरू भर कर ऊपर से लिपाई भी हो गई है। हनुमन्त की नाभि बनाकर गेरू से छिपा दी गई है। अब लहरा कर फैली दुम पर काम हो रहा है।

रोज़ दोपहर तीनेक बजे हममें से कोई एक आकर इस चट्टान को दूर से निहारता है, सड़क के किनारे से। बिल्कुल पता नहीं चलता लकीरें खोदे जाने का, ऊपर से गेरू की लिपाई हो जाने का। भुच्चड़ ज़िन्दाबाद! आज वो दुम के छोर तक पहुंच गया है। लटक रहा है, रस्से के झूले से। ठोक रहा है छेनी पर हथौड़ी। चट्टान के माथे पर मैं, झब्बू और निक्का, ख़ामोशी से, छोटे-बड़े पत्थरों पर बैठे हैं। जुगनुओं का एक जलता-बुझता बादल मैं पहाड़ी की चोटी की तरफ़ उठता देख रहा हूं। झींगुर झीं-झीं कर रहे हैं। बस, केवल उल्लू के बोलने की कसर है। मैं मुस्कराता हूं। बोलेगा, बोलेगा; उल्लू भी बोलेगा!

भुच्चड़ अपने टॉर्च को ज़रा-ज़रा जला कर जांच लेता है, खुदाई सही लकीरों पर हो रही है या नहीं।

''यार, निक्के! चाय-शाय तो पिला।''

''जी, बाऊ जी!'' निक्के की आवाज़ मेरी तरह धीमी थी। थरमस के ढक्कन खोल कर उसने चाय ढाली।

मैंने और झब्बू ने चुस्कियां ज़ोर से खींचीं। आह, कितनी तसल्ली! लगता तो है, गेरू-छेनी का काम आज पूरा हो जाएगा।

निक्का चाय से भरा ढक्कन अपने होठों की ओर ले जा रहा था।

खन्न-खन्न...चट्टान के पहलू पर छेनी चलती जाए, चलती जाए...

अचानक निक्का हड़बड़ा गया। फीकी चांदनी में भी मैंने उसका हड़बड़ाना साफ़ देख लिया। चाय के ढक्कन वाला उसका हाथ इतना हिल गया कि गरम चाय ज़रूर उसकी उंगलियों पर छलक पड़ी होगी।

गर्दन मोड़कर निक्का फीकी चांदनी में एक तरफ़ घूर रहा था। मैं भी बेसाख़्ता उसी तरफ़ घूरने लगा।

उधर, झुरमुट के अन्धेरे में, अन्धेरे से भी ज़्यादा काले धब्बों की तरह, तीन आकृतियां खड़ी थीं।

मैं अपनी एक धड़कन चूक गया। कौन हैं ये? यूं चुपके से कैसे आ धमके?

झब्बू भी उन्हीं तीनों को ताकता रह गया था।

खन्न-खन्न! भुच्चड़ की छेनी बेखटके चल रही थी, चट्टान के पहलू पर। कैसे, आख़िर कैसे इशारा किया जाए भुच्चड़ को कि वो अपनी छेनी फ़ौरन रोक दे?

खन्न-खन्न!

मैंने निक्के को कमर मोड़ कर झुकते और चाय से भरा ढक्कन नीचे, ज़मीन पर रखते देखा। तब मैंने भी अपना चाय-भरा ढक्कन नीचे, जमीन पर रख दिया। जिस पत्थर पर मैं घुटने मोड़ कर बैठा था, उसे छोड़कर मैं सीधा उठ पड़ा। झब्बू ने भी यही किया।

खन्न-खन्न!

वे तीनों आकृतियां आपस में गडमड होकर, झुरमुट के अन्धेरे में, पूरी मज़बूती के साथ मौजूद थीं। दो मनुष्य, एक कुत्ता। ज़बर्दस्त शिकारी कुत्ता!

उन मनुष्यों में से एक के हाथ में लम्बी लाठी थी। चौड़े कन्धे। नाटा क़द। दूसरा मनुष्य छह फीट से कम ऊंचा नहीं था। शिकारी कुत्ते की सांकल उसी ने थाम रखी थी।

खन्न-खन्न! उफ़! यह छेनी!

ये जो दो शख़्स हैं, इन्हें समझाना ही पड़ेगा कि अगर इन्होंने अपने मुंह बन्द रखे, तो इससे दोनों ही पक्षों को लाभ होगा।

शिकारी कुत्ता भौंकना तो दूर, गुर्रा भी नहीं रहा था। इसी से ज़ाहिर था, वह कितना होशियार और ख़ूंख़्वार था। ग़ज़ब की मुस्तैदी के साथ वह कभी भी झपट पड़ने की मुद्रा में खड़ा था।

मैंने ज़रा ज़ोर से कहा, ताकि भुच्चड़ भी सुन ले और सावधान होकर छेनी चलाना रोक दे, "नमस्ते, भाई सा'ब!"

झप्प! रुक गई छेनी। खन्न-खन्न बन्द!

इधर छेनी रुकी, उधर वो कुत्ता हरकत में आ गया। धीमा गुर्रा कर वो अपनी सांकल को झटके मारने लगा, ताकि मुझ पर टूट ही पड़े, लेकिन उसे मज़बूती से रोक लिया गया।

चट्टान के पहलू पर लटकते भुच्चड़ ने कुत्ते का गुर्राना ज़रूर सुन लिया होगा। भुच्चड़ को सावधान करने के लिए अब और कोई आवाज़ निकालना ज़रूरी नहीं था, फिर भी मैंने अपने उसी ऊंचे स्वर में कहा, ''आइए, भाई सा'ब! आइए!''

दोनों मनुष्यों में से किसी ने मेरी नमस्ते का जवाब नहीं दिया। 'आइए ...' सुनकर भी वे बिना कोई हरकत किए ख़ामोश खड़े रहे।

चट्टान पर लटकते रस्से धीमे-धीमे हिलने लगे थे। चांद की डरपोक रोशनी पर अन्धकार हावी था, फिर भी कुत्ते ने रस्सों का हिलना देख लिया। उसकी गुर्राहट तेज़ हो गई। छूटने और झपटने के लिए वह बार-बार अपने पिछले पैरों के बल उठने लगा।

रस्से इसलिए हिल रहे थे कि लटकता भुच्चड़ ऊपर आ रहा था। कहीं ऐसा न हो, कुत्ता बन्धन छुड़ाकर उस पर झपट ही पड़े। ऐसे आक्रमण से भुच्चड़ के हाथ से रस्से छूट भी सकते थे। अगर वह ऊंची चट्टान से नीचे, तलहटी में गिर पड़ा, तो उस की मौत भी हो सकती थी।

मैंने फ़ौरन तीखे स्वर में कहा, ''भाई सा'ब! ज़रा कुत्ते को सम्भालिए।'',

कुत्ता इतना व्याकुल था कि रोकते-रोकते भी अपने मालिक को तीनेक क़दम आगे खींच लाया। मालिक ने कठोरता से आदेश दिया, ''शेरा! शान्त!''

कुत्ते का उछलना तो रुक गया, लेकिन वह अपनी सांकल पर लगातार दबाव डाल रहा था, भुच्चड़ की दिशा में।

नाटे क़द के जिस मनुष्य के हाथ में लाठी थी, वह भी दो क़दम आगे आकर, कुत्ते के नज़दीक रुक गया। अभी तक मैं उन दोनों मनुष्यों में से किसी का चेहरा नहीं देख पाया था। चांदनी और अन्धकार के झिलमिल मिश्रण ने उनके चेहरों पर परदा डाल रखा था। मैंने उन्हें आमंत्रित किया, ''आइए, चाय पीजिए।''

''कौन हो तुम लोग?'' कुत्ते वाले ने कड़क कर पूछा। उसकी आवाज़ का रुतबा ही कुछ और था।

''कुछ नहीं! हम लोग ज़रा...'' बुदबुदा कर मैंने उसकी ओर सिर्फ़ आधा क़दम बढ़ाया।

''दूर रहिए। कुत्ता ताक़तवर है। हाथ से छूट भी सकता है।''

''वाक़ई शानदार कुत्ता है।'' मेरे स्वर में खुशामद की झलक थी।

मन-ही-मन मैं गणित बिठा रहा था। ये लोग यहां एकाएक कैसे आ गए? छेनी की आवाज़ इनके कानों तक आज ही कैसे पहुंची? छेनी तो हम हफ़्ते भर से चला रहे हैं। लगता है...देरी से सही, लेकिन आवाज़ अकेले कुत्ते ने पकड़ी। जिस आवाज़ को वे मनुष्य सुन ही नहीं सकते थे, उसी को कुत्ते ने सुन लिया। कितनी ज़बर्दस्त भूल हो गई थी हमसे ! कुत्ते के कान कितने तेज़ हो सकते हैं,

इसका अन्दाज़ा ही नहीं लगाया। शायद कुत्ते को हमारी गन्ध-वन्ध भी आ गई हो। हफ़्ते भर से, रोज़, एक ही गन्ध और एक ही आवाज़! व्याकुल होकर कुत्ता आज अपने मालिक को इधर खींच ही लाया। ज़रूर यही हुआ है...

दोनों मनुष्यों को मैंने अन्दाज़े से पहचान लिया था। कुत्ते वाला ज़रूर मन्दिर का पुजारी था। दूसरा शख़्स, जिसके पास लाठी थी, यक़ीनन चौकीदार था।

मैंने कनखियों से देखा, भुच्चड़ चट्टान के कगार पर से सर उठा कर झांक रहा था। कगार पर चढ़कर ऊपर आने से पहले वो यही चेक कर रहा था, ख़तरा किधर से है और कितना है।

भुच्चड़ पर नज़र पड़ते ही कुत्ता ज़ोर से गुर्रा उठा। गले की सांकल पर उसने इतना दबाव डाला कि पुजारी लड़खड़ा गया। अचानक कुत्ता अपने पिछले पैरों के बल पूरा उठ पड़ा।

"शेरा! रुक जा!" पुजारी का हुक्म सन्नाटे में गूंज उठा।

शेरा नीचे झुका और वापस अपने चारों पैरों के बल खड़ा हो गया।

चट्टान के कगार पर भुच्चड़ ने ऊपर उभरना शुरू कर दिया था। सर के बाद गर्दन, गर्दन के बाद दोनों कन्धे, फिर समूचा सीना ऊपर आ गया। इस हद तक हलचल देख कर शेरा फिर व्याकुल हो गया। एकाएक वो ज़ोर से भौंक पड़ा। भौंकने की वो ख़ूंख़्वार आवाज़, रात के सन्नाटे में, कितनी दूर तक सुनाई पड़ी होगी? अभी तक तो केवल पुजारी, चौकीदार और शेरा ने ही हमें रंगे हाथ पकड़ा है। अब अगर और लोग भी आ पहुंचे...

पुजारी ने एक बार फिर शेरा को थपथपा कर शान्त कर दिया।

भुच्चड़ चट्टान के कगार पर पूरा चढ़ चुका था। कुछ पल वह शेरा को घूरता हुआ दूर ही खड़ा रहा, फिर मेरी तरफ़ आने लगा। उसका चौकन्नापन देखने लायक़ था। छेनी-हथौड़ी और टॉर्च उसने अपनी कमर पर खोंस लिए थे।

भुच्चड़ ज्यों ही मेरे नज़दीक आ कर रुका, मेरा डूब रहा हौसला वापस बुलन्द हो गया।

"फिर पूछता हूं। कौन हैं आप लोग?" पुजारी ने हम चारों से सीधा सवाल किया।

"हम आपके सेवक हैं, पुजारी जी!" भुच्चड़ का स्वर।

"अच्छा! तो तुम मुझे पहचानते हो!"

"जी; एक मुलाक़ात भी हो चुकी है।"

"हुई होगी। याद नहीं।"

"जो सज्जन आपके साथ हैं, इन्हें भी पहचानता हूं। यह मन्दिर के चौकीदार हैं।"

"फिर तो मेरे कुत्ते को भी पहचानते होगे।" पुजारी ने व्यंग्य किया, मगर भुच्चड़ विचलित न हुआ, "बेशक पहचानता हूं। बहुत बेहतरीन कुत्ता है।"

''यहां आधी रात को छिप कर क्या कर रहे हो?''

''नाराज़ न होइए। आप राम-भक्त हैं। हम भी राम-भक्त हैं। ये मेरे पिता। ये मेरे दो भाई। हम चारों श्री हनुमन्त के आदेश से इधर आए हैं।''

''तुमने छेनी-हथौड़ी और टॉर्च क्यों खोंस रखे हैं, अपनी कमर पर?'' पुजारी ने भुच्चड़ पर अपने टॉर्च की रोशनी फेंकते हुए पूछा।

''बताता हूं। पहले चाय तो पीजिए।''

''चट्टान से लटक कर क्या कर रहे थे?''

''जी...हम यहां कोई भी ग़लत काम नहीं...''

''तुम चारों को इसी वक़्त थाने चलना होगा।''

भुच्चड़ चुप रह गया। मेरी आवाज़ भी हलक़ में अटकी हुई थी।

ख़ामोशी झब्बू ने तोड़ी, ''थाने? क्यों?''

''तुम लोग यहां ज़रूर कुछ ऐसा कर रहे हो, जो सिर्फ़ अन्धेरे में किया जा सकता है।''

''नहीं, पुजारी जी; ऐसा कुछ नहीं है।'' भुच्चड़ ने कहा, ''मैं सब बताने को तैयार हूं। आप मौक़ा तो दीजिए।''

''मौक़ा थाने में।''

अब मैंने भी विरोध किया, ''लेकिन हम क़सूरवार नहीं हैं।''

''तो थाने चलने से डरते क्यों हैं? बंसी!''

''जी, पुजारी जी!'' चौकीदार ने लाठी सम्भाली।

''देखना ज़रा, उधर क्या है?''

एक छोटे दरख़्त के नीचे हमने गीले गेरू का ड्रम रख छोड़ा था। अन्धेरे में वह ज़रा-ज़रा झलक रहा था। पुजारी ने उसी ओर इशारा किया था।

चौकीदार ने टॉर्च जलाया। अगर वे लाठी और कुत्ता लेकर आ सकते थे, तो टॉर्च ले कर भी आ सकते थे। टॉर्च के जलते ही फीकी चांदनी में एक गोल छेद हो गया, जिसमें से रोशनी का रेला फूट पड़ा। टॉर्च ऊपर-नीचे हिला, तो रेला चांदनी को तलवार की तरह काटने लगा।

पुजारी का ध्यान चौकीदार पर देखकर मैंने हौले से कहा, ''भुच्चड़! अगर सीधी उंगली से घी न निकले...''

''देखते हैं...''

चौकीदार ने गेरू के ड्रम के अन्दर रोशनी फेंकी। उसे एकाएक समझ में न आया, अन्दर क्या है। उसने ड्रम में हाथ डाल दिया। गेरू के लोंदे के साथ उसका हाथ बाहर आया, ''यह तो गेरू है!''

''गेरू?'' पुजारी को बेहद आश्चर्य हुआ।

''जी, पुजारी जी।''

''ज़रा उधर भी देखो। चट्टान के किनारे से वो जो रस्से लटक रहे हैं...''

चौकीदार चट्टान के कगार की ओर बढ़ा तो सही, लेकिन शायद वह डर गया; उधर कहीं फिसलन न हो। पैर रपट गया, तो वह तलहटी में लुढ़क सकता था। इसमें जान का ख़तरा था। चौकीदार ज़मीन पर औंधा लेट गया और छिपकली की तरह घिसट कर चट्टान के किनारे तक जाने लगा।

मैंने फिर हौले से कहा, ''सुन भुच्चू! मेरे पर्स में अभी ढाई हज़ार हैं। पूरा पर्स ही दे देता हूं। कुछ तो ढीला पड़े।''

''सही है।''

चौकीदार चट्टान के किनारे पहुंच चुका था। उसने अपने टॉर्च की रोशनी का रेला नीचे तलहटी में फेंका। अब वह भुच्चड़ के झूले को पूरा देख रहा होगा।

निक्के और झब्बू की शून्य नज़रें मुझ पर टिकी हुई थीं।

चौकीदार कगार पर से वापस पीछे हटने लगा, उसी तरह घिसटता हुआ। सहसा वह फुरती के साथ उठ खड़ा हुआ। पुजारी के नज़दीक पहुंचता हुआ बोला, ''उधर तो एक झूला लटक रहा है। उस पर एक डिब्बा रखा है। उसमें भी गेरू मालूम पड़ता है।''

''गेरू! छेनी! हथौड़ी! झूला! आधी रात! पता नहीं, क्या चक्कर है।'' पुजारी बौखला कर मेरी ओर घूमा, ''चलो थाने। इसी वक़्त।''

''चलिए, चलते हैं।'' मैंने तपाक से कहा। मैं यूं अचानक तैयार हो जाऊंगा, ऐसा तो पुजारी ने सोचा भी न होगा। ख़तरनाक शेरा को भूलकर, मन-ही-मन महाबली को याद कर, मैंने पुजारी की ओर क़दम उठा दिए।

मेरे हर क़दम पर शेरा की गुर्राहट बढ़ रही थी, लेकिन मैं जानता था, पुजारी उसे रोक कर रखेगा। मैं सकुशल पुजारी के नज़दीक पहुंच गया। फीकी चांदनी में भी पुजारी के सुन्दर चेहरे को मैं साफ़ देख सका। पास ही खड़े चौकीदार पर भी मैंने उड़ती नज़र डाली। वह मुझे सख़्त नाराज़गी से घूर रहा था।

ढाई हज़ार के नोटों से भरा, ज़रा फूला-फूला पर्स, मेरे हाथ में छिपा हुआ था। उसी हाथ से मैंने पुजारी का हाथ पकड़ लिया और हौले से दबाकर कहा, ''रख लीजिए।''

पुजारी ने अपनी हथेली मुझसे छुड़ा लेने की बेताब कोशिश की, लेकिन मैंने उसे कामयाब न होने दिया।

उसने अकुला कर कहा, ''ये क्या!''

मैं मुस्कराया, ''श्रीगणेश! आगे और आएगा।''

''छोड़ो! छोड़ो मेरा हाथ!''

मैंने अपनी पकड़ ढीली कर दी। पुजारी ने ऐसी सिफ़त के साथ हाथ खींच लिया कि मेरा पर्स मेरी ही हथेली में धरा रह गया। मैंने अपनी हथेली ज़रा ऊपर उठाई, ताकि फीकी चांदनी में भी पर्स साफ़ झलक सके।

"पुजारी जी!" मैंने संजीदगी से कहा, "फ़िलहाल ये ढाई हज़ार हैं। जल्द ही आप पर, यहां तक कि आपके चौकीदार पर भी, सोने-चांदी की झड़ी लगा दूंगा। आपको कुछ नहीं करना है। सिर्फ़ हमारा साथ निभाना है। सोचिए! आप और आपका चौकीदार, दोनों, हीरे-मोतियों से खेलेंगे।"

मैं जानता था, चौकीदार ने मेरा एक-एक लफ़्ज़ ग़ौर से सुना है।

पुजारी बुत की तरह ख़ामोश खड़ा रहा। उसकी आंखों में क्रोध की आग थी।

मेरी ग़नीमत अब इसी में थी कि पुजारी कुछ बोले, उससे पहले स्वयं चौकीदार आगे आ जाए और हामी भर दे। चौकीदर की हामी में से ही पुजारी की हामी निकलने वाली थी।

मैंने अन्दाज़ा लगा लिया था कि सुलगता हुआ इन्कार पुजारी की ज़बान पर आ चुका है; होठों से, बस, फूटने ही वाला है। कहीं ऐसा न हो, पुजारी को इन्कार करते देख चौकीदार भी हां कहते-कहते ना कह बैठे।

मैंने मन-ही-मन दांत पीसे, 'रे, नादान ब्राह्मण! लपक ले! ढाई हज़ार का श्रीगणेश! लपक!'

किन्तु पुजारी का एक-एक शब्द गर्म सीसे की तरह धधक उठा, "मूर्ख! तू मुझे रिश्वत देगा?"

"पुजारी जी! पहले पूरी बात तो समझिए।"

"समझाएगा? तू मुझे बात समझाएगा?"

और पुजारी ने मेरी खुली हथेली पर एक ज़ोरदार थप्पड़ दे मारा।

मेरी हथेली पर रखा पर्स छिटक कर न जाने कहां जा गिरा।

उस एक ही थप्पड़ ने मेरे पूरे हाथ को झन्नाटे से भर दिया। पुजारी और मेरे, दोनों के लम्बे हाथ कुछ इस तरह झटका खा गए कि किसी को भी धोखा हो सकता था, हम एक-दूसरे पर आक्रमण कर रहे हैं।

कम-से-कम शेरा को तो यही धोखा हुआ, क्योंकि अगले ही पल उसकी विकराल भूंक ने रात के सन्नाटे की धज्जियां उड़ा दीं।

वो भूंक आधे क्षण में ही बिल्कुल मेरे चेहरे पर आ गई। जैसे कोई हथगोला अचानक फटे और चारों तरफ आग-ही-आग भड़क उठे, उसी तरह शेरा की भीषण भूंक ने मुझे चारों तरफ़ से भूनना शुरू कर दिया।

मेरा मुंह खुल गया और एक लम्बी चीख़ निकल कर बाहर लटक गई, जैसे फांसी के बाद किसी की जीभ लटकने लगी हो। मेरी चीख़ में हाय! मर गया!

बचाओ! जैसा कोई शब्द नहीं था। वो एक ऐसी ख़ालिस चीख़ थी, जो किसी बेबस इन्सान को धधकते तन्दूर के अन्दर हौले-हौले ज़िन्दा उतारने पर ही निकल सकती है।

उस शिकारी कुत्ते के वज़नदार धक्के ने मुझे बेजान लक्कड़ की तरह चट्टान पर गिरा दिया था। फीकी चांदनी में शेरा की आंखें मौत की आंखों की तरह चमक रही थीं। मुंह फाड़कर शेरा अपनी एक-एक भूंक के साथ गरम भभके छोड़ रहा था, जिनमें घिनौनी गन्ध थी। मौत की गन्ध ज़रूर ऐसी ही होती होगी। मगरमच्छ के जबड़े की तरह खुला उसका मुंह मेरी गर्दन की ओर धंसता चला आ रहा था। एक ही झटके में शेरा मेरी आधी या पूरी गर्दन को नोचकर अलग कर सकता था।

मौत!

नहीं! मुझे ज़िन्दा रहना है।

दोनों हाथों से मैंने अपनी गर्दन और चेहरे को ढांकना चाहा। गर्दन को ख़तरे में डालने से बेहतर यही था कि मैं अपने दोनों हाथों को शेरा के सामने झोंक देता।

दाईं कोहनी उठाकर मैंने शेरा के विरुद्ध अड़ा देनी चाही, लेकिन उस ख़ूंख़्वार कुत्ते का खुला जबड़ा नीचे से और नीचे धंसता चला आया। उसकी लार मेरे चेहरे पर गिरने लगी। घृणा और क्रोध से मैं बिलबिला उठा। मैं बार-बार चीख़ रहा था और मेरी हर चीख़ फट रही थी।

मेरे पूरे चेहरे पर गरम धाराएं गिरनी शुरू हो गईं। वो मेरा अपना रक्त था, जो मेरे ही हाथ से निकल रहा था। हाथ! जिसे आख़िर मैंने शेरा के मुंह में घुसा ही दिया था।

हाथ के मांस में शेरा के दांत गहरे से और गहरे उतरते जा रहे थे। शेरा कहीं समूचे हाथ को ही चबाकर अलग न फेंक दे। फिर तो उसका खुला जबड़ा मेरी गर्दन तक पहुंच ही जाएगा।

नहीं! मैं ऐसा नहीं होने दूंगा। मैं अपना दूसरा हाथ भी उसके मुंह में घुसा कर अड़ा दूंगा। चाहे जो हो जाए, मुझे अपनी गर्दन बचाकर रखनी है...

शेरा मुझे चित पटक कर एकदम चढ़ बैठा था। चित गिर जाने से मेरी ताकत आधी रह गई थी। यह ताक़त भी शेरा के आतंक से ख़त्म हुई जा रही थी।

तभी मेरे दिमाग़ में एक टंकार-सी होने लगी...जितनी जल्दी मैं अपनी करवट पर घूम जाऊंगा, उतनी ही जल्दी मुझ पर से जान का ख़तरा कम हो जाएगा। करवट पर घूमते ही मेरे सीने पर सवार शेरा बग़ल में, ज़मीन पर पहुंच जाएगा। इससे उसका ज़ोर घटेगा। मुझ पर से उसका वज़न भी हट जाएगा।

मैं जी-जान से अपनी करवट पर घूम जाने की कोशिश करने लगा, लेकिन शेरा था कि टस-से-मस नहीं हो रहा था।

मेरी इस उम्मीद पर पानी फिर चुका था कि पुजारी शेरा को पुचकार कर वापस खींच लेगा। पुजारी और चौकीदार क्या चुपचाप खड़े तमाशा देख रहे हैं? यहां मेरी जान जा रही है! भुच्चड़ कहां है? और झब्बू? निक्का? क्या ये भी नहीं आएंगे मुझे बचाने? हद है! ये किस बात का इन्तज़ार कर रहे हैं? मेरे ख़त्म हो जाने का?

महाबली! महाबली! मुझे बल दीजिए, महाबली!

ज़ोर से हुंकार कर मैं अपनी करवट के बल घूम गया। सीने पर सवार शेरा तत्काल ज़मीन के साथ जा लगा। उसके भारी जिस्म के पटकनी खा जाने की धब्ब! मैंने साफ़ सुनी। मेरा हौसला बढ़ गया। उस वक़्त मेरा केवल एक हाथ आज़ाद था। दूसरा हाथ अभी भी शेरा के मुंह में फंसा था। मेरा आजाद हाथ शेरा के चेहरे को बेताबी से टटोलने लगा। मैं उसकी आंखें ढूंढ़ रहा था। दाईं या बाईं, किसी भी आंख में उंगली घुसा दूंगा, तो उसका ज़ोर आधा रह जाएगा। मारे घबराहट के अन्दाज़ा ही नहीं लग रहा था, शेरा की आंखें किधर हैं।

तभी मैंने दो परछाइयों का आभास पाया, जो मेरे नज़दीक ही कुछ करने की कोशिश में हिल रही थीं। मैंने अन्दाज़ा लगाया; एक परछाईं भुच्चड़ की होनी चाहिए थी और दूसरी झब्बू की। जिस परछाईं के हाथ में हथौड़ी दीख रही है, ज़रूर यह भुच्चड़ है। दूसरी परछाईं के हाथ में फावड़ा कहां से आ गया? अरे, यह तो हमारा ही फावड़ा है। झाड़झंखाड़ की सफ़ाई के लिए लेकर आए थे। वही है झब्बू के हाथ में। कुछ कह रहा है झब्बू। ज़रूर मुझी से। रे, मूर्ख! ज़ोर से बोल! कुछ सुनाई नहीं दे रहा। क्या बोलता है तू? जल्दी बता; क्या करूं? कैसे बचूं? उफ़! ये तो ज़ोर से बोल ही नहीं रहा। इतनी धीमी आवाज़ में कह क्या रहा है? और किससे? ज़रूरी नहीं कि मुझी से कुछ कह रहा हो। भुच्चड़ से भी कुछ कहता हो सकता है। भुच्चड़! ये रही भुच्चड़ की परछाईं! इस भुच्चू की भी अक़ल मारी गई है क्या? वरना ऐसे धीमे-धीमे क्यों बोलता? ज़ोर से बोल, भुच्चू के बच्चे! और चला हथौड़ी! चलाता क्यों नहीं? मार शेरा को। और झब्बू! तू भी फावड़ा चला! मार! मार! वरना मैं गया...हमेशा के लिए...

ये तमाम लफ़्ज़ मेरे अन्दर सिर्फ़ घुट रहे थे। मैं उन्हें बोल नहीं पा रहा था। मेरा गला सूख चुका था। जीभ तालू से चिपकी जा रही थी। छी-छी! मुझ जैसे हनुमान-भक्त की यह कैसी हालत है!

शेरा को मैंने अभी तक ज़मीन पर ही पटक रखा था, उठने नहीं दिया था। वो हरामज़ादा मेरे दाहिने हाथ को छोड़ ही नहीं रहा था, गुर्रा-गुर्रा कर चबा रहा था।

धबाक्क!

हवा में उठा फावड़ा शेरा की पसलियों पर इतने ज़ोर से गिरा कि शेरा के पूरे जिस्म में उछाल आ गया। उसकी गुर्राहट उसी वक़्त रिरियाहट में बदल गई, लेकिन जबड़ा मेरे हाथ पर ज्यों-का-त्यों कसा रहा।

झब्बू ने फावड़ा उठाकर उसे दुबारा दे मारा। धबाक्क! शेरा का जिस्म एक बार फिर उछाल खा गया। इस बार वो ढीठ कुत्ता रिरियाया भी नहीं। मेरे हाथ में उसके दांत ज्यों-के-त्यों धंसे रहे।

फावड़ा तीसरी बार अभी उठ ही रहा था कि भुच्चड़ ने शेरा की खोपड़ी पर अपनी हथौड़ी कसकर ठोकी। खोपड़ी टूटने की आवाज़ मैंने साफ़ सुनी। अगले ही पल झब्बू का फावड़ा भी हूश्श्श करता नीचे आ गिरा। सरासर भेड़िए जैसे उस कुत्ते का जिस्म एक बार फिर उछल पड़ा।

भुच्चड़ ने हथौड़ी के दो भरपूर वार और किए। दोनों बार शेरा की खोपड़ी टूटने की आवाज़ सुनाई दी और खून के रेले बह चले।

ज़रूर शेरा के भेजे की धज्जियां उड़ चुकी थीं, लेकिन उसके दांत मेरे दाहिने हाथ पर ज्यों-के-त्यों कसे हुए थे। मैं कराहने लगा। वह राहत और छुटकारे की कराहट थी।

धन्यवाद, बजरंग बली! भुच्चड़ की हथौड़ी में और झब्बू के फावड़े में आप ही प्रकट हुए। आप ही ने मेरे प्राणों की रक्षा की। अब तो जीवन भर आप ही की सेवा करूंगा।

"बाऊ जी! घबराइएगा नहीं।"

"सब ठीक है, बाऊ जी!"

कौन से लफ़्ज़ भुच्चड़ ने कहे, कौन से झब्बू ने; पता ही न चला। दोनों भाई मिल कर शेरा का भिंचा हुआ जबड़ा खींच कर खोलने लगे थे, ताकि मेरा हाथ आज़ाद हो सके।

हाथ में से शेरा के दांत निकलते ही मेरा ख़ून नए सिरे से बह चला। भुच्चड़ ने रूमाल निकाल कर मेरी कोहनी के पास कसकर बांधा।

तभी मन में चौंध-सी हो गई, 'निक्का कहां है?' मैंने निक्के की खोज में चेहरा घुमाना चाहा, लेकिन गर्दन मोड़ते ही कराहट निकल गई।

"निक्का ठीक तो है न?" मैंने व्याकुल स्वर में पूछा।

"हां, बाऊ जी! हम सभी ठीक हैं। आप भी ख़तरे से बाहर हैं।" झब्बू ने जल्दी-जल्दी कहा, "लीजिए, आप तो कांपने लगे! ऐसी कोई बड़ी मुसीबत नहीं टूट पड़ी है।"

वाक़ई मैं कांप रहा था। मैं और मेरी आवाज़, दोनों।

"निक्के!" मैंने ज़रा दम लगा कर पुकारा।

"जी, बाऊ जी!" थोड़े फ़ासले से आवाज़ आई, "मैं इधर हूं..."

"नज़दीक क्यों नहीं आता?"

पूछा था निक्के से, जवाब दिया झब्बू ने, "नज़दीक भी आएगा, लेकिन अभी नहीं। अभी तो वह चौकीदार को दबोच कर बैठा है; गले पर चाकू लगाकर।"

"ओह! और वो...पुजारी..."

"चित पड़ा है। बेहोश। लहूलुहान।" झब्बू ने कहा।

मैं हैरत में पड़ गया। क्या इतनी जल्दी इतना-कुछ घट गया? पता ही नहीं चला। ह-ह-ह...पता नहीं चला! जैसे कि मैं इतने होश में था कि पता चल पाता!

भुच्चड़ और झब्बू ने शेरा के मुरदे को दुम पकड़कर, घसीट कर, एक तरफ़ सरका दिया।

"लेकिन पुजारी...लहूलुहान कैसे...?" मैंने पूछा।

"मैंने ही दी अपनी हथौड़ी घुमा के!" भुच्चड़ ने बताया, "एक ही वार में सर खुल गया। हजरत धड़ाम से नीचे।"

"ओह! लेकिन..."

"क्या करता! वो साला जान-बूझ कर अपने कुत्ते को हटा नहीं रहा था। मैं जाकर उससे बोला भी कि हटा पीछे, लेकिन ना! तो मैंने भी कहा कि ले!. ..बस, एक फटका! और बेहोश!"

"फटका ज़ोर का तो नहीं लग गया?" मैंने घबराकर कहा, "मर-मरा गया, तो..."

"अच्छा ही है; मरता है, तो!"

"नहीं, भुच्चड़! ऐसे हम किसी की जान नहीं ले सकते..."

"तो ली भी तो नहीं है!" भुच्चड़ हंसा, "कम-से-कम...अब तक तो नहीं!"

मैं तत्काल समझ गया, भुच्चू के दिमाग़ में क्या चल रहा था। उस औघड़ नौजवान का भरोसा ही क्या था!

"सुन, बेटे! हम इस हद तक नहीं जा सकते..."

"किस हद तक, बाऊ जी?"

"हम कोई...ऐसे पेशेवर नहीं हैं कि..."

"बेशक! न तो पेशेवर...और न शौक़िया! फिर भी...शायद हमें पुजारी का काम तमाम..."

"नहीं, भुच्चड़!"

"हाथ इतने रंग चुके हैं...अब कैसे पीछे हट सकते हैं?"

"लेकिन अगर पकड़े गए..."

"अक़ल और हिम्मत से काम लेंगे, तो बिल्कुल नहीं पकड़े जाएंगे।" भुच्चड़ पूरे यक़ीन के साथ बुदबुदाया, "सोचिए...अगर हम पुजारी को ज़िन्दा छोड़ देते हैं...वो इतना चुग़द है कि सारा किया-कराया चौपट कर देगा..."

झब्बू ने भी अपने बड़े भाई का ही साथ दिया, "याद रखिए, बाऊ जी! मिट्टी की पहाड़ी को सोने की पहाड़ी में तब्दील करने का हमारे पास यही एक मौक़ा

है...दूसरा तो कोई मौक़ा ही नहीं! लिहाज़ा...चाहे किसी भी हद तक जाना पड़े. ..भुच्चू भइया सही कहते हैं।''

मैं दुहाई देता हुआ बोला, ''मत भूलो...ऊपर वाला सब देख रहा है।''

भुच्चड़ ढिठाई से हंसा, ''हां; ऊपर वाला! यह सब क्या उसी की मरज़ी से नहीं हो रहा? खुद आपने हमेशा यही समझाया है...बिना उसकी मरज़ी के पत्ता भी नहीं हिलता!''

ज़मीन पर कूल्हे टिकाकर मैं स्तब्ध बैठा रह गया। हालात ऐसे थे ही नहीं कि पुजारी को बचाया जा सकता। वो अपना ज़मीर दिखा चुका था। हमारा साथी वो कभी नहीं बन पाएगा। होश में आने के साथ अगर उसने...बेहतर होगा; वो कभी होश में आए ही नहीं...

लेकिन, हनुमन्त! क्या सचमुच यह सब...आप ही के आदेश पर?...और आप ही की निगरानी में?...आह! यह कैसी लीला है आपकी! कैसी लीला!

झब्बू और भुच्चड़ को मैंने दो मनहूस छायाओं की तरह, ज़मीन पर फैली पड़ी एक लम्बी आकृति की ओर बढ़ते देखा। बेचारा! बेहोश पुजारी...गया अब!

मैं अकुला कर उठ पड़ा। अनायास मैंने आसमान की ओर देख लिया, जैसे ऊपर वाले को खोज रहा होऊं; माफी मांगने के लिए। सहमा हुआ चांद सामने से हट जाना चाहता था। मैंने नज़र आसमान से नीचे उतारी।

निक्का एक तने से टिक कर, ज़मीन पर फैल कर बैठा था। चौकीदार को उसने पीछे से जकड़कर अपनी गोद में खींच रखा था। एक हाथ से चौकीदार का मुंह दबाए और दूसरे हाथ से उसकी गर्दन पर चाकू धरे निक्का पत्थर की तरह अडिग दिखाई दिया।

मुझे नज़दीक आता देख चौकीदार ने कसमसाने की कोशिश की। मुंह बन्द होने के बावजूद वो घुटी-घुटी आवाज़ निकालने लगा। ज़रूर वो मुझसे रहम की भीख मांगना चाहता था। निक्के ने उसे और ज़्यादा दबोच लिया।

निक्के और चौकीदार के सामने मैं कुछ ऐसे अड़ कर बैठ गया कि मेरी पीठ के पीछे अब जो होने जा रहा था, उसे वे क़तई न देख सकें। खुद मैं भी नहीं देखना चाहता था, बेहोश पड़े पुजारी की जान भुच्चू और झब्बू ने मिल कर किस प्रकार निकाली। पुजारी की आत्मा स्वर्ग में जाए, बस यही मन्नत उस वक़्त मेरे दिल में थी।

भंवर

कभी भूल सकता हूं उस मनहूस रात को? जब हमें भेड़िए जैसे उस कुत्ते के बाद दो मनुष्यों को भी मौत के घाट उतार देना पड़ा! दो मनुष्य? तो क्या...पुजारी की तरह चौकीदार को भी...बिल्कुल! चौकीदार तो पुजारी के ख़ात्मे का पक्का गवाह था! उसे कैसे छोड़ देते?

सोचता हूं...झूठ और अपराध में कितनी समानता है! पहले आप सिर्फ़ एक झूठ बोलते हैं। उसी एक झूठ को छिपाने के लिए फिर आप झूठ पर झूठ बोले चले जाते हैं! क्या अपराध में भी यही नहीं होता? पहले आप सिर्फ़ एक अपराध करते हैं। उसी एक अपराध को छिपाने के लिए फिर आप अपराध पर अपराध किए जाते हैं! कुछ तो आपकी हिम्मत खुल जाती है; कुछ आप घोर मजबूरी का बाना भी पहन लेते हैं। और फिर...अपराध की अपनी एक गरमी भी होती है। चाहते तो आप थे कोई छोटा-सा ही अपराध करना, लेकिन चूंकि गरमी में थे, बड़ा अपराध भी बेहिचक कर गए...

उस मनहूस रात में हम भी कुछ इसी तरह संचालित हुए...जो हमने किया, वो इसलिए किया कि होता गया, तो करते चले गए; और फिर...अगर न करते, तो क्या करते!

पुजारी और चौकीदार के ख़ात्मे के बीच घण्टे भर का फ़र्क़ रहा होगा। उस एक घण्टे में बेचारे चौकीदार ने हमारी भरपूर सेवा भी की! उसे जब पता चला था कि पुजारी इस संसार से निकल गया है, तब उसने लोटन कबूतर की तरह तड़पते हुए हमसे अपने प्राणों की भीख मांगी थी। आख़िर जब भुच्चड़ ने ऐलान किया था कि ठीक है, तुम्हें हम अपने सेवक के रूप में रख लेंगे, तब मुझे भी लगा था कि उसे बख़्श दिया गया है, मगर नहीं।

चौकीदार को अच्छी तरह मालूम था, पहाड़ी पर कहां कैसी ज़मीन है। रात के अन्धेरे में वो हमें एक ऐसे कोने में ले गया था, जहां ज़मीन काफ़ी फुसफुसी थी। हम अकेले तो वैसी ज़मीन कभी खोज ही न पाते। गड्ढा खोदना वहां काफ़ी

आसान था। चौकीदार फ़ौरन हमारा फावड़ा लेकर जुट गया था। पौन घण्टे में ही उसने इतना गहरा गड्ढा खोद लिया था कि उसमें पुजारी को कुत्ते समेत आसानी से दफ़न कर दिया जाता, लेकिन भुच्चड़ ने कहा, "अभी और गहरा करो।" भुच्चू वहां दो नहीं, तीन लाशें दफ़न करने के इरादे में शुरू से रहा। तीसरी लाश खुद उसी की, जो उस गहरे गड्ढे को जल्दी-से-जल्दी तैयार करने की कोशिश में बुरी तरह हांफ रहा था!

कुत्ते की लाश को उसकी दुम से घसीट कर गड्ढे तक लाया गया। मशक़्क़त का यह काम चौकीदार ने अकेले किया। हम केवल उसके साथ-साथ चलते रहे। हां, जब पुजारी की लाश उठाई गई, तब ज़रूर सभी ने हाथ लगाया। पुजारी को भी घसीट कर ले जाते, तो बुरी बात होती। आख़िर वो एक पुजारी था। जब उसके सारे कपड़े और जूते उतारे जा रहे थे, मैं मन-ही-मन उससे माफ़ी मांग रहा था। लाश को तो ज़मीन खा जाती है, लेकिन आजकल के ये सिन्थेटिक कपड़े और जूते! इन्हें ज़मीन खा नहीं पाती। ये जब भी ज़मीन से निकलते हैं, अगर निकलते हैं, शिनाख़्त करवा ही देते हैं। लाशें तो नंगधड़ंग गाड़ना ही अच्छा। जासूसी उपन्यास कभी बहुत पढ़े थे मैंने। ये बातें सब उन्हीं से पता चली थीं, जो उस रात काम आईं। फुसफुसी ज़मीन की गहराई में जब पुजारी की लाश फेंकी गई, तब धब्ब! जैसी बोदी आवाज़ हुई। मुश्किल से एक मिनट बाद वैसी ही धब्ब! दुबारा सुनाई दी, क्योंकि चौकीदार की जूते-विहीन, वस्त्र-विहीन, गला-कटी लाश को उसी गड्ढे में न छिपाते, तो और कहां छिपाते?

खुदाई से निकली मिट्टी हमने झटपट गड्ढे में वापस डाल दी थी। अन्दर तीन लाशें दबी होने के कारण काफ़ी मिट्टी बाहर रह गई थी। उसे वैसी ही छोड़ देते, तो घपला हो जाता। फावड़े में भर-भर कर हमने सारी मिट्टी इधर-उधर उड़ाकर बिखेर दी। इससे एक लाभ यह भी हुआ कि भुच्चड़ के हाथों चौकीदार का गला कटने से ज़मीन पर जो ख़ून गिरा था, वो दब गया।

बेटे मुझसे ज़रा भी काम नहीं ले रहे थे। मेरा हाथ घायल जो था। बेटों को गहरा ग़म था कि वे मेरी मरहम-पट्टी नहीं कर पा रहे थे। कितना ख़याल रख रहे थे वे, अपने पिता का! उनका बस चलता, तो मुझे पसीना भी न आने देते। इधर मैं था कि अपना पसीना रोक ही नहीं पा रहा था। भला पसीना भी किसी के रोके रुकता है?

चौकीदार कीं लाश जब गड्ढे में डाली जा रही थी, तब...जाने क्यों...लगा था, जैसे गला कटने के बाद भी चौकीदार ज़िन्दा है! क्या हम उसे ज़िन्दा ही दफ़न कर रहे थे? बस, सोचने की देर थी! मेरा मस्तक ही नहीं, पूरा सर भी पसीने से तर और ठण्डा हो गया था। पसीने के रेले गरदन के पीछे उतर कर पीठ पर भी चलने लगे थे।

अब तक मैंने केवल अपनी मुड़ी हुई उंगली ही मस्तक पर फेर कर पसीना पोंछा था, लेकिन इस बार बाक़ायदा जेब से रूमाल निकाला और मस्तक पर रगड़ा। रूमाल गरदन के पीछे भी ले जाकर अच्छी तरह रगड़ा।

रात के तीन अभी बजे नहीं थे। चौकन्ने और चौकस हम चट्टान की तरफ़ लौटने लगे। एक झंखाड़ के पीछे हम ठिठक कर रुक गए। चट्टान का सपाट माथा सामने ही था। तने से बंधे रस्से कगार से नीचे उतर कर अन्धेरे में धंसे पड़े थे। चाय के थरमस इधर-उधर लुढ़के हुए थे। चांद-तारों की फीकी रोशनी में भी कितना कुछ देखा जा सकता है! वो छोटा ड्रम, जिसमें गेरू और गोंद फेंट कर रखे गए थे, मानो हमारे ही इन्तज़ार में चुप बैठा था।

कुत्ते के भौंकने या मेरे चीख़ने वग़ैरह से वहां कोई आ तो नहीं गया था? ग़नीमत! कोई नहीं आया था। झंखाड़ की ओट छोड़ कर हम सामने निकल आए। जगह-जगह कुत्ते और पुजारी का ख़ून फैला पड़ा था। फावड़े से खोद कर, खुरचकर या जूतों से रगड़ कर हमने सारे दाग़ मिट्टी में एकसार कर दिए। कठोर चट्टान पर भी काफ़ी ख़ून था। पीने का पानी थोड़ा-सा ही बचा था, जिससे वे दाग़ आधे-अधूरे ही धुल सके। आख़िर हमने थरमस खोले और चाय निकाली, जितनी भी निकल सकी। उसे उन दाग़ों पर फैलाते-फैलाते शक हुआ, चाय का भी तो दाग़ पड़ेगा। चींटियां भी आ सकती हैं, मीठी गन्ध पाकर। भेद जब खुलने को होता है, तब चींटियों से भी खुल जाता है। बेटों ने भी मेरे इस सन्देह को संजीदगी से लिया।

हम चारों ने अपनी बनियानें उतार दीं, ताकि चाय और ख़ून को रगड़ कर पोंछ सकें। गीली बनियानें निचोड़ने बार-बार झंखाड़ तक जाना पड़ रहा था। जल्दी-जल्दी सब निबटाकर हमने सामान समेटना शुरू किया।

पुजारी का थप्पड़ लगने से मेरा जो पर्स दूर छिटक गया था, उसे टॉर्च की रोशनी में खोज निकाला। पर्स वापस मेरी जेब में आ गया। इधर छूट जाता, तो मरते। इसमें कई काग़ज़ात हैं, जो मेरी ओर पक्का इशारा कर देते।

पुजारी और चौकीदार के दोनों टॉर्च लावारिस गिरे पड़े थे। उठा लिए। रायपुर के रास्ते में, किसी गहरे तालाब में फेंक देना ही अच्छा। चौकीदार की लाठी भी गिरी पड़ी थी। उसे तीन टुकड़ों में तोड़ा, बड़ी मुश्किल से। टुकड़े तालाब में फेंकेंगे, तो तैरेंगे और किसी की भी नज़र में आ जाएंगे। घर ले जाकर जला-जुलू कर ख़त्म करें। उन कपड़ों और जूतों को भी जला डालें, जो दोनों महान आत्माओं पर से उतारे हैं।

हमें जल्द-से-जल्द इधर से फूट जाना चाहिए। तलहटी की झोपड़पट्टी में सुबह चार बजे उठ जाने वाला कोई-न-कोई ज़रूर होगा। उसकी नज़र पड़ सकती थी।

चार से पहले ही खिसक जाएं। सामान कितना ज़्यादा लग रहा था। झूले का फट्टा, लम्बे रस्से, गेरू का ड्रम, पानी की बोतलें, चाय के थरमस, तमाम टॉर्च...छेनी-हथौड़ी को तो गिना ही नहीं, छुरों को भी नहीं गिना...अन्धेरे में इतना सब समेटकर पहाड़ी से उतरना, काली कार में सब सम्भाल कर रखना...कोई भी कभी भी आकर पूछ सकता था, "कौन हो? क्या कर रहे हो?'

हनुमन्त की बलिहारी! किसी ने कुछ देखा नहीं, पूछा नहीं। सारा असबाब कार में ठीक से आ गया। गेरू का छोटा ड्रम डिकी में समा गया।

पहले हम अपना असबाब पहाड़ी पर ही एक झुरमुट में छिपा कर चल देते थे। सारा कुछ रोज़ रायपुर ले जाना और फिर वापस भी लाना, इस जहमत से बच जाया करते। आज ऐसा हो नहीं सकता था। आज तो हमने, यहां, दो-दो मनुष्य और एक कुत्ता...

मशहूर है; हर अपराधी कोई-न-कोई सुराग़ ज़रूर छोड़ जाता है। हम भी छोड़कर जा रहे होंगे। वो सुराग़ अगर किसी ने पकड़ लिया, फिर तो...नहीं, नहीं! हनुमन्त ऐसा नहीं होने देंगे। हमने जो भी किया, हनुमन्त की सेवा में तैनात होने के लिए किया। क्या हनुमन्त इतना भी विचार नहीं करेंगे? वो हमें ज़रूर बचा लेंगे।

छेनी-हथौड़ी का काम एक-दो रातों का ही बक़ाया रह गया है। इसे पूरा करने जब भी लौटेंगे, सारा असबाब फिर से ढो कर लाना पड़ेगा। ठीक है। ढोएंगे। अभी तो भागें यहां से, सब-कुछ उठाकर।

"बाऊ जी! कार मैं चलाऊंगा।" कहता भुच्चड़ स्टियरिंग के सामने आ बैठा। कार रवाना हुई। भुच्चू के पास ड्राइविंग-लाइसेन्स नहीं है। न सही। रात में, इस वक़्त, चेकिंग होने से रही। हुई भी, तो अपना घायल हाथ दिखाकर सम्भाल लूंगा। मेरे पास तो है न लाइसेन्स। प्लास्टिक की पतली, सफ़ेद थैली में डालकर, अच्छी तरह लपेट कर, चौकोर पुड़िया-सी बनाकर, कितनी सावधानी से धरा है, जेब के अन्दर। कोई आकर कहे, 'दिखाओ।', तो इसी वक़्त दिखा दूं।

मैंने अपना बायां हाथ बाईं तरफ़ की तमाम जेबों में डाल-डालकर चेक किया। ड्राइविंग-लाइसेन्स कहीं नहीं था। कहां जा सकता है? जाएगा कहां! बाईं तरफ़ नहीं, तो दाहिनी तरफ़ होगा।

घायल दाहिने हाथ को मैंने ज़रा ऊंचा उठाए रखा था; चलती कार में कहीं छू न जाए, इस ग़रज़ से। उस घायल हाथ को दाहिनी जेबों के अन्दर तक कैसे डाल पाता, चेक करने के लिए?

"भुच्चड़! ज़रा गाड़ी रोक!" मैंने सन्देह के स्वर में कहा।

"क्यों? क्या हुआ?" भुच्चड़ ने गाड़ी किनारे लगाई।

मेरी तमाम दाहिनी जेबों में भुच्चड़ ने हाथ डाल-डाल कर चेक किया। बाईं जेबों में भी चेक किया। ड्राइविंग-लाइसेन्स कहीं नहीं था।

तीनों बेटे मेरी तरफ़ देखने लगे और मैं उनकी तरफ़।

"आपने फिर कहीं गिरा दिया!" झब्बू ने झिड़कते हुए कहा, "साल में एक बार तो ज़रूर गिराएंगे कहीं-न-कहीं! चैन नहीं है! नया बनवाना आसान है क्या? आज का ही दिन मिला आप को! लाइसेन्स गिराने के लिए!"

मैं क्या बोल पाता? नज़र झुका ली।

भुच्चड़ बड़बड़ाया, "अगर पहाड़ी पर कहीं गिरा है और किसी के हाथ भी लग गया, फिर तो गए काम से। फ़ौरन साबित हो जाएगा, आप वहां थे।"

मैं सन्नाटे में आ गया।

झब्बू चुप रहा।

निक्के ने कहा, "पहले घर पहुंचें। ज़रा फ्रेश हो लूं। घर में रुकूंगा नहीं। फ़ौरन वापस जाऊंगा; पहाड़ी पर चढ़ूंगा। देखूंगा अच्छी तरह। अगर वहीं कहीं गिरा है, तो मिल जाना चाहिए।"

भुच्चड़ ने गहरी सांस ली, "यह तो लफड़ा हो गया।"

भुच्चड़ ने गाड़ी स्टार्ट कर रायपुर की ओर बढ़ा दी। मैं अपनी सीट में सिकुड़ गया। रायपुर नज़दीक आ रहा था। मैंने कार की खिड़की पर ठुड्डी टिका दी। चेहरे पर ठण्डी हवा के झोंके लगने शुरू हुए...

हे, हनुमन्त! हे, महाबली! जो हो गया, वो हो गया। मन में उसका पश्चात्ताप भी कम नहीं है...जैसा प्रायश्चित आप कहेंगे, करने को तैयार हूं... लेकिन जो हुआ, आपकी निगरानी में हुआ। हम अपराधी हैं तो सही, किन्तु केवल आपके। जो भी सज़ा देंगे, सर-माथे पर; किन्तु सज़ा स्वयं आप दें, कोई दूसरा नहीं; इसे देखिएगा!

रात का अन्धेरा अभी छंटा नहीं था। काली कार ने हमें घर के सामने ला कर उतारा। दरवाज़ा खोलते ही कावेरी और वर्षा एकदम सकते में आ गईं, मेरे और भुच्चड़ के कपड़ों पर ख़ून के उतने दाग़ देखकर। मेरे दाहिने हाथ की दुर्दशा पर नज़र पड़ते ही कावेरी की घिग्घी बंध गई। वर्षा ने थरथरा कर पूछा, "ये सब. ..हुआ कैसे, बाऊ जी?"

दोनों महिलाओं को सब सही-सही बता दिया गया, ताकि उनका जी कड़ा हो। वे रोने लगीं। बेशक वे ख़ामोशी से रो रही थीं, लेकिन झब्बू और निक्के ने लपक-लपक कर सारे दरवाज़े-खिड़कियां बन्द कर दीं।

निक्के के चेहरे पर तनाव बढ़ रहा था। झटपट हल्का होकर, बिना नहाए या चाय नाश्ता किए, उसने निकाली अपनी साइकिल और हो गया रवाना; अन्धेरे

में ही, वापस पहाड़ी की ओर। वहां की पगडण्डियों पर सुबह की आमदरफ़्त शुरू हो, उससे पहले ही वो अपनी खोजबीन निबटा लेना चाहता था।

निक्का निकला नहीं कि कावेरी आंखें फैलाकर बोली, "हमें यह घर छोड़ देना होगा। फ़ौरन! यहां तो पुलिस कभी भी आकर हमें गिरफ़्तार कर सकती है।"

"देखते हैं, निक्का क्या करके आता है। ज़रूरत महसूस हुई, तो छोड़ देंगे। कहीं भी चले जाएंगे, छिप जाएंगे; लेकिन भागवान!" मैं हंसा, "ज़रा यूं भी तो सोच, अगर हमीं छिप गए, तो हनुमन्त कैसे प्रकट होंगे? सोने की पहाड़ी पर हमारा क़ब्ज़ा कैसे होगा? तुमने अपने गहने बेचकर आधा लाख रुपया दांव पर लगाया है। क्या इसीलिए कि हम सब कायरों की तरह छिपकर बैठ जाएं? अरे, निकालेंगे कोई तरीक़ा। दुनिया में ऐसी कोई उलझन है ही नहीं कि जिसे सुलझाया न जा सके। ज़रा हिसाब तो लगा; अगर यह चक्कर चल गया...हमें क्या और कितना मिल जाएगा।"

"नहीं चाहिए। कुछ नहीं चाहिए। सोचा भी नहीं था, ऐसा ख़ून-ख़राबा हो जाएगा।"

"सुन, कावेरी!" मैंने बीवी के कन्धे पर हाथ रखा, "यह जो ख़ून-ख़राबा है न, यह तो धर्म के नाम पर हमेशा से होता आया है। धर्म के विस्तार के लिए, अधर्म के नाश के लिए क्या भगवान रामचन्द्र ने, भगवान श्रीकृष्ण ने ख़ून-ख़राबा नहीं किया? क्या रावण या कंस ख़ून के छींटे उड़ाए बग़ैर ही ख़त्म किए जा सकते थे? महाबली हनुमन्त ने भी क्या कभी किसी का ख़ून नहीं बहाया? राम-रावण युद्ध के समय क्या वो सागर-किनारे बैठ कर अमरूद खा रहे थे?"

"वो सब उन्होंने अधर्म के नाश के लिए किया था। हम भला कौन-से अधर्म का नाश करेंगे? हम तो सिर्फ़ अपने स्वार्थ के लिए..."

"नहीं, कावेरी! गहराई से सोच। कलियुग में अधर्म की क्या कमी? चारों तरफ़ अधर्म-ही-अधर्म है। तू ही बता। जब हम हनुमान-भक्ति का प्रकाश फैलाएंगे, तब क्या इस अधर्म का ज़रा भी नाश नहीं करेंगे? ज़रूर करेंगे।"

"बहुत ख़ूब! अरे, हम तो शुद्ध पैसे के लालच में..."

भुच्चड़ ने कावेरी को बांहों में भर लिया, "री, महतारी! पैसा कोई बुरी चीज़ तो नहीं। सुन! ग़रीबी भी एक प्रकार का अधर्म है। उसका भी नाश किया जाना चाहिए। ईश्वर ने कभी नहीं कहा, 'सदा ग़रीब बने रहो।' बता, कहा है कभी?"

"नास्तिक कहीं के! ईश्वर की बातें तू कब से करने लगा? छोड़ मुझे। दम घोंट दिया!"

भुच्चड़ ने उसे छोड़ दिया, "सुन, मां! ये जो सोना, चांदी, माणिक, मोती हैं...ये सभी क्या ईश्वर के ही रचे हुए नहीं? और ईश्वर ने तो हमेशा कहा है कि

हे, मनुष्य! जो-कुछ भी मैंने रचा है, सब तेरे लिए है। मेरी हर रचना को भोग! क्योंकि भोग से भी मैं ही प्राप्त होता हूं। भोग मेरी रचना है। ऐश्वर्य भी मेरी ही रचना है। मैं भोग में हूं; भोग मुझमें है। मैं ऐश्वर्य में हूं; ऐश्वर्य मुझमें है। जा! ऐश्वर्य को भोग! हथिया ले सोने की पहाड़ी! कर दे नष्ट, ग़रीबी नामक अधर्म! चाहे इसके लिए ख़ूनख़राबा ही क्यों न करना पड़े। बता, महतारी! क्या राम या कृष्ण के पास ऐश्वर्य नहीं था? और क्या उनके ऐश्वर्य के पीछे ख़ूनख़राबा नहीं था?''

''बस, बस! मुझे बरगला मत!'' कावेरी ने कहा, किन्तु उसकी आंखों में सहमति की चमक थी। क्या इसी सहमति के दबाव में कावेरी ने शुरू से ही हम सबका हौसला नहीं बढ़ाया?

जहां तक वर्षा की बात है; तो उसकी तो हैसियत ही नहीं, विरोध कर सकने की। शादी के छह महीने भी नहीं बीते थे कि उसका पति उसे मायके में छोड़ कर चल दिया था। कोई झगड़ा नहीं, टण्टा नहीं। हंसता हुआ आया, हंसता-हंसता चल दिया। जैसा कि बाद में वर्षा ने बताया, यूं ही बेमक़सद छोड़ कर नहीं चल दिया था। उसे नक़द-नारायण चाहिए था।

अब...वर्षा के मन में यही एक कामना रह गई है कि जल्द-से-जल्द अपनी ससुराल लौट जाए। घर में जब से सोने की पहाड़ी की चर्चा छिड़ी है, वर्षा की आस और भी गहरी हो गई है। साज़िश को ख़तरनाक पाकर मन-ही-मन डरती तो होगी, मगर विरोध कैसे करे? सोने-चांदी की बरसात का इन्तज़ार उसे भी कम नहीं। ऐसी बरसात होगी, तभी वो अपनी ससुराल लौट सकेगी।

फिर भी उसने इतना तो कहा, ''लेकिन, भैया! बताइए ज़रा, आज अगर हम पुलिस में फंसते हैं, तो बचेंगे कैसे? क्या हमारी हैसियत है कि घूस दे सकें? क्या एक भी नेता हमारा रिश्तेदार है, जो मौक़े पर आकर बचा सके? दो-दो जनों की जान निकालने से पहले ज़रा तो सोचते...''

''कैसे सोचते?'' झब्बू ने टोका, ''सोचने का वक़्त ही कहां था? उन्हें किसी सूरत में ज़िन्दा नहीं छोड़ सकते थे। वे एक मिनट् भी न लगाते; सारी पोलपट्टी खोल देते।''

मैंने नेक सलाह दी, ''पहले निक्के को लौटने दो। अभी से क्यूं इतनी बहस? देखते हैं, पहाड़ी पर क्या होता है। लाइसेन्स पड़ा मिल गया, तो मज़े-ही-मज़े। नहीं मिला, तो फ़ौरन चौकस हो जाना होगा। इतना ज़रूर है, सदा के लिए छिप कर तो रहेंगे नहीं। स्वयं प्रकट रहेंगे, तभी न हनुमन्त को प्रकट करेंगे!''

झब्बू ने टोका, ''बाऊ जी को कुत्ता-काटे का पहला इन्जेक्शन आज ही लग जाए। इसमें कोताही बिल्कुल नहीं चलेगी।''

मन्दिर के कुत्ते का ग़ायब होना, इधर मेरा हाथ 'किसी कुत्ते' द्वारा चबाया जाना...तार जुड़ते तो हैं। काश! न जुड़ते!

बहरहाल...घाव जब तक पूरी तरह भर नहीं जाते, मुझे घर से निकलना नहीं है। सिर्फ़ इन्जेक्शन के सिलसिले में दरवाज़ा पार करना है। इन्जेक्शन भी किसी जान-पहचान के या आसपड़ोस के डॉक्टर से नहीं। डी.के. हॉस्पिटल की भीड़भाड़ में शामिल हो जाना ही बेहतर। वहां का स्टाफ मुझे पहचानता नहीं है। हां, कोई आता-जाता परिचित देख ले, तो देख ले। अब...इतना रिस्क तो उठाना होगा।

दस बजकर अठारह मिनट पर बरामदे में साइकिल टिकाई जाने की खड़खड़ाहट हुई। कावेरी ने झट दरवाज़ा खोला। निक्का ही था। घर में घुसा, तो पसीने की गन्ध का पूरे माहौल में जैसे छौंक ही लग गया! एक तो सुबह बिन नहाए निकल गया था, ऊपर से धूप में साइकिल भी चलाई थी; मीलों।

पहला सवाल मैंने यही पूछा, "मिला लाइसेन्स?"

"नहीं, बाऊ जी!"

निक्के के पसीने की गन्ध यकायक बहुत तेज़ महसूस हुई। लाइसेन्स ले आया होता, तो शायद उतनी तेज़ न लगती।

"अच्छा, ठीक है।" मेरे मुंह से निकल गया, "अब तू जा और नहा जल्दी से! कैसा महक रहा है!"

"अच्छी बात! जाता हूं! नहाता हूं!" निक्का चिढ़ गया। बाथरूम बन्द करने से पहले, दरवाज़े से गर्दन निकाल, पूरे परिवार को जैसे ललकार कर कहा उसने, "एक अच्छा समाचार भी लाया हूं। पहले नहा लूं। फिर बताऊं! अभी तो महक रहा हूं!"

और धड़ाम से दरवाज़ा बन्द!

ग़लती हमारी है। बन्दे से इतना भी नहीं पूछा, 'इतने लेट वापस आए हो, कहीं कुछ खाया-पिया कि नहीं? सुबह तो सूखे ही निकल गए थे।' बेचारा घर में घुसा भी नहीं है कि दन्न से कह दिया, 'जा! नहा!'

ओके! जो आज्ञा! बेटा गया नहाने! अब निकलेगा बाहर; भरपूर वक़्त लगा कर! करो इन्तज़ार!

"हां, तो बाऊ जी! मेरी साइकिल जब पहाड़ी तक पहुंची, तब पूरब की लाली ख़त्म नहीं हुई थी। सूरज क्षितिज के ही पास चमक रहा था, लाल-लाल। पान के ठेले खुले नहीं थे। मैंने एक बन्द ठेले के पीछे अपनी साइकिल चेन से बांधी। लगाया ताला। पगडण्डी से ऊपर चढ़ना शुरू किया, तब आजूबाजू कोई नहीं था।

''मैंने हनुमन्त वाली चट्टान के माथे पर पहुंच कर ही दम लिया। वहां का चप्पा-चप्पा छान मारा। लाइसेन्स कहीं न मिला। जिस रास्ते से बेजान कुत्ते और पुजारी को गड्ढे तक ले गए थे, उसकी भी जांच की, अच्छी तरह। तीनों की समाधि पर और आसपास भी सब जगह देखा। लाइसेन्स कहीं नहीं था।

''मेरा ख़याल है, बाऊ जी! आपका लाइसेन्स पहाड़ी पर कहीं गिरा ही नहीं। वहां नहीं, तो कहां? कैसे और कब? इसकी फ़िकर छोड़िए। अब यह भाग्य का खेल है। जैसा बदा होगा, देखेंगे।

''वहां तक जब पहुंच ही गया था, फिर मन्दिर के आसपास भी देख लेने का लालच कैसे रोक पाता? हालांकि उधर लाइसेन्स पड़ा मिल जाए, ऐसी गुंजाइश थी ही नहीं। हम लोग, रात, उधर गए ही नहीं थे। उधर चारों तरफ़, बस, सन्नाटा ही छाया था। मन्दिर के अहाते की कुण्डी खुली मिली। अहाते में घुसा, तो मन्दिर के किवाड़ बन्द! और ताला झूल रहा! पिछवाड़े में पुजारी के घर पर भी ताला। याने; सब वैसा ही पाया, जैसी उम्मीद थी। मैं लौट पड़ा।

''पहाड़ी से नीचे उतरा, तब तक वो पान-ठेला खुल चुका था, जिसके पीछे साइकिल बांधी थी। पान वाले से कहा, 'माफ़ करना, भाई! बिना इजाज़त साइकिल बांध कर चल दिया था।'

'' 'लीजिए! इसमें इजाज़त की क्या बात! आप ही का ठेला है। रोज़ बांधा करिए!' पान वाला मेरी तहज़ीब से खुश हो गया।

''मैंने अपने लिए जब शानदार महंगा पान बनवाया, तो उसकी खुशी और बढ़ गई। कहने लगा, 'सुबह-सुबह आपने अच्छी बोहनी करवाई! अब सारा दिन अच्छा जाएगा।'

'' 'लेकिन मेरी सुबह अच्छी नहीं रही। सोचा था, आज भगवान श्रीराम के दर्शन सबसे पहले मैं ही करूंगा। इसी ग़रज़ से इतने तड़के जा पहुंचा था ऊपर, लेकिन...दर्शन दुर्लभ रहे।'

'' 'क्यूं? क्या किवाड़ नहीं खुले थे?'

'' 'अजी, कहां के किवाड़! उधर तो ताले लगे हैं ताले! पुजारी नहीं, चौकीदार नहीं, वो मशहूर कुत्ता भी नहीं।'

'' 'मतलब? सब चले गए? ख़ैर, यह तो होना ही था! पुजारी जी हमेशा कहते थे, वो कभी भी चल दें; अचानक! कुत्ता उन्हीं का था। चौकीदार भी उन्हीं का चेला था। वो गए, तो सब गए। बुरी बात हुई।'

'' 'लेकिन...पुजारी जी कहते क्यों थे कि अचानक चल देंगे?' मैंने पूछा, तो पान वाले ने बेलौस सब बता दिया।

'' 'ऐसा है, भाई सा'ब! दीया तले अन्धेरा! वो जो ट्रस्ट है न मन्दिर का, उसने पुजारी और चौकीदार, दोनों के साथ हमेशा नाइन्साफ़ी की। हर महीने दस्तख़त

लेते रहे पूरी तनख़्वाह पर और रक़म देते रहे आधी से भी कम। बेचारे पुजारी जी! जब भी यहां पान खाने आते, यही कहते...कि अचानक चले जाएंगे...चुपके से, बिना कोई झगड़ा किए...आख़िर ऐसा हो ही गया।'

"अब, इसमें जो जादू छिपा है, उसे समझिए; बाऊ जी! पुजारी, चौकीदार और कुत्ता, तीनों ग़ायब हैं; लेकिन इसकी गहरी छानबीन कोई नहीं करेगा। ट्रस्ट के कर्ताधर्ता खुद इस मामले को उछालना नहीं चाहेंगे। रही आम जनता; वो तो यही मान कर चलेगी कि पुजारी और चौकीदार, दोनों ने कहीं और नौकरी कर ली। ऐसा तो कोई सोचेगा ही नहीं कि दोनों-के-दोनों इस दुनिया से ही खिसक चुके! अब...यह सारी बात किस हद तक हमारे पक्ष में है! कितना सुन्दर समाचार लेकर आया हूं मैं! लाइए, बाऊ जी; मेरा इनाम!"

निक्के की बात पूरी होते ही मैं एकदम खिल गया। मैं उससे बच्चों की तरह लिपट पड़ा। वो मेरा निक्का बच्चा था और मैं भी उसका निक्का बच्चा था। "ये ले तेरा इनाम!" कहकर मैंने उसके मस्तक पर चुम्मी ले ली। दोनों गालों पर भी पुच्च! पुच्च! करके चूमा। निक्का शरमा गया, फिर हंसने लगा। वो हंसा, तो सब हंसने लगे। झब्बू ने निक्के को गोदी में उठा लिया। भुच्चड़ ने निक्के और झब्बू दोनों को एक साथ उठाने की कोशिश की। तीनों भाई अररर धम्म! भहरा कर गिरे भी, तो अपनी महतारी पर! कावेरी हाय-हाय करने लगी। वर्षा अपनी मां को भारी-भरकम भाइयों के ढेर के नीचे से खींच कर बाहर निकालने लगी। मैंने पकड़ लिया अपना पेट और जो हंसना शुरू किया, तो बस, हंसता ही चला गया।

जयजयकार

पन्द्रह दिनों तक हम शान्त बैठे रहे, इस इन्तज़ार में कि शायद कोई बात उठे, जो हमारे ख़िलाफ़ हो। ऐसा कुछ हुआ नहीं।

सोलहवें दिन, या कहें कि सोलहवीं आधी रात, हम चारों अपने तामझाम के साथ वापस उसी पहाड़ी पर हाज़िर हो गए। चट्टान के पहलू पर लेटे हनुमन्त को थोड़ा-सा 'फिनिशिंग टच' देना बाक़ी था। दो आधी रातें हमने सिर्फ़ दो-दो घण्टे काम किया और श्री हनुमन्त रेडी!

अगले दिन भरी दोपहरी में हम फाइनल जांच करने पहुंचे। सड़क के किनारे से हमने पहाड़ी के पहलू पर नज़र दौड़ाई। हमारी कारगुज़ारी या कारीगरी का ज़रा भी आभास नहीं था। छेनी से तराशी गई हर लकीर गेरू से मुंदी हुई थी और गेरू बिल्कुल एकसार हो गया था, गेरुए रंग की ही चट्टान के साथ।

साक्षात् हनुमन्त सामने लेटे हुए थे, साठ-पैंसठ फीट की ऊंचाई पर, अपने एक हाथ का तकिया बनाकर! तीन स्लीपर-कोच जितने लम्बे, दो स्लीपर-कोच जितने चौड़े। कितने विशाल! किन्तु कितने अदृश्य! नज़र ही न आएं। विराट तो इतने कि जब प्रकट होंगे, तब भक्त-गण सर घुमा-घुमा कर देखेंगे; कभी पूरब से पश्चिम, तो कभी पश्चिम से पूरब!

मैं अनायास गुनगुनाने लगा...सूक्ष्म रूप धरि सिय हिं दिखावा...विकट रूप धरि लंक जरावा...

गत दो दिनों से निक्का पेचिश में पड़ा है। मिठाइयां ज़्यादा खा गया था। घर के सभी लोग इन दिनों बढ़-बढ़ कर मिठाइयां खा रहे हैं, जिनमें मैं भी शामिल हूं। इस उम्र में भी जितनी मिठाइयां मैं पचा सकता हूं, निक्का भरी जवानी में नहीं। फिर बूढ़े बाप के साथ कम्पिटीशन क्यों किया, रे?

मैंने अपनी दाढ़ी अब और बढ़ा ली है। जाने कैसे, आंखें कुछ ज़्यादा खुली-खुली रहने लगी हैं। चेहरा दिनोंदिन तेजस्वी। मसल्स भी मोटे हो गए हैं। क्या अजूबा! हनुमन्त की आराधना करूंगा, तो मसल्स तो निकलेंगे ही!...राम दूत अतुलित बल धामा...अंजनि पुत्र पवनसुत नामा...

हे, पवनसुत हनुमान! आपका मन्त्र मेरे होठों पर है, मेरे हृदय में है, मेरी रग-रग में है। न जाने किन ऊंचाइयों तक ले जाएंगे आप मुझे! आहा! कितना निर्भय हो गया हूं। मेरा कोई कुछ नहीं बिगाड़ सकता, चाहे जो करूं! अभी तो आप प्रकट भी नहीं हुए हैं। हो जाएंगे न प्रकट, फिर तो...तीनों लोक हांक तै कांपे!...आप जितनी जल्दी प्रकट हों, उतना ही अच्छा। मंच सज गया है। परदा उठने की देर है।

परदे में रहने दो, परदा ना उठाओ...ऐ! कौन है यह गुस्ताख़, जो ऐसा भद्दा, घिसापिटा, पुराना फ़िल्मी गाना बजा रहा है? ऐसी लारा-लप्पा से हनुमान-मन्दिर को प्रदूषित करोगे? परदा जो उठ गया, तो भेद खुल जाएगा...बन्द करो ये बकवास!

यह वही हनुमान-मन्दिर है रायपुर का, जहां पहले मैं हर शाम आया करता था। फिर एकाएक मैंने आना रोक दिया था, जब तक कि दाहिने हाथ के घाव भर नहीं गए थे। अब, हर शाम की आरती में, फिर उसी तरह शामिल होने लगा हूं। चाहने वालों ने पूछा भी, "भगत जी! कहां थे इतने दिन?", तो कह दिया, "चित्रकूट पुकार रहा था। वहीं चल दिया था। वहां तो हनुमन्त के साक्षात् दर्शन दिन में दो-दो बार होते रहे।"

"धन्य हैं आप!"

"पवनसुत की कृपा है। और क्या!"

"ये दाहिने हाथ पर दाग़ कैसे?"

"यह भी हनुमन्त की लीला है। चित्रकूट में एक लंगूर कुछ ज़्यादा ही मेहरबान हो गया था।"

"मतलब?"

"उसका प्यार मुझ पर इतना उमड़ता था, इतना कि एक दिन तो बाक़ायदा उसने काट ही लिया!"

"अरे!"

"मैं तो यही कहूंगा, लंगूर के रूप में स्वयं श्री हनुमन्त ने आकर काटा!"

"धन्य हैं, भगत जी, धन्य! लेकिन काटा बहुत ज़ोर से।"

"अरे; जैसा प्यार, वैसा काटा!"

रायपुर जैसे छोटे शहर में, रोज़ शाम की आरती में पहुंचते दिक़्क़त ही क्या! आंसू बहा-बहा कर नृत्य करता हूं...सुर नर मुनि जन आरती उतारैं...जय जय जय हनुमान उचारैं...

नाराज़ हो गया हूं मैं, आसपड़ोस के अज्ञानियों से, जो हर पल फ़िल्मी गानों में डूबे हैं। इतना भी गुमान नहीं, पड़ोस में हनुमान-मन्दिर है, जहां भगत जी आते रहते हैं; जहां भगत जी को साक्षात् हनुमन्त के दर्शन होते हैं! इधर क्या

इतने ज़ोर से बजा सकते हैं, फ़िल्मी गाने? हल्के बजाओ। अकेले सुनो। दुनिया को मत सुनाओ। भगत जी को तो कदापि मत सुनाओ। क्या बकवास गाने हैं...आती क्या खण्डाला! अरे, खण्डाला के बच्चो! तुम लोग सब कुम्हारी आओगे कुम्हारी! वहां मुण्डी झुका-झुका कर करोगे नमन श्री हनुमन्त को! जो प्रकट होंगे साठ से भी ज़्यादा फीट की ऊंचाई पर! तीन-तीन स्लीपर-कोच जितनी लम्बाई में! समझते क्या हो?...भूत पिशाच निकट नहिं आवै...महावीर जब नाम सुनावै...

मेरे एक इशारे पर दस-दस, बीस-बीस भक्त दौड़ पड़े हैं। घुसे हैं आसपड़ोस के घरों में। फ़िल्मी गीतों को धीमा करवाया है। रेंकने जैसी तेज़ आवाज़ में क्यों बजाते हो? भगत जी नाराज़ हो जाएंगे। भगत जी नाराज़, तो हनुमन्त नाराज़। महाबली हनुमन्त से पंगा लोगे?

नहीं; कहीं कोई संघर्ष नहीं हुआ। लोगों ने मेरे आदेश को सर-आंखों पर लिया। ये खण्डाला-फण्डाला और भेद खुल जाएगा अब हनुमान-मन्दिर में दाख़िल नहीं होते। यहां तो...ओं चं चं चं चं चपल चलन्ता...ओं हनु हनु हनु हनु हनुमन्ता!...

"भक्तो! महाबली के आदेश से, कल सन्ध्या, इसी हनुमान-मन्दिर में, आरती समाप्त होते ही, हम एक महत्वपूर्ण घोषणा करेंगे।" गूंज रहा है मेरा धीर-गम्भीर उच्च स्वर, "अधिक-से-अधिक संख्या में पधार कर श्री हनुमन्त के आदेश का स्वागत करें।"

अगले दिन, झुकती दोपहर, ठीक साढ़े तीन बजे, मैं अपने घर से निकल कर, बाहर, चौखट पर हाज़िर हुआ। मेरे पीछे निकली कावेरी, फिर वर्षा। वहीं दरवाज़े पर उन्होंने मेरी आरती उतारना शुरू किया। भुच्चड़, झब्बू, निक्का भी निकल आए और ढोल-मजीरे बजाने लगे।

भीड़ लग गई।

पहले तो लोग हंसे, फिर चकरा गए, "अरे, ये तो अपने भगत जी हैं!"

हां, मैं ही था। साक्षात् हनुमान बना हुआ! हनुमान जैसा ही मुखौटा। लाल लंगोट। खुला बदन। लम्बी लहराती दुम। हाथ में गदा। आरती ख़त्म हुई और मेरा नाचना शुरू! वो कोई छिछोरी उछलकूद नहीं थी। महाबली के नृत्य की गरिमा कूट-कूट कर भरी थी उसमें। क्यों नहीं! कस कर रिहर्सल जो कर रखी थी!

तीन बेटे, एक बेटी और एक बीवी, पांचों जने मुझ पर फूल बरसाने और गुलाब-जल छिड़कने लगे। परम भक्ति-भाव से उनका समवेत स्वर गूंज उठा, "जय हनुमन्त सन्त हितकारी...सुन लीजै प्रभु अरज हमारी..."

फिर तो भीड़ ने भी गाना शुरू कर दिया, ''जै जै जै धुनि होत अकाशा. ..सुमिरत होत दुसह दुख नाशा...

ढम्म-ढम्म! झन्न-झन्न! बोलो श्री हनुमान जी की जै!

मैंने हौले-हौले बूढ़े तालाब की ओर चलना शुरू किया। कितना मज़ा आ रहा है। फूल बरस रहे हैं। बारम्बार गुलाब-जल की फुहार आती है। भीड़ बढ़ रही है। जयजयकार बढ़ रहा है। भगत जी अमर रहें! ज़रूर! ज़रूर! ढम्म-ढम्म! ढक्क-ढक्क!

शुरू में तो फिर भी लोग गिने जा सकते थे कि इतने हैं, लेकिन सदर से गुज़रने के बाद तो ऐसा ठठ, ऐसा ठठ कि गिनना मुश्किल!

जय स्तम्भ चौक तक पहुंचते-पहुंचते ट्रैफिक जाम! पुलिस की दे सीटी पे सीटी! मैं चला रजबन्धा मैदान की तरफ़। तमाम अख़बार वाले उधर ही तो हैं। फोटू छपना ही चाहिए। अरे, जब ऐन दरवाज़े पर आकर नाचूंगा, तो कैसे नहीं छापेंगे? पूछेंगे, 'हनुमान जी का जुलूस आज कैसे? आज तो ना रामनवमी, ना हनुमान-जयन्ती...' जवाब में मैं सिर्फ़ हंसूंगा और नाचूंगा। लहर-लहर लहराती दुम! वाह-वाह! क्या दुम है। सच्चीमुच्ची की लगती है! लोग हनुमान जी को नहीं देख रहे, दुम को देख रहे हैं। देखो, देखो! ज़रूर देखो। देखने और दिखाने के लिए ही तो लगा रखी है!

क्लिक! क्लिक! चल रही हैं फ्लैश-गनें। आ गए अख़बार वाले! कैसे न आते। बिना किसी पूर्व-सूचना के, अचानक, इतना बड़ा जुलूस? कौन है यह शख़्स? जो हनुमान बना है? अरे, ये तो वही भगत जी हैं। इन्हें तो हनुमान जी रोज़ दर्शन देते हैं, साक्षात्! हनुमन्त के ही आदेश से निकला है जुलूस। आज एक विशेष घोषणा भी करेंगे भगत जी, श्री हनुमन्त की ओर से। सन्ध्या वेला में। हनुमान-मन्दिर में। मगर कौन से हनुमान-मन्दिर में? मन्दिर तो कई हैं! भई, हमें नहीं पता, कौन-से मन्दिर में! जुलूस के साथ-साथ निकलते जाओ। जहां भी ले जाएं भगत जी...

घूम-घूम कर, नाच-नाच कर, हौले-हौले समय बिता कर आख़िर मैं पहुंच ही गया, अपने उसी प्रिय हनुमान-मन्दिर में। वहां तो लोगों का एक नया ही समुद्र लहरा रहा था...

ओहो! इधर तो बाक़ायदा मंच सजा है। माइक लगा है। लाउड-स्पीकर भी लगे हैं।

अरे, बेवक़ूफ़ो! हनुमन्त क्या माइक के सहारे बोलेंगे? लगाई ज़ोर की छलांग! अरे, वाह! क्या मैं हुनमन्त की ही तरह उड़ नहीं रहा था? कूद कर पहुंचा मंच पर। घुमाई लात। माइक खणंणंणं करता यह जा! वह जा! दोनों मुट्ठियां भींचकर,

दोनों भुजाओं के मसल्स फुलाकर मैं हुंकारने लगा। एक-एक हुंकार ऐसी कि शेर की दहाड़ भी चकनाचूर!

ग़ज़ब की बात है। ऐसी हुंकार मेरे सीने से, गले से, मुंह से, निकल कैसे रही है? इसका रिहर्सल तो कभी किया नहीं! अवश्य साक्षात् हनुमन्त प्रकट हो गए हैं मुझमें! मेरे बहाने वही बोल रहे हैं। बोलिए, महाबली! जो बोलना हो, बोलिए। आप किसी माइक-वाइक के मुहताज नहीं! माइक की तो...

लम्बी दुम का छोर कभी इस हाथ में लेता हूं, कभी उस हाथ में। मैं दुम को घुमा रहा हूं या स्वयं दुम मुझे घुमा रही है? क्या फ़र्क़ पड़ता है! कोई भी किसी को घुमाए! अपने दोनों हाथ मैं ऊपर उठा देता हूं। दे रहा हूं संकेत, सबको शान्त हो जाने का। गरम तवे पर छींटा पड़ने की आवाज़ जैसे अचानक छम्म करके शान्त हो जाती है! ठीक वैसे ही जनता का शोर भी अचानक शान्त हो गया है...

लीजिए, महाबली! बोलिए! सब चुप हो चुके हैं। अब आप बोलिए! बता दीजिए सब को! कि आप आ रहे हैं! कि आप बाक़ायदा दिखाई पड़ेंगे! प्रकट होते हुए!

आह! चारों तरफ़ थर्राहट फेर देने वाली यह तीव्र ध्वनि! कोई माइक-शाइक नहीं! कैसा आश्चर्य! यह मेरी ध्वनि है! मेरी अपनी ध्वनि! कैसी धीर-गम्भीर! आहा! आख़िर उस घोषणा का समय आ ही गया!

"सुनो! भक्तो! ये मेरी आवाज़ है। पवनसुत हनुमन्त की आवाज़! साक्षात् बजरंग बली की आवाज़! ध्यान से सुनो! मैं प्रकट होने वाला हूं! सबकी आंखों के सामने! कुम्हारी की पहाड़ी पर। चोटी के मन्दिर के नीचे। श्री राम-सीता के चरणों में। पहली तेज़ बरसात में! याद रखो! पहली तेज़ बरसात में! सबको दर्शन दूंगा! भवसागर पार कराऊंगा! आ रहा हूं...मैं आ रहा हूं..."

बस, इतना ही बोल सका। ग़नीमत, इतना तो बोल सका। कितनी तेज़ आवाज़ में बोला! क्या ग़ज़ब किया! वाह-वाह! लेकिन तौबा! एक लफ़्ज़ भी ज़्यादा बोलता, तो धज्जियां उड़ जातीं गले की। आइन्दा कभी इतने ज़ोर से नहीं बोलूंगा। अरे, भई, हनुमन्त की आवाज़ है! बारम्बार थोड़े न आती है गले में। एक बार आ गई, तो आ गई। दुबारा नहीं!

लीला है, भई, लीला है! महाबली की लीला है। जय हनुमन्त! जय-जय लक्ष्मण प्राण के दाता!...

फुहार

अगले दिन भला कौन-सा अख़बार था ऐसा, जिसने मेरी बुराई न छापी। सबने मुझे ढोंगी क़रार दिया, लेकिन सभी ने मेरे शानदार फोटो भी प्रकाशित किए। भाई, जिसे आप ढोंगी समझते हैं, उसी के शानदार फोटो क्यों छापते हैं? मगर सनसनी सबको चाहिए। मेरे पीछे चला वो जुलूस कितना बड़ा था, इतने सारे लोग बिना बुलाए कैसे इकट्ठे हो गए थे, मेरे तन-मन में हनुमन्त कैसे आ गए, माइक के बिना भी मैंने अपनी आवाज़ कैसे दूर-दूर तक फेंकी...हर बात में सनसनी! उसी को पत्रकारों ने खुलकर भुनाया, लेकिन मैं भी तो तमाम पत्रकारों को उन्हीं की स्टाइल में खुल कर भुनाता रहा। बेशक वे मेरी बुराई इसलिए छाप रहे हैं कि आम जनता में जागरण फैले, मगर सच यह है; अच्छाई छापते, तो लोग आधा-अधूरा ही पढ़ कर छोड़ देते। बुराई छापी, तो सबने बार-बार पढ़ा! शुक्रिया, पत्रकारों!

रायपुर के अपने ठौर-ठिकाने पर मैंने ताला लगा दिया है। परिवार-समेत अब मैं ख़ास कुम्हारी में ही रहने आ गया हूं। यहां मेरे एक चेले का शानदार बंगला है, जो बन्द पड़ा था। चेले ने मुझे सपरिवार रहने दे दिया है। अब ख़ाली थोड़े करूंगा! ह-ह-ह!

रायपुर से आना-जाना मेरे लिए काफ़ी कठिन था, लेकिन अब कुम्हारी में आ बसने से मैं रोज़ तड़के ही पहाड़ी के नीचे पहुंच जाता हूं। अकेला कभी नहीं पहुंचता। साथ में पूरा परिवार होता है। रोज़ हम पहाड़ी के नीचे, एक बड़ की जटाओं के बीच, ज़मीन पर बैठ जाते हैं। वहां हमने एक ख़ूबसूरत बोर्ड लटका रखा है, 'श्री हनुमन्त स्वागत सेवा समिति।' लटकते बोर्ड के ठीक नीचे मैं बैठता हूं। दाएं-बाएं बीवी और बेटी विराजमान होती हैं। तीनों बेटे हर पल उपस्थित रहते हैं। हम छहों को वहां संन्यासियों जैसे वस्त्रों में कभी भी देखा जा सकता है।

कुम्हारी के बंगले से बड़ की जटाओं तक रोज़ हम पैदल ही पहुंचते हैं। रास्ते में बीस से पच्चीस भक्त-गण रोज़ हमारे साथ हो लेते हैं। कई बार तो वे

हमें बंगले के गेट पर ही इन्तज़ार करते मिल जाते हैं। भक्तों की संख्या दिनोंदिन बढ़ रही है। सब किसी-न-किसी मुसीबत के मारे हैं। सबको बजरंग बली की कृपा चाहिए। सब मुझसे अपनी सिफ़ारिश करवाना चाहते हैं। ज़रूर-ज़रूर! क्यों नहीं!

बड़ के तने के साथ हनुमान जी की एक आकर्षक तस्वीर, चमकीले फ्रेम में जड़ी, टिकी रहती है। हम उस पर तेल चढ़ाते हैं, सामने दीया जलाते हैं। भुच्चड़ एक घण्टा ख़रीद लाया है। रोज़ उसे बड़ की जटा के साथ बांध दिया जाता है। हर दिन उसे उसी तरह बजाया जाता है, जैसे किसी भी मन्दिर में। सारा दिन हम हू-ब-हू हनुमान-मन्दिर जैसा माहौल बना कर रखते हैं। पूजा, आरती, ऊंचे-से-ऊंचे स्वर में महाबली का गुणगान! ढोलक लाने का ज़िम्मा एक भक्त का है। दूसरा मजीरे ले आता है। ढमढम किड़िक्क! खन्न-खन्न खनिक्क! जय जय जय हनुमान गोसाईं, कृपा करहु गुरुदेव की नाईं...

दिन भर लू चलती है। धूप ज्यों-ज्यों तेज़ होती है, भक्त-गण बढ़ते जाते हैं। कोई बर्फ़ लाता है, कोई लस्सी। एक भक्त, जो अपना नाम तक घोषित नहीं करना चाहता, 'रूहअफ़ज़ा' की तीन बोतलें रोज़ भिजवाता है। पीयो! पीयो! गुलाब-जल का छिड़काव समां बदल देता है।

अब एक छोटा शामियाना भी खिंच गया है। दरियां बिछ गई हैं। आइसक्रीम का एक ठेला रोज़ आकर सारा दिन मौजूद रहता है। घण्टों बैठ कर स्तुति करने वाले भक्त तो, ख़ैर, बढ़े ही हैं; सड़क से गुज़रते वाहनों में से भी लोग उतर-उतर कर बड़ की छांह में आते हैं, टनाटन घण्टा बजाते और नारियल चढ़ाते हैं, प्रसाद लेकर जाते हैं, साथ में आशीर्वाद भी...सबको मालूम पड़ गया है, बड़ के पीछे की यही है वो पहाड़ी, जिस पर कहीं श्री हनुमन्त प्रकट होंगे।

लू के थपेड़ों के साथ गरम धूल के घूमते खम्बे आकाश में चढ़-चढ़कर तिरछे होते रहते हैं।

हो गया ऐलान। चौबीस जून! इसी दिन अधिकतम सम्भावना रहेगी, पहली तेज़ बरसात की! धन्य हो मौसम विभाग! आपकी भविष्यवाणियां अक्सर ग़लत निकलती हैं, मगर उम्मीद है, इस बार सही निकलेगी। जनता का जोश देखिएगा। चौबीस जून से पहले ही भक्तों का जमावड़ा शुरू हो जाएगा।

भक्तों की टुकड़ियां हमने चारों दिशाओं में रवाना कर दी हैं। पांच-पांच, छह-छह जने हैं, एक-एक टुकड़ी में। दो-दो स्त्रियां भी गई हैं, हर टुकड़ी के साथ। बसों से यात्राएं कर, गांव-गांव पहुंचकर, आम जनता को इन्हें यही खुशख़बरी सुनानी है, 'हनुमन्त प्रकट होने वाले हैं।' जनता-जनार्दन को खुला न्यौता दिया जा रहा है, 'पहली तेज़ बरसात, उर्फ़ चौबीस जून से पहले, पहाड़ी के सामने पहुंचो और डेरा डाल दो।'

धार्मिक प्रचार में यदि स्त्रियां साथ न हों, तो विश्वसनीयता नहीं आती। मधुर, आत्मीय स्वभाव की, मीठा-मीठा बोल सकती स्त्रियां हमने बहुत सावधानी से चुनी हैं, टुकड़ियों के साथ जाने के लिए।

जो मर्द साथ गए हैं, वे भी सुन्दर-सुघड़, प्रभावशाली हैं। इन सबकी वाणी में बड़ा तेज है। ऐसा तेज आया कहां से? श्रद्धा से। हर टुकड़ी के हर व्यक्ति को महाबली श्री हनुमन्त पर असीम श्रद्धा है। पहली बरसात में पवनसुत हनुमान अवश्य प्रकट होंगे, ऐसी इनकी श्रद्धा को अब तो मैं भी नहीं हिला सकता; कोशिश करूं, तो भी! अपने अगणित भक्तों में से चुना है इन्हें, स्वयं मैंने।

तो...आज हो गई बाईस जून! लम्बे, सफ़ेद बादल आकाश में लपकते दीख रहे हैं। पहली तेज़ बरसात होने में अब दो ही दिनों की कसर रह गई है। चौबीस जून को तो...

मैंने पुलिस में लिखित सूचना भिजवा दी है, चौबीस जून को यहां कितनी भीड़भाड़ रहेगी। एस.पी. ने खुद दस्तख़त कर सूचना की एक प्रति रखी और दूसरी भुच्चड़ को वापस की। क़ानून-व्यवस्था के लिए कितने पुलिस वाले तैनात किए जाएं और कब, यह चिन्ता अब हमारी नहीं, पुलिस की है। हमारा काम है भजन करना, जो हम कर रहे हैं। एक नहीं, पांच-पांच, छह-छह ढोल कड़क रहे हैं। दस-दस जोड़ी मजीरे बज रहे हैं। कई भक्तों को दरी पर जगह नहीं मिल पाई है। वे नंगी ज़मीन पर ही इधर-उधर छायाओं में जा बैठे हैं और झूम-झूम कर ऊंचा राग अलाप रहे हैं, "लाय संजीवन लखन जिआए...श्री रघुबीर हरषि उर लाए..."

अगले दिन, तेईस जून को, दोपहर बाद, लम्बी सफ़ेद पूनियों जैसे बादल मोटे, गबदू, काले बादलों में तब्दील हो गए। हवा में ठण्डक महसूस हुई। काले बादल भागमभाग नहीं कर रहे थे, घुमड़ भी नहीं रहे थे। उनमें बिजली नहीं थी। ज़ाहिर है, गर्जना भी नहीं थी। मेरी धड़कन तेज़ हो चली थी।

पत्रकार जी! कृपया पूछिएगा नहीं; ज़मीन से साठ-पैंसठ फीट की ऊंचाई पर झलक रही उस चट्टान की ओर मेरी नज़र बार-बार क्यों चली जाती है। हनुमन्त का स्पष्ट आदेश है, मैं किसी को अग्रिम बताऊं ही नहीं, वो ठीक कहां प्रकट होंगे। अच्छा, तो आपने मेरी नज़र का पीछा करके अन्दाज़ा लगा ही लिया...कि हनुमन्त उस चट्टान पर प्रकट होंगे!

किन्तु, बन्धुवर! आपके अनुसार तो हनुमन्त प्रकट होंगे ही नहीं! अपने अख़बार में आपने लगातार यही छाप रखा है। अब आप ही का कहना है कि हनुमन्त उस चट्टान पर प्रकट होंगे। खा गए न गच्चा?

घड़ड़ड़!

सुना आपने? बादलों का मूड बदला है। उनमें हल्की गड़गड़ाहट हुई है। कहीं ये आज ही न बरस पड़ें; कल का इन्तज़ार ही न करें!

मगर तेज़ बरसात से पहले हल्की फुहार तो होगी न?

होनी तो चाहिए।

हो रही है।

वाह-वाह! आनन्द आ गया। कैसी नाजुक-नाजुक बारीक बूंदें हवा में लुकाछिपी खेल रही हैं! गरम, प्यासी मिट्टी पर पहली फुहार! सोंधी सुगन्ध! हैलो, हनुमन्त! प्रकट होने की तैयारी कर लीजिए!

मौसम विभाग का नाम इतिहास में स्वर्ण-अक्षरों में लिखा जाएगा। उन्होंने पहली तेज़ बरसात चौबीस जून को कही थी। आज है तेईस। फुहार शुरू भी हो गई। और क्या चाहिए? कल तक तो पानी के मूसल उतरने लगेंगे ..कितनी सही भविष्यवाणी! तालियां!

फुहार शुरू हुई नहीं कि जो भक्त शामियाने के नीचे बैठे या खड़े थे, वे लपककर खुले में आ गए। ढोल-मजीरे तेज़ हो गए। हनुमान-स्तुति का आलाप भी तेज़ होकर खिल गया। मैं, भुच्चड़, झब्बू, निक्का, कावेरी, वर्षा सब बड़ के नीचे से उठे और खुले में पहुंच गए। भक्तों के साथ शामिल होकर हम बार-बार आसमान की तरफ़ देखने और हंसने लगे। अभी हमने नाचना शुरू नहीं किया था। इतनी मन्द फुहार में क्या नाचना! नाचेंगे कल, जब आसमान से उतरेंगे पानी के मूसल। ये मूसल कल ही उतरेंगे न? आज तो नहीं उतर पड़ेंगे? आज उतरेंगे, तो हम आज नाचेंगे! ढमढम ढिकिक्क! खन-खन खनिक्क!

बेशक अभी ज़्यादा भक्त-गण नहीं आए हैं; ज़रूर वे कल की राह देख रहे होंगे। फिर भी, तीनेक हज़ार की भीड़ तो निश्चित ही जुड़ चुकी है। अगर आज ही हो गई तेज़ बरसात, तो इन भक्त-गणों की आंखें फटी-की-फटी रह जाएंगी, क्योंकि चट्टान पर श्री हनुमन्त कल नहीं, आज ही प्रकट हो जाएंगे; कल का इन्तज़ार ही नहीं करेंगे। कितने भाग्यशाली समझेंगे ये तमाम भक्त, अपने-आपको! कि ख़ास इन्हीं को दर्शन देने महाबली बिफोर टाइम पधार गए! कितने उत्तेजित हो जाएंगे ये सारे भक्त! फिर तो ये जीवन भर भटकेंगे; मेरा गुणगान करते हुए! क्योंकि यह मैं ही तो हूं, जिसने महाबली को बिफोर टाइम बुला लिया! हा-हा! क्या ग़ज़ब की पब्लिसिटी होगी!

मैं बार-बार सर घुमा कर उसी चट्टान पर नज़र फेर रहा था। फुहार ने मेरा पूरा चेहरा नम कर दिया था। दाढ़ी और सर के बाल नमी से भीग कर लम्बी लटों जैसे हो गए थे। कावेरी और वर्षा से अपनी मुस्कान रोके नहीं रुक रही थी। भुच्चड़, झब्बू और निक्का कभी मुझे देखते, कभी आसमान को, तो कभी उसी चट्टान को।

एकाएक भक्त-गणों को आभास मिल गया, मैं बार-बार किधर देखने लगता हूं। भक्तों के भी चेहरे उसी ओर घूम गए। शुरू में दस-बीस भक्तों ने अपना रुख़ चट्टान की ओर किया, फिर तीस-चालीस ने। फिर तो तमाम तीनेक हज़ार भक्तों के चेहरे उसी ओर घूम गए!

प्रिय पत्रकार जी! क्या आप यहां मौजूद हैं? क्या आपका भी चेहरा उसी चट्टान की ओर घूम गया है? किसी ने किसी को कुछ बताया नहीं है, लेकिन सभी को अन्दाज़ा लग चुका है। श्री हनुमन्त आज प्रकट हों, चाहे कल; प्रकट तो उन्हें उसी चट्टान पर होना है, जिधर भगत जी बार-बार निहार रहे हैं...

आइए, आइए, पुलिस वालो! आप ही का इन्तज़ार था। आपकी दूरदर्शिता की तारीफ़ करनी पड़ेगी। कल के बजाय आज ही हो गया आपका आगमन! कल तो यहां आधे लाख की भीड़ उमड़ रही होगी। आज इधर का एकाध चक्कर तो आपको लगाना था ही।

उस वक़्त मैं ज़रा ऊंचाई पर खड़ा था। इसीलिए पुलिस की दोनों गाड़ियों पर मेरी नज़र सीधी पड़ गई। बड़ के नज़दीक, अनेक तख़्त आपस में जोड़कर, भक्तों ने एक मंच बना रखा था। उसी पर अकेला खड़ा मैं मज़े से डोल रहा था। भक्तों की टोली मंच को चारों तरफ़ से घेर कर खड़ी थी। मेरे डोलने के साथ ताल मिलाकर पूरी टोली डोल रही थी। सबके स्वर-से-स्वर मिलाकर मैं हनुमान-चालीसा गा रहा था।

आसमान से फुहार इठला-इठला कर उतर रही थी। फुहार ने तमाम भक्तों के झूमते सर अच्छी तरह भिगो दिए थे। तीनेक हज़ार भक्त एक साथ हनुमान-चालीसा ललकार रहे हों, कोमल-कोमल बारीक फुहार भी भक्ति-भाव से ओतप्रोत हो गई हो, अनेकानेक ढोल-मजीरे बज रहे हों...ऊपर से पुलिस पधार रही हो! अब आएगा मज़ा!

आकाश-ध्वनि!

पुलिस की दोनों गाड़ियां फुहार के आरपार ज़रा धुंधली दीख रही थीं। आगे-आगे चल रही कार की छत पर लगी लाल रोशनी गोल घूम रही थी। ठीक पीछे थी एक जीप। पांचेक सौ क़दम के फ़ासले पर होने के कारण वे गाड़ियां ज़रा छोटी लग रही थीं। सड़क से उतर कर दोनों गाड़ियां भक्तों की भीड़ की ओर बढ़ने लगीं। कार ने एकाएक सायरन बजाना शुरू कर दिया। एक तो छत पर चक्कर मारती लाल रोशनी। ऊपर से सायरन। हां, भई, हां! समझ गए। पुलिस आ गई। पधारिए।

घने बादलों और फुहार के बावजूद अन्धेरा इतना नहीं था कि हेड-लाइटें जलानी पड़ जाएं। फिर भी दोनों गाड़ियों ने सड़क छोड़ते ही झप्प से अपनी हेड-लाइटें जला लीं। ठीक है, भाई! करो नाटक। कौन मना कर सकता है।

मैंने हाथ उठा कर भक्तों को हनुमान-चालीसा का पाठ रोक देने का इशारा किया। ढोल-मजीरे भी ख़ामोश हो गए।

लाल रोशनी घुमाती, हेड-लाइटें चमकाती, सायरन बजाती पुलिस की कार भक्तों के ऊपर ही धंसती चली आई। भक्त हड़बड़ा कर दाएं-बाएं छिटकने लगे।

मुझे बुरा लगा। यह क्या तरीक़ा है, जनता के बीच से रास्ता निकालने का। मैं मंच पर ही खड़ा चुपचाप देखता रहा।

बीसेक क़दम के फ़ासले पर दोनों गाड़ियां रुक गईं। सायरन चुप हो गया। हेड-लाइटें जगमगाती रहीं। लाल रोशनी गोल घूमती रही। जीप में से अनेक जवान उतर पड़े, जो इधर-उधर झपटने और खटाखट रुकने लगे। वे लाठियों से लैस थे। कुछ के पास रायफलें भी थीं। अरे, वाह! किन्हीं छापामारों को पकड़ने आए हो क्या? यहां तो सिर्फ़ भोले, भावुक भक्त-गण हैं!

कार का पिछला दरवाज़ा खुला। एक पुलिस वाला फुरती से बाहर निकला। तपाक से अपना छाता खोलकर उसने आसमान से मुख़ातिब कर दिया। दूसरे हाथ से उसने कार के खुले दरवाज़े को खुला ही थामे रखा। उस दरवाज़े में से मैंने एक और पुलिस वाले को कार से उतरते देखा। वो वाक़ई क़द्दावर था। जाने कितने

ही तमग़े-सितारे चमक रहे थे उसके सीने पर, कन्धों पर। फुहार से बचने के लिए वो उस खुले छाते के नीचे आ गया।

भुच्चड़ उछल कर मंच पर चढ़ा, ताकि मेरे कानों में फूंक मार सके, ''एस. पी.साब हैं; अर्ज़ी मैंने इन्हीं को दी थी।''

एस.पी. की कार जितनी हावी होकर भक्तों की भीड़ में घुसी थी, उससे मैंने यही उम्मीद रखी थी कि उसके चेहरे पर खड़ूसपना दिखाई पड़ेगा। आश्चर्य! वो चेहरा ज़रा भी कठोर नहीं था। एस.पी. की शांत किन्तु चौकन्नी आंखें दूर से मुझी पर ठहर गईं, ''क्या आप ही हैं भगत जी?''

''जी, साब!'' मैंने हाथ जोड़ दिए, ''नमस्कार!''

''नमस्कार, भगत जी!'' उसने भी हाथ जोड़े।

ऊंचे मंच पर मैं जहां-का-तहां खड़ा रहा। मुझे क्या ज़रूरत, नीचे उतरने और एस.पी. के नज़दीक जाने की। मैं भगत हूं। मुझे याद रखना चाहिए, मैं भगत हूं। कल, हनुमन्त के प्रकट होते ही मैं आसमान जितना ऊंचा हो जाऊंगा। आज, बेशक, उतना ऊंचा नहीं, फिर भी इतना ऊंचा ज़रूर हूं कि एस.पी. की ओर मैं न बढ़ूं; एस.पी. स्वयं ही मेरी ओर बढ़े।

कुलांच-सी भर कर एस.पी. मंच पर चढ़ गया। फलस्वरूप वह खुले छाते के नीचे से निकल आया। छाते ने तत्काल उसका पीछा करना चाहा, लेकिन उसने इशारे से रोक दिया। शीतल फुहार के बीच वो मेरे पास आ खड़ा हुआ और मुस्कराने लगा, ''भगत जी भीग रहे हैं। मैं भी तो भीगूं!''

मैं झेंप गया, ''नहीं, नहीं; साब! आप छाता ले लीजिए।'' मैंने हड़बड़ा कर कहा। अगले ही पल मैं सावधान हो गया। नहीं, मुझे हड़बड़ाना नहीं है। इसमें गरिमा नहीं। मैं कौन? मैं भगत।

''नहीं, भगत जी!'' एस.पी. की मुस्कान गहरी हो गई, ''आपसे जो भी बात करूंगा, फुहार के बीच ही करूंगा। आप महान हैं। चारों तरफ़ आप ही का चरचा है। आज आपके दर्शन कर धन्य हो गया।''

''मेरे दर्शनों में क्या धरा है, साब! अंजनि-पुत्र श्री हनुमन्त के दर्शन कीजिए। आपको बल प्राप्त होगा।''

''भगत जी! सुना है, हनुमन्त आपको रोज़ दर्शन देते हैं।''

''जी, हां! और अब तो वह सारे संसार को दर्शन देने वाले हैं। केवल बरसात के इन्तज़ार में हैं। झन्नाटे की पहली बरसात आएगी, तो साथ में महाबली भी आ जाएंगे।''

एस.पी. दो पल ख़ामोश खड़ा रहा। फुहार ने उसकी वर्दी जगह-जगह नम कर दी थी, जहां ख़ाकी का रंग बदलने लगा था। एस.पी. ने नए सिरे से मुस्कराना शुरू किया। मैं चौकन्ना हो गया।

"भगत जी! मैं आपका शुभचिन्तक हूं। इसीलिए चाहता हूं, आपको किसी सुरक्षित स्थान पर पहुंचा दूं।"

"लेकिन मैं ख़तरे में हूं ही नहीं। सुरक्षित स्थान की मुझे ज़रूरत ही क्या?" मेरा स्वर ज़रा ऊंचा और कड़क हो गया। एस.पी. के कोमल शब्दों में छिपी कठोर धमकी मेरी समझ में आने लगी थी। यह मरदूद मुझे हिरासत में लेने आया है! थाने जैसे 'सुरक्षित स्थान' में बन्द करना चाहता है! जबकि इसी एस.पी. के बच्चे को लिखित सूचना अग्रिम भिजवा कर मैंने यहां की सारी स्थिति बता रखी है। हाह! बजरंग बली के हज़ारों भक्तों के सामने से यह मुझे उठाकर ले जाना चाहता है! कैसे ले जाता है, देखता हूं।

"भगत जी! पूरी इज़्ज़त के साथ मैं आपसे ज़रा...अकेले में बात करना चाहता हूं।"

सुनते ही भुच्चड़ मंच से नीचे कूद पड़ा। यूं वह स्वयं तो हमारे नज़दीक से हट ही गया, मंच के चारों तरफ़ खड़े भक्तों को भी वह दूर खदेड़ने लगा। पांचेक मिनट में ही स्थिति ऐसी बन गई कि मंच के बीचोंबीच खड़े मैं और एस.पी. आपस में गोपनीय बातें भी बेहिचक कर सकते थे।

"भगत जी! जैसी कि हमें रिपोर्ट मिली है...कल यहां, आसपास के गांवों और शहरों से, लोगों के जत्थे-के-जत्थे आ पहुंचेंगे। यह भीड़ अगर बेक़ाबू हो गई, तो पुलिस सम्भालेगी कैसे?"

"मगर भीड़ बेक़ाबू होगी ही क्यों?" मैंने भौंहें उठाईं।

"क्योंकि कल जब हनुमन्त प्रकट नहीं होंगे..."

"किन्तु हनुमन्त प्रकट क्यों नहीं होंगे?"

"भगत जी! आपकी तरह मैं भी श्री हनुमन्त का अनन्य भक्त हूं। फिर भी...इतना तो आप भी जानते हैं और मैं भी कि इधर कोई हनुमन्त आने वाले नहीं हैं।" एस.पी. की संजीदगी बढ़ रही थी, "मुझे आपकी चिन्ता है। धोखा खाकर भीड़ अगर बिदक गई, तो वो अचानक आप पर..."

"...हमला भी कर सकती है! यही न? किन्तु हनुमन्त के न आने का प्रश्न ही कहां है? वह अवश्य आएंगे।"

"बताइए, किस प्रकार?" एस.पी. के स्वर में, अब भी, नम्रता की कमी नहीं थी।

"नहीं, यह मैं नहीं बता सकता।"

"तो मैं यही समझूंगा, हनुमन्त नहीं आएंगे।"

"आप क्या समझते हैं, क्या नहीं, इसकी ज़िम्मेदारी मैं कैसे ले सकता हूं?"

"ओके! लेकिन आपको मेरे साथ सहयोग अवश्य करना चाहिए। आप एक जानीमानी हस्ती हैं। आपको भीड़ के क्रोध से बचाना मेरा फ़र्ज़ है। आपको मैं

इसी वक़्त अपने साथ ले जाना चाहता हूं। आपकी रक्षा मैं स्वयं करूंगा। इस वक़्त यहां मुश्किल से तीन हज़ार लोग हैं। इनके सामने से तो मैं आपको चुटकियों में निकाल ले जाऊंगा। यह काम अगर आज न हुआ, तो कल कैसे होगा? क्योंकि कल तो यहां इतनी बड़ी भीड़ जमा हो जाएगी कि जिसका आज अन्दाज़ा ही क्या! उतनी भीड़ के सामने से आपको निकाल ले जाना बेहद मुश्किल होगा। आपको आमने-सामने देखकर तो भीड़ इतनी भड़क सकती है कि कहीं हमें फायरिंग ही न करनी पड़ जाए! क्या आप पसन्द करेंगे कि आपके नाम पर फायरिंग हो और बेक़सूरों का ख़ून बहे? लोगों की जानें भी जा सकती हैं। आप सामने नहीं रहेंगे, तो भीड़ कम भड़केगी।''

मैं हंसने लगा, ''एस.पी. साब! आपने तो लम्बा भाषण दे डाला!''

''वो इसलिए कि आपकी सुरक्षा को लेकर मैं सचमुच चिन्ता में हूं।''

''शुक्रिया! लेकिन चिन्ता कैसी? क्योंकि हनुमन्त के साथ तो मेरी डायरेक्ट बातचीत होती है। वो अपना वादा ज़रूर निभाएंगे।''

''मुझे समझाइए, प्लीज़! हनुमन्त आख़िर किस प्रकार आएंगे सबके सामने?''

''अरे, वो पवनसुत हैं। पवन पर सवार होंगे, चले आएंगे।''

''टालिए नहीं, भगत जी! मज़ाक़ का मौक़ा नहीं है।'' एस.पी. की आंखों में कठोरता आने लगी थी। मैंने भी अपनी आंखों में कठोरता भर ली।

एस.पी. मुस्कराया, ''देवी-देवताओं को प्रकट करने का एक पुराना नुस्ख़ा है। गड्ढा खोद कर चने डालिए। चनों पर कोई मूर्ति रख दीजिए। ऊपर से मिट्टी डाल कर सब छिपा दीजिए। अब डालिए पानी। चने भीग कर फूलेंगे और मूर्ति को नीचे से धक्का मारेंगे। ज़मीन फोड़कर मूर्ति ऊपर निकल आएगी। क्या आपने भी कुछ ऐसा ही किया है?''

हंसी रोककर, बल्कि हंसते-हंसते ही, मैंने कहा, ''एस.पी. साब! हनुमन्त होंगे तीन स्लीपर-कोच जितने लम्बे! दो स्लीपर-कोच जितने चौड़े! हज़ारों टन का वज़न होगा। इतना वज़न क्या चने फुलाकर ज़मीन से निकाला जाएगा? और फिर...महाबली तो ज़मीन से निकलेंगे ही नहीं। हवा के बेटे हैं। ज़मीन से क्यों निकलेंगे? बस! इससे ज़्यादा नहीं बता सकता। हनुमन्त नाराज़ हो जाएंगे। मेरी फ़िकर न करें। अपनी फ़िकर करें। हट जाइए सामने से, वरना ऐसा कोप करूंगा, ज़िन्दगी भर के लिए बर्बाद करके धर दूंगा!''

''याने आप मुझे धमका रहे हैं!''

''अजी, मैं क्या धमकाऊंगा आपको! आप ही मुझे धमका रहे हैं!'' मैं चिल्लाने लगा। दरअसल, मैं एस.पी. को कम, फ़ासले पर खड़े भक्तों को ज़्यादा सुना रहा था, ''आप तो मुझे हिरासत में लेना चाहते हैं! लेकिन क्यों? मैंने किया ही क्या

है? हनुमन्त के हज़ारों भक्त यहां मौजूद हैं; सब देख रहे हैं। क्या इनके सामने भी आप मनमानी कर लेंगे? ये आपको छोड़ेंगे नहीं।''

''देखिए, भगत जी! मैं आपसे सिर्फ़ इतना...''

''ख़ाक सिर्फ़ इतना! आप जानते ही क्या हैं, मेरा और हनुमन्त का नाता! अरे, मैं सिर्फ़ एक हांक लगाऊं, तो हनुमन्त हाज़िर हो जाएं! बोलिए! लगाऊं हांक? पुकारूं हनुमन्त को?''

''भगत जी! ज़्यादा ग़लतफ़हमी अच्छी नहीं। मैं तो आपको सिर्फ़ यहां से सुरक्षित निकाल ले जा...''

''फिर वही बात! ठीक है! अभी पुकारता हूं!''

और मैंने अपनी दोनों हथेलियों की कुप्पी बना कर मुंह पर रख ली। आसमान की ओर देखकर मैंने, यूं ही खिलवाड़ में, ज़ोर से हांक लगा दी, ''ओऽ...हनुमन्त!''

अगले ही पल समूचे आसमान में इतने ज़ोर का कड़ाका सुनाई दिया, जिसके लिए खुद मैं तैयार नहीं था!

मुश्किल से तीन सेकण्ड का कड़ाका! मगर उसकी धमक ऐसी थी कि मेरी तो पसलियां ही जैसे चरमरा कर बैठ गईं।

आंखें फाड़कर मैं बादलों की ओर देखता रह गया। क्या वो प्रचण्ड गर्जना उन्हीं बादलों ने की थी? या स्वयं हनुमन्त ने कड़कड़ा कर जवाब दिया था? आह! एक पल का भी विलम्ब नहीं! जिस पल पुकारा, उसी पल कड़ाका! तो क्या... हनुमन्त सचमुच पधार गए? मेरी पुकार सुनते ही बोले, ''आया! अभी आया! काड़ाड़ाड़ा!''

ज़रूर वो हनुमन्त की अपनी हुंकार थी, जो कड़ाके की तरह सुनाई दी! क्षुद्र बादलों में कहां इतनी औक़ात कि वैसा कड़ाका मार सकें! और यदि सचमुच हनुमन्त आ गए हैं, फिर तो...

अचानक मैं एकदम डर गया। मेरा पूरा बदन झुरझुराने लगा। मैंने कस कर आंखें बन्द कर लीं।

अंगूठा क्यूं दुखता है?

दोनों मुट्ठियां भींच कर, दांत किटकिटा कर मैं सोच रहा था, 'नहीं! हनुमन्त नहीं आए हैं। आ नहीं सकते। ऐसे कैसे आ जाएंगे। वो कड़ाका चाहे कितना ही बड़ा था, था सिर्फ़ बादलों का। उसमें डरने जैसा भला क्या है? नहीं; मुझे नहीं डरना है, नहीं डरना है...कड़ाका सिर्फ़ इत्तफ़ाक़ से हुआ था। वाह-वाह! इत्तफ़ाक़ भी मुझे साथ दे रहा है! जिस पल पुकारा, उसी पल कड़ाका! दुनिया ने तो यही समझा होगा, खुद हनुमन्त ने कड़ाका किया। भगत जी ने पुकारा, तो काड़ाड़ाड़ा बोल कर जवाब दिया। अब करेगी दुनिया, मेरी गुलामी! कैसा पक्का सबूत दे दिया मैंने, हनुमन्त पर मेरा कितना क़ाबू है! एक हांक पर कड़ाका लगाते हैं! मुझसे तो दुनिया डरेगी। इधर मैं हूं कि सिर्फ़ एक कड़ाके से डर गया! वाह, भगत! वाह! आंखें बन्द मत रख, उल्लू! खोल आंखें!...'

झुरझुराते पैरों को क़ाबू में लेते हुए मैंने पलकें उठा दीं। अनायास मेरी नज़र एस.पी. की खोज करने लगी। कड़ाके के वक़्त तो वो सामने ही खड़ा था। अचानक कहां चला गया? जहां उसका चेहरा होना चाहिए, वहां कुछ भी क्यों नहीं है? क्या नाराज़ हनुमन्त ने उसे ग़ायब कर दिया? लेकिन हनुमन्त तो आए ही नहीं। फिर ग़ायब क्यों करेंगे? एस.पी. ज़रूर यहीं कहीं है।

सहसा मैंने अपने पैरों पर छुअन-सी महसूस की। नज़र नीचे डाली, तो धत्तेरे की! एस.पी. तो यह रहा! झुका हुआ है मेरे चरणों पर। गीले मंच पर मैं नंगे पांव खड़ा था और मेरे नंगे पांवों पर एस.पी. बार-बार मत्था टेक रहा था।

हनुमन्त के अनन्य भक्त एस.पी. को तो हर सूरत में यही लगा होगा, स्वयं हनुमन्त का ही था वो कड़ाका! महज इत्तफ़ाक़ से भी कड़ाका हो सकता है, इतनी अक़्ल एस.पी. कैसे दिखाता? जो अनन्य भक्त होते हैं, वे इतनी दूर तक नहीं सोच पाते। तभी तो एस.पी. एक ही सेकण्ड में शेर से चूहा बन गया। है कोई माई का लाल, सिवा मेरे, जो सिर्फ़ एक बार पुकारे और हनुमन्त फ़ौरन हुंकारी भरें? यहां मौजूद हज़ारों भक्त इसके गवाह हैं। क्या इस भीड़ का एक भी बन्दा,

ज़िन्दगी में कभी भी, मेरी अहमियत नकार सकेगा? उठिए, एस.पी. साब, उठिए! मेरे क़दमों पर बहुत मुण्डी मार चुके आप। अब तो उठिए।

झुककर मैंने एस.पी. के कन्धे पकड़ लिए। स्नेह से उठाया। गले से लगाया। मेरे सीने पर सर रखकर वह बुदबुदाने लगा, "क्षमा कीजिए! मैंने आपको पहचाना नहीं। आप तो बहुत ऊंचे सन्त हैं। स्वयं हनुमन्त आपकी रक्षा कर रहे हैं! मैंने जो भी अनुचित कहा हो, ध्यान में न लीजिएगा।"

मैं उसकी पीठ पर हाथ फेरता रहा। काश, अभी यहां कोई फोटोग्राफर मौजूद होता। भरत-मिलाप जैसे इस दृश्य पर क्या तड़ातड़ फ्लैश मारता! मगर फोटोग्राफर, संवाददाता सब यहां कल पधारेंगे। कल ही तो है एक्शन का दिन, जब तेज़ बरसात में गेरू...

एस.पी. की भावुक बुदबुदाहट ख़त्म होने को थी। मैंने उसे अपने सीने से जुदा किया और कहा, "आपका कल्याण हो!"

एक बार फिर एस.पी. ने मेरे पैर छू लिए। संजीदगी से वह अपनी कार में बैठा और बिना सायरन बजाए रवाना हो गया। जीप, बेशक, वहीं रुकी रही। जीप के सिपाही भी रुके रहे। बन्दोबस्त के लिए यह ज़रूरी था।

एस.पी. के जाते ही भीड़ नारे लगाने लगी, "भगत जी ज़िन्दाबाद! भगत जी अमर रहें!"

मंच के बीचोंबीच खड़ा मैं बार-बार हाथ हिलाकर लोगों को शान्त रहने के इशारे कर रहा था। मैंने कावेरी और वर्षा को मंच पर चढ़ते देखा। कावेरी नज़दीक आती हुई बुदबुदाई, "आप महान हो चुके हैं। महान जैसा ही बरताव करिए।"

"वही तो कर रहा हूं।"

"सामने ऐसी भीड़ खड़ी है। सब आपके पैर छूने को बेताब हैं!"

"लेकिन कोई आगे तो आ नहीं रहा।"

"तो आप आइए आगे। मंच के बीच में खड़े मत रहिए। किनारे पहुंचिए और अपना दाहिना पैर आगे बढ़ाइए। इतना इशारा काफ़ी रहेगा। लोग अपने-आप छूने दौड़ेंगे।"

"अच्छा, ठीक है।"

"भैया!" वर्षा ने ऊंचे स्वर में आदेश दिया, "भगत जी के लिए कुर्सी–"

"–अभी लाया!" भुच्चड़ और निक्का दोनों एक साथ दौड़े। निक्का ज़्यादा फुर्तीला साबित हुआ। बड़ के नीचे रखी प्लास्टिक की सफ़ेद कुर्सी के नज़दीक वह पहले पहुंच गया। तब भुच्चड़ ने बीच में ही रुक जाना बेहतर समझा। पलटी खाकर वह पुलिस के जवानों के पास चला गया और कोई आदेश देने लगा। तब तक निक्का लौटकर मंच के किनारे कुर्सी सजा चुका था। मैं कुर्सी के पास हौले-हौले पहुंचा और बैठ गया।

भुच्चड़ लपककर आया, ''भगत जी! पैर अभी सिकोड़ कर ही रखिए। आगे मत बढ़ा दीजिए, वरना भगदड़ मच जाएगी। मैंने पुलिस वालों से कह दिया है। वे भक्तों की क़तार लगवाएंगे। सिर्फ़ पांच-पांच जनों को बारी-बारी से आने देंगे, आपके पांव छूने। तुस्सी तो छा गए, भाप्पे जी!''

मैं ऐसे संजीदा बना रहा, जैसे भुच्चू का आख़िरी जुमला सुना ही न हो। पुलिस वाले हरकत में आ गए। देखते-देखते उन्होंने रस्से खींचकर गलियारा-सा तैयार कर लिया। पांच-पांच जने भीड़ में से निकलो, गलियारे से गुज़रो, भगतजी तक पहुंचो, पैर छुओ, चलते बनो।

मुस्कान की रेखाएं छन-छन कर होठों पर आनी चाहती थीं। उन्हें रोकना आसान नहीं था। घोर गम्भीर मुद्रा में मैंने अपना दाहिना पैर आगे बढ़ा दिया। कावेरी और वर्षा दाएं-बाएं खड़ी होकर चंवर डुलाने लगीं। निक्का, झब्बू और भुच्चड़ मंच पर चढ़ कर, मेरी पीठ की तरफ़ खड़े, समवेत स्वर में, हनुमानाष्टक गाने लगे, ''बाल समय रवि भक्षि लियो तब, तीनहुं लोक भयो अंधियारो...''

सचमुच अन्धेरा बढ़ रहा था। एक तो दिन झुक चुका था, ऊपर से घने बादलों ने और भी घने होकर पूरे आसमान को ढांक दिया था। बिजली सपासप चमक रही थी। हर चौंध के बाद एक गर्जना होती; कभी छोटी, कभी बड़ी। जो पहला कड़ाका सुनाई दिया था, उसके सामने तो बाद की बड़ी-से-बड़ी गर्जना भी म्याऊं जैसी थी।

हनुमानाष्टक पूरा होता न होता कि फिर शुरू हो जाता। ढोल-मजीरे पूरे ज़ोम के साथ बज रहे थे। फुहार ज़रा मोटी हो गई थी।

दाहिने पैर क़ा अंगूठा दो घण्टों में पिराने लगा। लोग अंगूठे को केवल छूते नहीं थे। यूं कसकर पकड़ लेते, जैसे वही हो डूबते का सहारा। अंगूठे पर बार-बार मस्तक भी रगड़ने लगते। ऐसी रगड़ दो-दो घण्टों तक चले, तो क्या यह अंगूठे के स्वास्थ्य के साथ खिलवाड़ नहीं? दाहिने हाथ में जकड़न महसूस हो रही थी, क्योंकि मैं हरेक के सर पर हाथ फेरने पर मजबूर था। घण्टों तक भांति-भांति के सर सहलाना! कितना कष्ट! और कितना आनन्द!

पांच-पांच जनों के जत्थे ख़त्म होने का नाम ही ना लें! लोग दूर-दूर से दौड़ कर भीड़ में शामिल हो रहे थे। चंवर डुलाती कावेरी से आख़िर मैंने कह दिया, ''बस! अब और नहीं।''

कुर्सी से उठकर मैंने भीड़ को सामूहिक नमस्कार किया। एक बार फिर मेरा जयजयकार तेज़ हो गया। जाने कहां से, जाने किस भक्त के सौजन्य से, एक चमचमाती कार आकर सामने ही रुकी। जाने किसके हाथ गुलाब की पंखुड़ियां बरसाने लगे। किसी ने ज़ोर से शंख फूंक दिया। भई, यह धूम-धड़ाका कल करना,

जब हनुमन्त आ ज़ाएं। अभी तो मुझे इस कार में घुस जाने दो। किस की है? उंह, किसी की भी! अभी, इस पल, तो मेरी है।

कार मुझे कुम्हारी की ओर ले चली। जयजयकार करते भक्तों ने पीछे-पीछे दौड़ना शुरू किया। कार ने स्पीड बढ़ाई। जयजयकार पीछे छूट गया।

कावेरी और वर्षा मेरे साथ ही थीं, पिछली सीट पर। आगे की सीट पर, ड्राइवर की बग़ल में, एक मोटे सज्जन विराजमान दिखाई दिए। उन्होंने कमर और गर्दन मोड़कर पीछे देखा और हाथ जोड़े, ''भगत जी को प्रणाम करता हूं।''

''जीते रहिए।''

''माता जी और बहनजी को भी प्रणाम करता हूं।''

''आशीर्वाद!'' कावेरी और वर्षा ने एक साथ कहा।

''भगत जी! मेरा अहोभाग्य है, जो आप जैसी महान आत्मा की सेवा करने का मौक़ा पा रहा हूं। मेरा नाम ज्ञानचन्द केजरीवाल है। गल्ले का व्यापारी हूं, राजनांदगांव में।''

''जी...''

''किसी काम से रायपुर गया था। लौटते में इधर भीड़भाड़ देखी, तो रुक गया। पता चला, यहां तो भगत जी विराज रहे हैं और उन्हीं की पुकार पर बजरंग बली ने हुंकार भरी है।''

''सब महाबली की माया है। मैं क्या हूं? निमित्त मात्र!''

''वो ग़ज़ब का कड़ाका मैंने भी सुना था। तब मैं रायपुर से लौटते हुए, रास्ते में ही था। पहले तो यही लगा, कहीं मेरी कार पर बिजली तो नहीं गिर पड़ी?'' ज्ञानचन्द अब भी आतंक से दबा हुआ था, ''बाप रे! ज़िन्दगी में वैसा कड़ाका कभी नहीं सुना! ज़रूर पूरे छत्तीसगढ़ में सुनाई दिया होगा।''

''हो सकता है, लेकिन वो सिर्फ़ कड़ाका नहीं था।''

''जी हां; बाद में पता चला, वो तो बजरंग बली की हुंकार थी।'' ज्ञानचन्द ने फिर से हाथ जोड़ दिए, ''सोचा भी नहीं था, जिनकी एक पुकार पर बजरंग बली हुंकारी भरते हैं, उन्हीं को कभी अपनी गाड़ी में बिठा सकूंगा।''

कार कुम्हारी में दाख़िल हुई। वर्षा ने ड्राइवर को रास्ता बताया। कार हमारे बंगले के सामने आकर रुकी।

''आइए।'' मैंने ज्ञानचन्द को आमन्त्रण दिया।

ज्ञानचन्द, कावेरी और वर्षा को साथ लेकर मैंने अपने बंगले में क़दम रखे। ड्राइवर बाहर कार में रुका रहा।

''ज्ञानचन्द जी!'' मैं मुस्कराया, ''आप भी सोच रहे होंगे, मुझ जैसे साधु के पास ऐसा बंगला कहां से। दरअसल, यह मेरे एक भक्त की सम्पत्ति है। थोड़े दिनों के लिए रहने को मिल गई है। वो पहाड़ी यहां से नज़दीक पड़ती है न; इसलिए।''

"यहां आप कब तक हैं?" ज्ञानचन्द ने सावधान स्वर में पूछा।

"ऐसा कुछ तय नहीं है। जब तक चाहूं, रहूं; न चाहूं, न रहूं।"

"फिर तो आप मुझे भी एक मौक़ा दीजिए। मेरे ग़रीबख़ाने में पधारिए। मेरी गाड़ी रोज़ आपको पहाड़ी तक लाएगी और वापस ले जाएगी। चौबीसों घण्टे सेवा में लगी रहेगी।"

"अवश्य! हनुमन्त का आदेश होगा, तो अवश्य आप के यहां भी पहुंचूंगा। मैं तो उन्हीं की कठपुतली हूं।" मैंने सोफे पर लेटते हुए कहा।

ज्ञानचन्द मेरे सामने फ़र्श पर बैठ गया और बिना किसी लज्जा के मेरे पैर दबाने लगा, "भगत जी! रोज़ ही सुनता हूं। क्या वाक़ई वहां हनुमान जी दिखाई देंगे?"

"जी, हां! तेज़ बरसात हुई नहीं कि महाबली प्रकट! शायद ऐसा कल ही हो जाए!" मैंने ज्ञानचन्द को नेक सलाह दी, "आपको भीड़ में धक्के खाने की ज़रूरत नहीं। मेरे साथ रहिए। हनुमन्त के दर्शन नज़दीक से कर सकेंगे।"

मारे ख़ुशी के ज्ञानचन्द के आंसू निकल पड़े। अपने गीले चेहरे को वह मेरे पैरों पर रगड़ने लगा। मैंने उसे रोकने की कोई चेष्टा न की।

एकाएक याद आया हो, इस तरह ज्ञानचन्द ने अपनी जेब से मोबाइल निकाला और टूं-टूं-टूं कोई नम्बर मिलाया। जो बातचीत उसने की, उससे झलक आया; उसने राजनांदगांव में अपने घर का नम्बर पंच किया था। मेरे बंगले का पूरा पता उसने मुझसे पूछकर अपनी बीवी को बताया, "फ़ौरन चली आओ...दिशा और अमित को भी लेती आओ...हनुमान जी के साक्षात् दर्शन फिर कब करोगी...बिल्कुल नहीं! किसी भी सहेली-फहेली को साथ लाने की ज़रूरत नहीं...स्वयं भगत जी के साथ रहेंगे हम! हां!"

क़रीब डेढ़ घण्टे में ज्ञानचन्द की दूसरी गाड़ी आकर हमारे बंगले में लगी। ज्ञानचन्द के सुन्दर, सुघड़, सुगन्धित परिवार को देखकर मैं प्रसन्न हो गया। काफ़ी आनाकानी और संकोच के बाद उन्होंने रात का भोजन मेरे साथ करना और रात भर मेरे ही यहां रुकना स्वीकार कर लिया।

झब्बू और ज्ञानचन्द सारी रात बारी-बारी जागते रहे, ताकि अगर तेज़ बरसात अचानक रात में ही शुरू हो जाए, तो मुझे फ़ौरन जगाया जा सके।

सूर्योदय होते ही ज्ञानचन्द की गाड़ी आगे-आगे चली। मैं, कावेरी और वर्षा पीछे की सीट पर विराजमान थे। ज्ञानचन्द था आगे, ड्राइवर की बग़ल में। ज्ञानचन्द की बीवी भी आगे धंसी बैठी थी। कार स्टार्ट होते ही कावेरी और वर्षा ने मुझ पर चंवर डुलाना शुरू कर दिया।

ज्ञानचन्द का बेटा अमित, दूसरी कार चलाता हुआ, हमारे पीछे बना रहा। भुच्चड़, झब्बू और निक्का उसी की कार में थे; पिछली सीट पर। ये तीनों भाई

कल रात, कोई ग्यारह बजे बंगले पर लौट सके थे, पैदल चलते हुए। हनुमन्त की तस्वीर और घण्टे को वे बड़ के नीचे से उठा लाए थे; रोज़ की तरह।

ज्ञानचन्द की जवान बेटी दिशा बैठी हुई थी, पीछे की उसी कार की अगली सीट पर, स्टियरिंग सम्भाल रहे अपने भाई अमित के साथ। वो अमित से छोटी थी या बड़ी, मैं अन्दाज़ा नहीं लगा सका था। कन्धों तक कटे उसके घने बाल लहराते थे। इधर-से-उधर देखते वक़्त वह अपने सर को कुछ ज़्यादा ही तेज़ी के साथ घुमाया करती। इस से उसके बाल कुलांच-सी भर कर छितरा जाते। उसकी यह अदा मुझे कितनी मनभावन लगी थी, मैं किसी को बता नहीं सकता था। मैंने मन-ही-मन दिशा का नाम रख दिया था, 'मिस ग्लैमर'।

मैंने आसमान पर गहरी नज़र डाली। काले, घने बादल ठण्डे और वज़नदार महसूस हुए। लगा, जैसे वे नीचे दब रहे हैं। उनमें बिजली नहीं थी। गड़गड़ाहट भी नहीं। उन की कालिमा एकदम मज़बूत और गम्भीर थी।

सूरज निकल तो चुका था, मगर दिखाई नहीं दे रहा था। उसकी रोशनी बादलों में अटी पड़ी थी। फुहार बिल्कुल नहीं थी। मैंने दस-दस, बीस-बीस, पचास-पचास लोगों के झुण्ड बदहवास चलते देखे। उनकी नज़रें बार-बार आसमान की जांच करने लगतीं। मर्द, औरतें, बच्चे। किशोर-किशोरियां, युवक-युवतियां, बूढ़े-बूढ़ियां। उनके बीच से रास्ता निकालती हमारी कारों को बार-बार रुकना और हॉन बजाना पड़ता। वे अक्सर ग़ौर कर लेते कि कार में विराजमान दाढ़ी वाले सज्जन पर चंवर डुलाया जा रहा है। वे उंगली उठाकर मेरी ओर इशारे करने लगते। वे कार के साथ दौड़ने की भी कोशिश करते। हमने अपने सभी शीशे चढ़ा रखे थे

पहाड़ी ज्यों-ज्यों नज़दीक आती गई, गहमागहमी बढ़ती गई। मैंने कुछ लोगों को बांसुरी बजाते चलते देखा। भला हनुमन्त का बांसुरी से क्या सम्बन्ध! ढोल-मजीरे बजाने वाले कस कर उछलते, तो दूसरे भी उन्हीं की तरह उछल कर नाचना शुरू कर देते। बिल्कुल मेले जैसा माहौल। कई मर्दों ने अपनी पगड़ियों में सुन्दर मयूरपंख खोंस रखे थे। बण्डियों पर कौड़ियों की घनी बुनावट। स्त्रियों ने लहरदार चटक साड़ियां पहन रखी थीं।

सभी शीशे चढ़े होने के बावजूद घोर घने नारे हमें रह-रहकर सुनाई दे जाते, 'बजरंग बली की जय!', 'पवनसुत हनुमान की जय!', 'भगत जी अमर रहें!' लोग गले फाड़-फाड़ कर हनुमान-चालीसा ललकार रहे थे, 'संकट कटै, मिटै सब पीरा, जो सुमिरै हनुमत बलवीरा...''

कार बढ़ाना मुश्किल से और मुश्किल होता गया। पहाड़ी के सामने तो ओहोहो! कितने सारे लोग! सर-ही-सर! ढिमिक्क-ढिमिक्क ढोलक। खनिक्क-खनिक्क मजीरे। लोगों ने फूलमालाएं पहन रखी थीं। कइयों ने मालाएं हाथ में

भी ले रखी थीं, जैसे हनुमन्त के प्रकट होते ही दौड़ कर पहना देंगे! एक ही रात में कैसा जमावड़ा!

कारें-बसें-स्कूटर-टैम्पो-तांगे-साइकिलें-रिक्शे-बैलगाड़ियां...भला कौन-सा वाहन था ऐसा, सिवा हवाई-जहाज़ और हेलिकॉप्टर के, जो वहां नज़र न आया! जुते हुए बैलों की घण्टियां टनटना रही थीं। भांति-भांति के हॉर्न पींपींपोंपों मचाए हुए थे।

सहसा, मधुमक्खी के दंश जैसा एक सवाल जल उठा...समुद्र की लहर लहराती यह भीड़! एस.पी. ने मुझे जो आगाह किया था, उसमें बेबुनियाद कुछ नहीं था। किसी भी वजह से अगर यह भीड़ मेरे ख़िलाफ़ भड़क जाए...आह! मेरी चिन्दियों का भी पता न चले। सन्देह और भय ने मेरा एक-एक रोम तपा दिया...

हिश्ट! मैं भी क्या व्यर्थ की बातें सोचने लगा। जिस भीड़ को मेरे ख़िलाफ़ कभी होना ही नहीं है, उसी के प्रति इतना शंकालु क्यों हूं? अरे, यही तो है वो भीड़, जिसका मैं दोहन करूंगा। इससे क्या डरना!

पुलिस की कई गाड़ियां दिखाई दीं। भीड़ को सम्भालने के लिए पुलिस के धाकड़ जवान लम्बे क़दम रखते इधर-उधर लपक रहे थे। उनकी सीटियां बार-बार बज उठतीं। कइयों के पास बांस की बनी बड़ी-बड़ी ढालें थीं; लाठियां तो थीं ही। रुकावटें डालकर और मज़बूत रस्से खींचकर उन्होंने भीड़ को अलग-अलग खण्डों में बांट दिया था।

यकायक एस.पी. की गाड़ी नज़र आ गई।

एस.पी. तपाक से बाहर निकला, ''प्रणाम! भगत जी!''

''आयुष्मान भवः!''

मैंने अपनी समस्या उसके सामने रखी। हम बड़ तक पहुंचना चाहते थे, ताकि वहां हनुमन्त की तस्वीर लगा कर पूजा-पाठ कर सकते, रोज़ की तरह। भीड़ थी कि पहुंचने नहीं दे रही थी।

सिर्फ़ एक मिनट बाद का नज़ारा :

दस पुलिस वाले भीड़ को धकेल-धकेल कर हटा रहे हैं। इससे जो रास्ता खुलता है, उस पर तीन मोटर-साइकिलें आगे बढ़ रही हैं। उन पर सवार पुलिस के जवान क्या ख़ूब जंच रहे हैं, अपनी ख़ाकी ड्रेस में। ठीक पीछे है एस.पी. की गाड़ी, जो लाल रोशनी तो घुमा ही रही है, तेज़ सायरन भी बजा रही है। एस. पी. के ठीक पीछे चली आ रही है मेरी कार। मन्नू भाई की मोटर चली पम! पम! पम! कितनी तसल्ली से बैठा हूं। कितनी शान्ति से कावेरी और वर्षा मुझ पर चंवर डुला रही हैं! हमारे पीछे-पीछे चली आ रही है, मिस ग्लैमर की गाड़ी। जनता जयजयकार कर रही है, ''भगत जी अमर रहें''

ज़रूर! ज़रूर!

बड़ के नीचे महाबली की तस्वीर रख, जटा के साथ घण्टा बांध, उसे बजा-बजा, माहौल को पवित्र किया। आरती उतारी। आह्वान किया। अग्रिम स्वागत किया...

एस.पी. अपने मोबाइल पर आदेश जारी कर चुका था, ''नाकेबन्दी कर दो। भीड़ को दूर ही रोके रखो।''

सही किया। भीड़ है कि बढ़ती ही जा रही है। आख़िर कितने लोग समाएंगे इधर? पचास हज़ार? या साठ? सत्तर? ह-ह-ह...

''भगत जी!'' एस.पी. का स्वर, ''आप न जानते हों, ऐसा हो नहीं सकता। कम-से-कम मुझे तो बता दें, कहां है वो ठिकाना, जहां हनुमन्त प्रकट होंगे? क्योंकि वहीं सब से ज़्यादा बंदोबस्त करना होगा।''

मैंने पहाड़ी के पहलू की ओर नज़र उठाई, ''देख रहे हैं वो चट्टान? उसी पर प्रकट होंगे।''

''ओह! शुक्रिया! मैं चलता हूं।''

''मुझे भी उधर ही जाना है।''

''अरे, वाह! आप मेरी गाड़ी में आ जाइए।''

''धन्यवाद! लेकिन मेरा परिवार साथ है। कुछ मेहमान भी हैं। हमारी कारें आपके पीछे चलेंगी।''

''फाइन!''

पहाड़ी के ऐन नज़दीक पहुंच कर हम सब अपनी कारों से बाहर निकले। फ़ासला ख़त्म हो जाने से पहाड़ी अचानक दो गुनी बड़ी महसूस हो रही थी।

साठ से भी ज़्यादा फीट की ऊंचाई पर झलक रही वो चट्टान! मेरी तरह एस. पी. की भी नज़र उसी पर जा चिपकी थी।

अचानक दिल धक से होकर रह गया। कहीं एस.पी. की चौकस नज़र हमारी चाल न पकड़ ले। चट्टान को दूर से देखना और इतने नज़दीक आकर देखना, ये दो अलग-अलग बातें हैं। दूर से तो गेरू, गेरू के ही रंग की चट्टान के साथ ऐसा एकसार हो गया है कि...लेकिन इतने नज़दीक से?

एक नुक़्ता और भी तो है। कल हल्की फुहार होती रही थी। भले ही वो रुक-रुक कर हुई, लेकिन उसने गेरू को गीला और ढीला तो कर ही दिया होगा। गीली चीज़ ज़रा रंग बदलती है। गेरू ने भी रंग बदला होगा, मगर कितना? एस. पी. ने अगर भांप लिया कि चट्टान पर तो पहले से लकीरें खुदी रखी हैं, जिसमें गेरू भरा पड़ा है, तो...

लेकिन नहीं! गेरू एकाएक नहीं पकड़ा जाएगा। इस वक़्त हम नीचे से ऊपर देख रहे हैं। आमने-सामने पहुंच कर देखें, तो शायद पकड़ा जाए, मगर अभी हम

चट्टान के नीचे खड़े हैं, न कि आमने-सामने। यहां से हमारी नज़र जो तिरछी काट ले रही है, उस वजह से गेरू की भराई ज़रूर छिपी रहेगी।

सारा गणित मेरे दिमाग़ में चौंध की तरह आया और निकल गया। मैंने राहत की सांस ली। कावेरी, वर्षा, भुच्चड़, झब्बू, निक्का सब आसपास खड़े थे। मैंने सबके चेहरों पर सर्राटे से नज़र डाली। ज्ञानचन्द, उसकी बीवी, बेटे और मिस ग्लैमर को भी उड़ती नज़र से देख लिया। कहीं भी कुछ ऐसा नहीं था, जो मुझे चिन्ता में डालता।

एस.पी. ने एक बार फिर अपना मोबाइल गम्भीरता से चालू किया। भीड़ में बिखरे साथियों के नाम पर आदेश-पर-आदेश जारी करने लगा।

मैं आसमान से मुख़ातिब हो चुका था। पूरा आसमान बादलों से ढका हुआ था, जिन्हें मैं तौलती नज़र से देखने लगा। तमाम बादल नीचे तक उतर आए थे। कल क्या ज़ोरदार कड़ाका मारा था! आज ख़ामोशी से टंगे हुए थे। कल गरजे, तो बरसे नहीं। आज नहीं गरज रहे हैं, तो ज़रूर बरसेंगे!

'बरसो! बरसो!' मैं उन्हें मन-ही-मन आदेश देने लगा। भगत जी का आदेश! बादल हिम्मत कैसे करते, न बरसने की। आदेश को बादलों तक पहुंचते दसेक सेकण्ड लगे होंगे। ग्यारहवां सेकण्ड बीता नहीं कि बिजली की छोटी-छोटी जीभें लपलपाने लगीं। गहरी गड़गड़ाहटें शुरू हो गईं, जो कभी पूरब से पश्चिम, तो कभी पश्चिम से पूरब लुढ़कने लगीं।

एस.पी. ने अपना बरसाती कोट पहनना शुरू किया। सारे पुलिस वाले अपने बरसाती कोट साथ लेकर आए थे। एस.पी. की देखादेखी वे भी झटपट पहनने लगे।

एस.पी. मुझसे मुख़ातिब हुआ, "आप शायद कुछ कोट-ओट लेकर नहीं आए हैं। मैं करूं इन्तज़ाम?"

"अजी, नहीं!" मैं मुस्कराया, "ऐसी पवित्र बरसात फिर कहां! हम सब इसमें भीगना ही पसन्द करेंगे। क्यों, ज्ञानचन्द जी?"

"बिल्कुल! बिल्कुल!" ज्ञानचन्द के पूरे परिवार ने हामी भरी।

"फिर तो मैं भी..." और एस.पी. ने अपना बरसाती कोट उतार कर गाड़ी में रखवा दिया।

मेरी नज़र बार-बार आसमान से ही चिपक रही थी। अभी! बस, अभी! बरसात हुई नहीं कि हनुमन्त प्रकट! धक-धक! आह! कैसे क़ाबू रखूं अपनी धड़कनों पर।

प्रकट भए हनुमन्त!

चट्टान पर श्री हनुमन्त की आकृति नज़र आने के साथ जनता ने अगर दौड़ना शुरू कर दिया, फिर तो समझिए, भयंकर भगदड़! जिसे रोकने का एक ही तरीक़ा था : जनता को खड़े रहने ही न दिया जाता। "बैठ जाइए!" पुलिस के लाउड-स्पीकरों से आदेश गूंजने लगा, "कोई खड़ा न रहे। सब बैठ जाइए।"

मगर बैठने के लिए, खड़े रहने की बनिस्बत, ज़्यादा जगह चाहिए। भीड़ एकदम ठस खड़ी थी। बैठने की कोशिश करते ही लोग लड़खड़ाने, गिरने और चिल्लाने लगे। जहां तक रोक कर रखा गया था, भीड़ वहां से काफ़ी आगे तक धंसती चली आई। तभी इतनी जगह निकल पाई कि केवल सामने के लोग नीचे बैठ सकें। पीछे के तो खड़े ही रह गए। उन्हें भी बिठा देना बहुत ज़रूरी था।

एस.पी. ने माइक मुझे दे दिया। पुलिस की गाड़ी की छत पर चढ़कर मैंने भीड़ का जायज़ा लिया। एक बार फिर मेरे रोम कांप गए। इतनी विशाल, लहराती भीड़! जान के कितने बड़े ख़तरे के सामने खड़ा था मैं!

एक साथ उतने सारे लाउड-स्पीकरों पर बोलने का मेरे लिए वो पहला मौक़ा था। गला सूखने लगा, "भाइयों और बहनो! मैं भगत बोल रहा हूं। श्री हनुमन्त का स्पष्ट आदेश है, कोई खड़ा न रहे। सब बैठ जाएं। पीछे अभी भी अनेक खड़े हैं। उन पर श्री हनुमन्त का कोप हो सकता है! महाबली के प्रकोप से बचिए। कृपया बैठ जाइए। सब बैठ जाइए।"

सब बैठ गए; किसी-न-किसी तरह भिंचकर। ज़्यादातर के पास बरसात से बचने का कोई सरंजाम नहीं था। अचानक—तड़ड़ड़! कितने ज़ोर की तड़तड़ाहट! शीतल बूंदें पहाड़ी के दरख़्तों पर टूट पड़ीं। प्यासे पक्षियों और डालियों पर गिर-गिर कर वे फटने और छितराने लगीं। छोटे बच्चे जिस तरह अपनी फिसलन-पट्टी पर बैठ कर नीचे सरकते हैं, उसी तरह वो तेज़ बौछार पहाड़ी के पहलू पर फिसल कर नीचे सरक रही थी। पूरी तलहटी को भिगो देने में उसे तीन सेकण्ड से ज़्यादा न लगे। बौछार मैदान पर दौड़ने लगी। बैठी हुई भीड़ को भिगोती हुई वह कहीं-से-कहीं निकल गई।

मेरा चेहरा आसमान की तरफ़ था। मस्तक पर, दोनों पलकों और गालों पर, यहां तक कि नाक के छोर पर भी मैं प्रत्येक बूंद का अलग-अलग गिरना महसूस कर रहा था।

न सिर्फ़ चेहरा, बल्कि पूरा बदन घुमा कर मैंने अपनी प्राणप्यारी चट्टान की तरफ़ देखा। बेशक वहां तक मेरी नज़र तिरछी काट लेकर ही पहुंच रही थी, लेकिन बिल्कुल साफ़ दिखाई दिया; बौछार ने वहां कैसे कड़ाके के साथ हमला बोल दिया था।

पहाड़ी की चोटी पर से मटमैले पानी के ज़बर्दस्त रेले लुढ़क रहे थे। अनेक रेले चट्टान पर गिरकर छितराते दिखाई दिए। चट्टान के नीचे तो मटमैले बहते पानी की एक झालर-सी लटक गई, जो धरती तक पहुंच रही थी। मटमैले रेले चट्टान की धुलाई कर रहे थे। बौछार की मार चट्टान में खुदी लकीरों के अन्दर तक लग रही थी, जिससे उन लकीरों में भरा गेरू खुरच-खुरच कर बाहर निकल रहा था। यह प्रक्रिया अपारदर्शी, मटियाए रेलों के नीचे हो रही थी, किसी को नज़र नहीं आ सकती थी। ख़ुर्दबीन लगाकर भी कोई न पकड़ पाता कि हनुमन्त की आकृति तो वहां पहले से खुदी रखी थी! रेलों के साथ बहती मिट्टी ने सब परदे में ले लिया था।

पहाड़ी पर से मटमैले रेले उतर पड़ेंगे, ऐसा तो हमने सोचा भी नहीं था। हमने, बस, इतना हिसाब लगाया था कि चट्टान का अपना रंग गेरुआ है, तो उस पर से गेरू का सरकना ऐसा ही लगेगा, जैसे स्वयं चट्टान गल कर बह रही है। माना, चट्टानें यूं गला नहीं करतीं, लेकिन यही तो है हनुमन्त की लीला!

सभी दिशाओं में तेज़ बौछार का परदा खिंचा होने के बावजूद हमारी साज़िश का राज़ खुल जाए, इसका ख़तरा था ही कितना? न के बराबर। उतने मामूली ख़तरे को भी मटमैले रेलों ने पूरी तरह ख़त्म कर दिया था। उन रेलों का पहाड़ी पर से उतर पड़ना हमारे लिए किसी आशीर्वाद से कम नहीं था।

झब्बू दो बड़े ढोलक ले आया था घर से। एक उसने निक्के के गले में डाला, दूसरा खुद पहन लिया। दो झन्नाटेदार मजीरे उसने मुझे पकड़ा दिए। भुच्चड़ ने जेब से निकाला एक ज़बर्दस्त शंख! उसे केवल भुच्चड़ ही फूंक सकता था।

किसी दूसरे के फेफड़ों में उतनी ताक़त नहीं थी।

एस.पी. ने आश्चर्य से पूछा, "कैसे? ये तैयारियां? क्या हनुमन्त पधार चुके? किधर पधारे हैं?"

मैं परम आनन्द से मुस्कराया, "जी, हां! एस.पी. साब! श्री हनुमन्त पधार चुके। उसी चट्टान पर पधारे हैं; बहते रेलों के नीचे।"

"ओ, माय गुडनेस!" एस.पी. ने छटपटा कर चट्टान की तरफ़ देखा। बेचारा! क्या देख पाया होगा?

कड़ाके की बौछार में हम सभी सर से पांव तक भीग चुके थे। भीगी हुई मिस ग्लैमर को अपनी गुलाबी कमीज़ के नीचे काली ब्रा पहनने की क्या ज़रूरत थी? गुलाबी ही पहनती, तो यूं झलकती नहीं। कावेरी ने मुझे गेंदे के फूलों की मस्त मोटी माला पहनाई। आगमन हनुमन्त का, माला मुझे! ह-ह-ह!

मैंने एस.पी. से पूछा, "ज़रा माइक मिलेगा?"

बरसात से बचाव के लिए माइक को जीप के अन्दर पहुंचा दिया गया था। भुच्चड़ ने जीप में घुसकर माइक ऑन किया और फूंक दिया भीम-शंख! मैदान में दम साध कर बैठी भीड़ उस प्रचण्ड शंख-ध्वनि से सन्नाटे में आ गई।

शंख-ध्वनि के बाद भगत-ध्वनि, "भाइयो और बहनो! मैं भगत बोल रहा हूं। श्री हनुमन्त पधार चुके हैं। उधर, ऊंचाई पर, वो जो विशाल चट्टान है, जिस पर से मटमैले रेले बह रहे हैं, ठीक वहीं अपनी नज़र जमा कर रखिए। श्री हनुमन्त वहीं विराजमान हैं, बहते रेलों के नीचे! वो मुझे दिखाई दे रहे हैं। शीघ्र ही आपको भी दीखेंगे। महाबली का परम हार्दिक स्वागत करिए। अरे! अरे! उठिए नहीं। बैठे रहिए। बैठे रहिए। बैठे-बैठे ही स्वागत करिए। देखिए, मैं श्री हनुमान-चालीसा का पाठ शुरू करता हूं। मैं एक-एक पंक्ति बोलूंगा, आप दोहराते चलेंगे। याद रखिए, आज के पाठ की तो महिमा ही न्यारी है। न सिर्फ़ आपके, बल्कि आपकी दस पीढ़ियों के सारे पाप कट जाएंगे; तमाम संकट दूर हो जाएंगे। महाबली को संकटमोचन यूं ही नहीं कहा है। तो...देवियों और सज्जनो! मैं शुभारम्भ करता हूं। आप दोहराएं। जय हनुमान ज्ञान गुन सागर..."

"जय हनुमान ज्ञान गुन सागर..."

"जय कपीश तिहुं लोक उजागर..."

"जय कपीश तिहुं लोक उजागर..."

आह! क्या धमक थी! क्या गूंज, क्या लहर थी! आधा लाख भक्तों का एक स्वर में पाठ! आसपास से कड़क बरसात! धरती पर कड़क चालीसा! आज तक, किसी भी युग में, हनुमान-चालीसा का ऐसा पाठ हुआ है कभी?

भीड़ डोल रही है। भीड़ बोल रही है। मैं खुले में आकर झम्म-झम्म मजीरे बजा रहा हूं। जीप में से झांकता माइक इस झम्म-झम्म को ख़ूब पकड़ रहा है। घनी बरसात के बीच भुच्चड़ का शंख रह-रहकर गूंज उठता है। निक्का और झब्बू उचक-उचककर ढोलक पीट रहे हैं। भीगे ढोलकों की ध्वनि बोदी है, लेकिन वाह रे लाउड-स्पीकर! कैसे दूर-दूर तक फैल रही है...ढमढम ढिक्की! ढमढम ढिक्की!

बैठी हुई भीड़ में मण्डलियां जम गई हैं, जिनके झनझनाते मजीरों के साथ नगाड़े कड़क रहे हैं। कभी इधर, तो कभी उधर, लोग अचानक उठ कर खड़े हो

जाते हैं, दीवानों की तरह नाचने लगते हैं। ठसाठस बैठी भीड़ में भी यूं उठकर नाचनेवालों को ज़मीन कहां से मिल जाती है? ज़रूर वे दूसरों के पांव कुचलते हुए नाचते हैं। पुलिस उन्हें फ़ौरन बिठा देती है।

सहसा ठण्डे पवन का एक तेज़ झोंका आया। बौछार का तीखा थप्पड़ मेरे चेहरे पर आकर लगा। चारों दिशाओं में सांय-सांय होने लगी।

विस्मय में पड़कर मैंने आसमान की ओर देखा। काले बादल ठहरे हुए नहीं थे, इधर-उधर सरकने लगे थे। झोंके और भी तेज़ हो गए। दिमाग़ में एक घण्टी-सी बजी और मैंने माइक पर ऐलान कर दिया, "भक्तो! पहचानो! ये कोई मामूली झोंके नहीं। आहाहाहा! साक्षात् पवन देव पधार गए हैं। श्री हनुमन्त के पिता, परम पूज्य श्री पवन देव जी! इनका भव्य स्वागत करिए। बोलो, श्री पवन देव जी की–"

"जय!"

"बोलो, श्री पवनसुत हनुमान जी की–"

"जय!"

बरसात अचानक थम गई। हवा और भी तेज़ हो गई। बिखरते बादलों ने अब तो सीधा ही पलायन किया। अन्धेरा छंटने लगा। बादलों के बीच सहसा एक खिड़की खुल गई। वहां से सूरज झांकने और मुस्कराने लगा। झरझर-झरझर! किरणें-ही-किरणें! सभी दिशाएं चमाचम! धरती तो धुली हुई थी ही, सूरज भी धुला-धुला महसूस हुआ। कैसा मन्द-मन्द मुसका रहा था। क्यों न मुसकाता! वह भी तो था, श्री हनुमन्त के दर्शनों का प्यासा!

पहाड़ी से उतरते रेले बेशक पहले जैसे ही मटमैले थे, लेकिन उनके नीचे से चट्टान थोड़ी-थोड़ी झलकने लगी थी। आधा लाख लोगों की एक लाख आंखें उसी चट्टान पर टिकी हुई हैं। आहा! क्या त्राटक है!

रेले छरहरे होते जा रहे हैं। उनके आरपार अब केवल चट्टान नहीं, बल्कि चट्टान के पहलू पर खुदी लकीरें भी साफ़ दीख रही हैं।

सबसे पहले उभरकर आई, हनुमान जी की दुम! कैसी लहरा कर धरी है। छोर के बाल कैसे घने हैं! अच्छा, नाभि भी दीखने लगी। मटमैले पानी का जो रेला नाभि को छिपा रहा था, वो एकाएक दाएं सरकता है और फिर उसी तरफ़ बहता रहता है।

जय हो, जय हो! जय-जय-जय! हनुमान जी की जय! बजरंग बली की जय!

दूसरों की क्या बिसात, मेरा अपना मुंह भी खुला-का-खुला रह गया था।

आहा! ग़ज़ब! ओह! उफ़! तौबा! कैसी हैरानी! हनुमान जी प्रकट हो रहे हैं! बाप रे, बाप! महाबली के हाथ तो देखो! क्या मसल्स हैं! अब तो आख़िरी

रेला भी छरछरा कर ख़त्म हो गया है। हनुमन्त का भव्य चेहरा कितना साफ़ नज़र आ रहा है! पलकें मूंदकर कैसी शान्ति से लेटे हैं। बायां हाथ मोड़कर उसी का तकिया बना लिया है। जय हो! महाबली का जयजयकार हो!

पुलिस वालों की मुसीबत! जनता को देखें या हनुमन्त को देखें! दिव्य पुरुष की दिव्य लीला! कैसे चट्टान फोड़ कर निकले हैं! ओहोहो! तीन स्लीपर-कोच जितने लम्बे! दो स्लीपर-कोच जितने ऊंचे!

जीप से झांकते माइक पर मैं आधे होश में, आधी बेहोशी में, जाप पर जाप किए जा रहा था, "ओम् चं चं चं चं चपल चलन्ता! ओम् हनु हनु हनु हनु हनुमन्ता!"

एकाएक झूम कर मैंने जो नाचना शुरू किया है, जो नाचना शुरू किया है, "ओम् ह्रीं ह्रीं ह्रीं हनुमान कपीशा! ओम् हुं हुं हुं हुं हनु उर शीशा!"

भुच्चड़ कहां? झब्बू कहां? निक्का कहां? कावेरी कहां? वर्षा कहां? क्या पता! मिस ग्लैमर कहां? वो रही। उधर खड़ी है। आंखें फटी-फटी। मुंह खुला-खुला। रंग उड़ा-उड़ा। नज़र चट्टान पर से हटा नहीं पा रही।

अचानक मेरी मुण्डी ज़ोरों से हिलने लगी। मिस ग्लैमर इधर-से-उधर हो गई। झूमझाम कर मैं तो ज़मीन पर ही गया लोट। गीली मिट्टी से पूरा-पूरा सन गया। आहाहा! आहाहा!

अहो, साम्राज्य!

मैंने अचानक ग़ौर किया, चारों तरफ़ गहरी चुप्पी छा गई है। ऐसा क्यों? क्या आधा लाख भक्तों में से कोई भी कुछ नहीं बोल रहा? गीली मिट्टी में मेरा लोटपोट होना रुक गया। मैं अकुलाकर उठ बैठा। भक्तों की भीड़ ग़ायब तो नहीं हो गई? नहीं तो! वो तो सामने ही मौजूद है। फिर? ऐसी चुप्पी क्यों?

ओह! आया समझ में। सब चकरा गए हैं, श्री हनुमन्त को अचानक सामने देखकर! बोलती इसीलिए बन्द है।

मैं उछल कर खड़ा हो गया। पहुंचा जीप के पास। जीप से झांकते माइक पर मुंह लगा कर खनकती आवाज़ में बोला, "बधाई हो! सभी हनुमान-भक्तों को अत्यन्त हार्दिक बधाई! महाबली श्री हनुमन्त पधार चुके हैं। हाथ जोड़कर कहिए, 'प्रणाम स्वीकार हो, महाबली!"

आधा लाख लोग जैसे किसी सम्मोहन से जड़ हो गए थे। मेरी ललकार ने उन्हें झकझोर कर जगा दिया। सबने हड़बड़ा कर हाथ जोड़े और घबराई आवाज़ में दोहराया, "प्रणाम स्वीकार हो, महाबली!"

"घबराइए नहीं। फिर से, ज़ोर से कहिए, 'प्रणाम स्वीकार हो, महाबली!"

"प्रणाम स्वीकार हो, महाबली!"

"धन्यवाद! हे, भक्तो! कृपया ध्यान दें। श्री हनुमन्त अब यहीं रहेंगे। यहां पहले से विद्यमान है; एक सुन्दर-सलोना, प्राचीन-पवित्र राम-मन्दिर! जो स्थित है, पहाड़ी की चोटी पर। भगवान श्री राम वहां स्वयं विराजते हैं। जगत-जननी माता सीता भी वहां स्वयं विराजती हैं। ठीक उन्हीं के चरणों पर श्री हनुमन्त अपने विराट स्वरूप में प्रकट हुए हैं। हनुमन्त भला अब कहां जा सकेंगे! उन्हें तो अब यहीं उपस्थित रहना है। हम सब मिलकर...उनके स्वागत में...जयजयकार करेंगे। बोलो, पवनसुत हनुमान जी की–"

"जय!"

"महाबली श्री हनुमन्त की–"

"जय!"

"भक्तो! सावधान! अष्ट सिद्धि नौ निधि के दाता श्री हनुमान जी की आरती प्रारम्भ होती है। कृपया दोहराते जाइए...आरती कीजै हनुमान लला की!"

"आरती कीजै हनुमान लला की..."

"दुष्ट दलन रघुनाथ कला की!"

"दुष्ट दलन रघुनाथ कला की..."

चार महीने बीत चुके हैं, श्री हनुमन्त के प्रकट होने को। मैं महा-प्रसन्न हूं। यह हनुमन्त की कृपा ही तो है, जो बरस रही है; नोट, सिक्कों, गहनों के रूप में। दान-पात्र रोज़ छलक जाता है।

कावेरी इसी तरह मुटाती रही, तो जल्द ही कद्दू हो जाएगी। मैं जस-का-तस, चुस्त-दुरुस्त, फिट हूं। महाबली की कृपा जो ठहरी। क्या स्वयं महाबली कभी मोटे हुए थे? हमेशा स्लिम एण्ड ट्रिम बने रहे। फिर मैं, उनका विशिष्ट सेवक, एकाएक कैसे मोटा हो सकता हूं? ह-ह-ह...

वर्षा ने नए पंख निकाले हैं। ससुराल लौट जाने के लिए पहले वो कितनी बेताब हुआ करती थी! लेकिन तब मेरे पास देने को दहेज नहीं था। आज जब मुंहमांगा कुछ भी दे सकता हूं, तब देवी जी ने खुला ऐलान कर दिया है, 'मुझे मायका छोड़ना ही नहीं है।' याने, पति महोदय अगर साथ रहने को आतुर हैं, तो घरजमाई बनकर रहें! वर्षा का इस हद तक नख़रा करना मुझे सही नहीं लगता। उम्मीद है, वक़्त गुज़रने के साथ वो अपनी ज़िद छोड़ेगी और मेरे ख़ज़ाने से जो भी उठाना होगा, उठाकर विदा हो जाएगी।

उसका पति मेरे सामने अब नज़र भी नहीं उठाता। दहेज का नाम तक उसके होठों पर नहीं है। इसकी एक वजह तो यही कि वो समझ गया है, 'अब तो बिना मांगे ही सब पा सकता हूं। मांग कर क्यों अपनी औक़ात दिखाऊं।' दूसरी वजह क्या श्री हनुमन्त का भय नहीं? दुनिया जानती है, हनुमन्त किस हद तक मेरे कहने में हैं। अगर कोई मेरी बिटिया को तंग करेगा, तो क्या महाबली के कोप से बच पाएगा?

सूट-बूट, टाई-शाई, इत्र-फित्र से सुसज्जित निक्का मिस ग्लैमर से आंख लड़ा बैठा है। संन्यासियों के चोगे से अब वो दूर ही रहता है। मिस ग्लैमर से आंख उसने लड़ाई या स्वयं मिस ग्लैमर ने ही उसे अपनी आंखों में भरा, मुझे अन्दाज़ा नहीं। क्या फ़र्क़ पड़ता है, छुरी ख़रबूज़े पर गिरे या ख़रबूज़ा छुरी पर। मिस ग्लैमर ठहरी भक्कम अमीर बाप की बेटी; शानदार दहेज लाएगी। निक्के ने रायपुर का

कॉलेज छोड़कर राजनांदगांव में दाखिला ले लिया है, क्योंकि उसकी वो वहीं पढ़ती है। अगर सचमुच उसकी वो इस घर में बहू बनकर आ जाए, तो चलती-फिरती दिखाई तो दे लगातार! क्या मुझे देखने का भी अधिकार नहीं? थोड़ा दहेज मुझे भी तो मिले; इस रूप में!

अथ...108 श्री झब्बू जी की कथा :

झब्बू जी पुजारी बन गए हैं। उसी पहाड़ी की चोटी पर, उसी राम-मन्दिर की बागडोर उन्हें सौंपी गई है! ट्रस्टियों ने मन्दिर का जीर्णोद्धार करवा दिया है। पुराने पुजारी जी, चौकीदार जी और कुत्ता जी को ढूंढ़ने के लिए पुलिस भूगर्भ में नहीं पहुंच सकी है। ट्रस्टियों ने खुद आकर मुझसे निवेदन किया, "अब आप ही सम्भालिए, राम-मन्दिर को भी।" किन्तु मैंने उन्हें रेडीमेड जवाब पकड़ा दिया, "मुझे स्वयं श्री हनुमन्त ने अपनी सेवा में नियुक्त किया है। अन्यत्र कहां जा सकूंगा? हनुमन्त तो मुझे अगले जनम में भी छोड़ने वाले नहीं! आप ऐसा करिए, राम-मन्दिर मेरे मझले बेटे को सौंप दीजिए। स्वयं हनुमन्त ने ऐसा आदेश दिया है, मेरे सपने में आकर।"

महाबली के आदेश की अवहेलना ट्रस्टी क्या खाकर करते! झब्बू जी ब्राह्मण के बेटे हैं या नहीं, पूजा-पद्धति कुछ जानते हैं या नहीं, आदि पूछने का साहस कौन करता? राम-मन्दिर को शास्त्रोक्त रीति से सम्भालने की शिक्षा झब्बू जी ने कहां से, किस व्यक्ति से ग्रहण की, यह झब्बू जी जानें। पुजारी के वेश में क्या ख़ूब जंचते हैं! पुजारी वो, जो पूजा करे। झब्बू जी पुजारी हैं, क्योंकि पूजा करते हैं। स्वामी झंकारमोहन के नाम से पहचाने जाते हैं!

रहा भुच्चड़। वो मेरे साथ है। दरअसल, वो इतना ज़्यादा मेरे जैसा है कि मेरा पिण्ड छोड़े भी, तो कैसे छोड़े! मुझे भी एक मर्द अपने साथ चाहिए। घर का मर्द।

भुच्चू का नया नाम? ह-ह-ह...स्वामी भद्रमोहन!

वर्षा जब तक हम लोगों के साथ है, संन्यासिनी वेश में है। पति के सामने इन्कार और नख़रा करने का शौक़ पूरा कर अन्ततः उसे ससुराल लौट जाना है। लिहाज़ा उसका नाम वर्षा ही रहने दिया है। केवल 'बहन जी' जोड़ दिया है।

कावेरी भी कावेरी नहीं रही, योगिनी काव्यमाया बन गई है!

रहा मैं। मुझे तो सब भगत जी ही कहेंगे; नाम बदलूं, चाहे न बदलूं। क्यों बदलूं!

घर में जो सघन संन्यास का माहौल है, उससे निक्के और मिस ग्लैमर की शादी में बाधा पड़ सकती है। मिस ग्लैमर निक्के के सामने ऐसी शर्त रख सकती है, "मैं तुम्हारे संन्यासी माता-पिता और भाइयों के साथ नहीं रहूंगी। अपन-तुपन कहीं अलग रहेंगे।" वाह, रे, वाह! ऐसे कैसे अलग रहने की इजाज़त दे दूंगा।

अलग रहेगी, तो दिन भर नज़र कैसे आएगी? निक्के को सावधान कर दिया गया है। उसे परिवार से अलग कभी नहीं होने दिया जाएगा। जो भी दहेज आए, घर के अन्दर आए। बहू भी आए, तो घर के अन्दर। मिस ग्लैमर राज़ी नहीं हुई, तो महाबली का आदेश उसके बापश्री को सुना दिया जाएगा। फिर भी बात नहीं बनी, तो बला से! कोई दूसरी पकड़ ली जाएगी। भक्तनें रोज़ लाइन लगाकर खड़ी रहती हैं मेरे आगे। घात लगा कर, किसी एक को चुनकर, सुना दूंगा महाबली का आदेश!

आह! महाबली! चट्टानी हनुमान! चुटकियों में कैसे दूर-दिगंत तक नाम फैल गया है! हज़ारों भक्त रोज़ चले आते हैं। चट्टानी हनुमान के दर्शन कर कई तो भावावेश में रोने ही लगते हैं। ज़बर्दस्त चट्टान पर अंकित महाबली! अरे, जो पहाड़ को ही उठा लाए थे, उनके लिए क्या मुश्किल, चट्टान में से निकल पड़ना!

उन पगडण्डियों की नाकेबन्दी कर दी गई है, जिन पर चढ़कर चट्टानी हनुमान के ऐन ऊपर तक पहुंचा जा सके। अरे, क्या मनुष्य के पैर पड़ेंगे उस पवित्र चट्टान के माथे पर, जिसके पहलू में कैसी शान्ति से लेटे हैं महाबली! पगडण्डियां बन्द! भक्तों के अपने हित में है कि पगडण्डियां बन्द रहें। भूले-भटके भी अगर कोई ऊपर पहुंच गया, तो हनुमन्त के कोप का ऐसा वज्र गिरेगा कि जान के लाले!

केवल वे पगडण्डियां खुली रखी गई हैं, जो चोटी पर स्थित राम-मन्दिर तक पहुंचाती हैं। राम-मन्दिर भारी लोकप्रिय हो गया है। ऊपर तक पहले जाते ही कितने थे। आज नज़ारा कुछ और है। अब तो जो भी चट्टानी हनुमान के दर्शन करने आता है, ऊपर तक ज़रूर पहुंचता है।

'चट्टान पर हनुमन्त जैसी आकृति पहले से मौजूद थी। वो क़ुदरती बनी हुई थी। उसका धर्म के साथ कोई नाता नहीं था। आज भी वहां सिवा पत्थर के कुछ नहीं है। अपने धार्मिक शोषण से बचिए। भगत एण्ड कम्पनी से सावधान! सावधान!' रायपुर, भिलाई, दुर्ग, राजनांदगांव आदि तमाम शहरों के अख़बारों में बार-बार यही छप रहा है। छपता रहे। मैं हनुमन्त की सेवा में मगन हूं। मेरे पास समय ही नहीं, जवाब देने का।

मिस ग्लैमर के बापश्री ने तिलमिला कर एक प्रस्ताव रखा था मेरे सामने, "ज़हर को ज़हर से ही काटना चाहिए। आप कहें, तो इन अख़बार वालों को मुंहतोड़ जवाब देने के लिए हम भी एक अख़बार शुरू कर दें। ख़र्च पूरा मैं दूंगा।" मगर मैंने रोक दिया, सन्त कबीर का यह दोहा सुनाकर, "गारी आवत एक है, उलटत होत अनेक!"

चट्टानी हनुमान के ठीक नीचे ज़बर्दस्त शामियाना तैयार हो गया है। जनता-जनार्दन ने फ़िलहाल इसी को मन्दिर मान लिया है। सीलबन्द दानपात्र रोज़

भक्तों का इन्तज़ार करता है। सबसे यही कहा जाता है, 'भव्य मन्दिर डेढ़ सौ फीट से कम ऊंचा न होगा। चट्टानी हनुमान स्वयं पैंसठ फीट की ऊंचाई पर स्थित हैं। मन्दिर डेढ़ सौ फीट भी ऊंचा न हुआ, तो शोभा ही क्या! दोनों हाथों से दान दीजिए। आपका पूरा नाम संगमरमर की तख़्ती पर लगाया जाएगा।'

दान-पात्र में खनन-खनन रुपए गिरते हैं। अब तो सोने-चांदी के आभूषण भी गिरने लगे हैं। इसी हफ़्ते एक चमचमाता हीरा आकर गिरा! कितने लाख का है? जौहरी से पूछा नहीं। पूछेंगे।

मामला अभी नया-नया है। कोई हिसाब मांगने वाला नहीं। बाद में जब दान और बढ़ेगा, ट्रस्ट बना देंगे। सब बनाते हैं।

हमने त्याग किया है और ख़तरा उठाया है। ख़तरा भी जान का! आज अगर खनन-खनन सोना-चांदी हमारी झोली में गिर रहा है, तो यह हमारा हक़ है। नहीं आई बात समझ में? तो जाइए, दिमाग़ का इलाज कराइए!

अरे! वो शामियाना किधर गया? जो हमने चट्टानी हनुमान के ठीक नीचे खिंचवा रखा था? उसकी जगह लक्कड़ के मज़बूत खम्बे कब गड़ गए? ऊपर एस्बेस्टस की सफ़ेद चादरें कब पड़ गईं? अजी, रातोंरात! और भला कब? सब हनुमन्त की कृपा है। अगले हफ़्ते यही कृपा फिर होगी; आज जहां लक्कड़ के खम्बे हैं, वहीं सीमेन्ट के पिलर खड़े हो जाएंगे। एस्बेस्टस की जगह सीमेन्ट-कंक्रीट की पक्की छत पड़ जाएगी। देख लीजिएगा; ख़ुद आकर!

शामियाना खड़ा था नजूल की ज़मीन पर। कच्चे शामियाने को नजूल ने गम्भीरता से लिया नहीं। आज एस्बेस्टस लग गया है, तब भी नजूल का रुख़ इधर नहीं है। पक्की छत पड़ जाएगी, तब ज़रूर खलबली मचेगी, किन्तु मित्रवर! यह मन्दिर है। इसे आप हाथ नहीं लगा सकते। हमने यहां एक पवित्र मूर्ति स्थापित कर रखी है। ऊपर जो भीमकाय चट्टानी हनुमान झलक रहे हैं, ठीक उन्हीं का छोटा रूप नीचे, भूमि पर, स्थापित है! श्री छोटे हनुमान! जो शक्ति बड़े याने श्री चट्टानी हनुमान में है, वही शक्ति श्री छोटे हनुमान में भी है। इन्हें पूज लिया, तो बड़े को पूज लिया। इतनी पवित्र यह मूर्ति! इस पर से क्या आप छत हटा लेंगे? दीवारें तोड़-ताड़ कर बराबर कर देंगे? इस पतित पावन मन्दिर का नाश करेंगे? याद रखिए; जनता भड़क गई, तो सौ साल तक वोट नहीं देगी। ज़िम्मेदारी आपकी! मैं तो केवल मुस्करा ही सकता हूं!...ह-ह-ह!

कुदरत खेले खेल

श्री चट्टानी हनुमान एवं श्री छोटे हनुमान, दोनों की प्राण-प्रतिष्ठा का भव्य समारोह हो चुका है। उसमें बाक़ायदा मुख्यमन्त्री ने उपस्थित होकर बजरंग बली के आशीर्वाद प्राप्त किए हैं। मैंने इसकी वीडियो-फ़िल्म बनवा कर रख ली है। समारोह को टी. वी. पर भी दिखाया जा चुका। नजूल अब कैसे करेगा हिम्मत; इस पक्के, पवित्र, प्रतिष्ठित मन्दिर को गिराने की?

स्वामी भद्रमोहन ने बार-बार राजधानी जाकर, मेरी ओर से, मुख्यमन्त्री से गहरी मुलाक़ात की है। उन्हें समझाया जा रहा है कि पहाड़ी और सड़क के बीच जो बड़ा-सा मैदान है, जहां श्री चट्टानी हनुमान को प्रकट होता देखने के लिए आधे लाख की भीड़ जमा हो गई थी, उसे भगत जी को ही दान में दे दिया जाए। डेढ़ सौ फीट ऊंचा, भव्यतम हनुमान-मन्दिर जब बन रहा होगा, तब समूचे मैदान को पक्की छत डाल कर घेर लिया जाएगा। भक्तों को उठने-बैठने में तकलीफ़ न हो, ऐसा श्री चट्टानी हनुमान चाहते हैं। भगत जी के सपने में आकर उन्होंने अपनी यह मनोकामना व्यक्त कर दी है।

मुख्यमन्त्री इन्कार कैसे करेंगे, महाबली के मन की साध पूरी करने से। भगत जी ने, उर्फ़ मैंने, वचन दे रखा है; विधान-सभा के चुनाव होने पर मैं खुद सामने आकर आम जनता से अपील करूंगा, "आप लोग अपना क़ीमती वोट मुख्यमन्त्री को ही दें।" भगतजी का आदेश आम आदमी के लिए कितना अटल है, सारे नेता अच्छी तरह जानते हैं। मुख्यमन्त्री तो ख़ास तौर से।

बोलो, श्री चट्टानी हनुमान की जय! परम पूज्य 1008 श्री भगत जी की जय! गोरीचिट्टी एक देवी जी हर सुबह पधारती हैं। घण्टा बजाने के लिए हाथ उठाती हैं, तो पतली कमर पर बल पड़ता है। घण्टे तक उनका हाथ पहुंचता ही नहीं, जब तक वह अपनी दोनों एड़ियां ऊंची न करें। एड़ियां ऊंची करते ही वह ग़ज़ब की सनसनीखेज़ हो जाती हैं। घण्टा एक बार बजा कर उन्हें कभी तसल्ली नहीं हुई। हमेशा पांच बार बजाएंगी। होठों पर हमेशा हल्की मुस्कान। श्री छोटे

हनुमान पर तेल चढ़ाएंगी, सिन्दूर चढ़ाएंगी, हाथ जोड़ेंगी, मुण्डी झुकाएंगी, घुटनों के बल बैठ जाएंगी, मस्तक फ़र्श तक ले जाएंगी। परिक्रमा करेंगी, गिन कर दस बार। पांच बार घण्टा बजाना, दस बार परिक्रमा करना। ज़रूर कोई ख़ास फॉरमूला छिपा है इस गणित में!

पचीसेक बरस का एक नौजवान रोज़ शाम को आता है। मैं हमेशा उसके मस्तक पर ग़ौर करता हूं। वहां कोई गुमटा तो उभरा हुआ नहीं है न? काला निशान भी हो सकता है। अजूबे जैसी बात। न गुमटा, न काला निशान। जब कि यह महाशय रोज़ श्री छोटे हनुमान के सामने पहुंच कर पहले तो लम्बलेट हो जाएंगे। फिर फ़र्श पर मस्तक पटकना शुरू करेंगे। पटकेंगे, तो पटकते ही चले जाएंगे! कभी मैं भी इसी तरह किसी हनुमान-मन्दिर के फ़र्श पर मस्तक पटका करता था, लेकिन...ह-ह-ह! क्या मेरा केस एक स्पेशल केस नहीं?

ये हुईं सिर्फ़ दो आत्माएं। ऐसी और भी अनेक आत्माएं हैं, जो रोज़ पधारती हैं। केवल मंगलवार और शनिवार को पधारती आत्माएं तो और अधिक हैं। हफ़्ते में एकाध दिन पधारने वाले कुछ कम हैं, फिर भी उन्हें नियमित तो मानना ही पड़ेगा। नियमित आने वालों से माल नहीं मिलता। रोज़ाना माल देने लगें, तब तो हो चुका बेचारों का कल्याण! माल मिलता है उनसे, जो कभीकभार आते हैं। वे बहुत दूर से, बहुत भक्ति-भाव से पधारते हैं। दान दिए बग़ैर उन्हें चैन नहीं पड़ता। कुछ दानदाता रसीद फड़वाएंगे। ठीक है। क्या हर्ज है। ये लो रसीद! मगर ज़्यादातर श्रद्धालु रसीद-वसीद के चक्कर में नहीं पड़ते। वे तो गुप्त दान ही देते हैं। महापात्र में वे कुछ भी डाल सकते हैं। सिक्के। नोट। जवाहरात। आता जा। देता जा। चलता जा।

आह...यह क्या हो रहा है? दिल के आरपार एक अजीब-सा सन्नाटा क्यों दौड़ गया? पलभर के लिए धड़कन जैसे थम-सी गई, फिर दुबारा जारी हुई।

स्थिर खड़ा हूं, तो भी दोनों पैर सरकते हुए-से क्यों लग रहे हैं? एस्बेस्टस की छत के नीचे, पक्के फ़र्श पर खड़ा हूं, फिर भी तलुवों में बहती रेत जैसी सुरसुरी क्यों है?

भक्तों की यह लम्बी क़तार! सबके चेहरे अचानक फीके कैसे पड़ गए? सब भय से क्यों देख रहे हैं इधर-उधर?

गड़ड़ड़...गड़ड़ड़...पृथ्वी की गहराई में यह गुर्राहट-सी कैसे? चारों तरफ़ एक बिजली-सी कैसे दौड़ने लगी, सबको सावधान करती?

हुम्म...हाआऽ...

कौन है यह, ज़ोर लगाता हुआ? कौन आह-सी भर रहा है? धरती के अन्दर यह कौन है, जो क़ैद हो गया है?

टन्न! घण्टा बजा। किसने बजाया? किसी ने नहीं। तो क्या अपने-आप बज गया?

नज़र उठाई।

घण्टा तिरछा लटका हुआ था। डोल भी रहा था। हौले-हौले।

खणणण! दीपदान लुढ़क गया। बातियां बुझ गईं। तेल के रेले बह चले।

जैसे कोई क्रोधित पक्षी मेरे सीने पर अचानक टक्कर मार कर चीख़ता हुआ उड़ गया।

थरथर! थरथर!...ऐसे कांपने क्यों लगा हूं?

टन्न! फिर वही टंकार!

घण्टा पेंग ले-लेकर तिरछा झूलता दिखाई दिया।

यह तो...यह तो...

हां! नहीं! हां!

भूचाल! यह तो भूचाल है! भागो!

मैं भागा। कुलांच-सी भर कर मैं छत के नीचे से निकल गया।

भक्तों की टूटी हुई क़तार मैदान के मध्य की ओर दौड़ रही थी। एक स्त्री, जो चमचमाती नीली साड़ी पहने थी, अचानक मुंह के बल गिर पड़ी। दो बच्चे उसके साथ दौड़ रहे थे। वे रुक गए और रोने लगे।

आजूबाजू के ठेले वाले अपना सामान छोड़ कर भागे नहीं थे। "भूचाल! भूचाल!" वे हड़बड़ा कर चिल्ला रहे थे, जैसे कि नहीं चिल्लाएंगे, तो पता ही नहीं चलेगा, भूचाल आया है!

पहाड़ी के पिछवाड़े में बसे लोग नज़र नहीं आ रहे थे, मगर उनका हाहाकार हवा में मस्तूल की तरह उठ चुका था।

काले मुंह और लम्बी दुम के लंगूरों का एक जोड़ा, पिछले दिनों, पहाड़ी पर आ बसा था। भक्तों से मिलती चीज़ों से उनका पेट भरा करता। पता नहीं, वे अपनी टोली से जुदा होकर इधर कैसे निकल आए थे। मैंने उन्हें पहाड़ी का ढलान तेज़ी से पार करते देखा। वे चीख़ों पर चीख़ें मार रहे थे।

मादा ने अपना बच्चा पीठ पर चढ़ा रखा था। शायद बच्चे के ही वज़न के कारण मादा सन्तुलित न रह सकी। तीखे चीत्कार के साथ वह गुलांट खा गई और लुढ़कने लगी। पीठ का बच्चा एक तरफ़ जा गिरा। लुढ़कती मादा एक मोटे तने के साथ टकरा कर उछल गई। पीठ पर से गिरे बच्चे को उसने लपककर बांहों में खींच लिया। फिर वह जहां-की-तहां बैठी रह गई। ज़रूर उसे कसकर चोट लगी थी।

नर लंगूर ने लम्बी छलांग मारी। कुछ पलों के लिए जैसे वह उड़ता हुआ ही नज़र आया। धड़ाम से वह एस्बेस्टस की छत पर आ गिरा। तत्काल वह छत से नीचे कूद गया और मैदान में दौड़ने लगा।

सौ दो सौ गिलहरियों का झुण्ड मैदान में इधर-से-उधर भाग रहा था। चूहों की भी एक ज़बर्दस्त टोली तलहटी में भागती दिखाई दी। सैकड़ों पक्षी अपने दरख़्त छोड़कर हवा में उठ पड़े थे। पहाड़ी पर उनका तीखा चीत्कार जारी था।

'भगत! भगत!' कोई मेरे ही अन्दर से पुकार रहा था, 'तू क्यों भागता है, रे? तेरे रक्षक तो महाबली हैं। भूचाल से तुझे क्या डरना? रुक जा। मत भाग। जो भाग रहे हैं, उन्हें हिम्मत दे। यह है तेरा काम। भागना तेरा काम नहीं है। रुक!'

मैं ठिठक कर खड़ा रह गया।

सर घुमा कर, नज़र उठाकर मैंने चट्टानी हनुमान की ओर देखा। ऊंची, विशाल चट्टान पर कितनी तसल्ली से लेटे हुए थे!

मैंने हाथ जोड़कर उन्हें प्रणाम किया।

मिट्टी का एक ज़बर्दस्त गोला खड़ड़ड़ करता ऊंची पहाड़ी से नीचे लुढ़कता आ रहा था। ज़रूर वह पहाड़ी की चोटी का ही एक हिस्सा था, जो टूट कर गिरा था। एक बोदी, लेकिन गहरी डरावनी आवाज़ के साथ वो गोला उसी चट्टान पर गिरा, जिसके पहलू पर श्री हनुमन्त अंकित थे। गोला फट कर बिखर गया। उसका एक भारी-भरकम पिण्ड उछल कर नीचे एस्बेस्टस की छत पर आ गिरा। इसका धड़ाका सुनाई दिया।

वर्षा और भद्रमोहन अपनी मां योगिनी काव्यमाया को सहारा देते, लड़खड़ाते, मेरी ओर आते दिखाई दिए। तीनों धूलधक्कड़ से सने हुए थे। ज़रूर पहाड़ी की धसकती मिट्टी उन पर आ गिरी थी। काव्यमाया की हालत, उन तीनों के बीच, सबसे ख़स्ता महसूस हुई। क्या उसकी आंखों में आंसू थे? न हों, तो अच्छा। संन्यासिनियां आंसुओं के साथ अच्छी नहीं लगतीं।

मेरे क़दम उन तीनों की ओर उठने ही वाले थे कि एक बार फिर मैं रुक गया।

मुझे अपने परिवार की नहीं, आम जनता की फ़िकर करनी चाहिए, वरना मैं भगत कैसा?

जहां-का-तहां खड़े रहकर मैंने दोनों हाथ आम जनता की ओर उठा दिए और ज़ोर से ऐलान किया, "मत भागो! भूचाल निकल गया, निकल गया। रुक जाओ। मत भागो।"

लोग मेरे आसपास इकट्ठे होने लगे। वे स्तब्ध, फीके और कमज़ोर लग रहे थे।

भद्रमोहन और वर्षा के सहारे चलती काव्यमाया मेरे सामने पहुंच चुकी थी। उसकी आंखें गीली नहीं थीं। संन्यासिनी हो, तो ऐसी! लेकिन उसका चेहरा सफ़ेद था और पूरा शरीर कांप रहा था। यही हालत वर्षा की थी।

स्वामी भद्रमोहन के चेहरे पर भय कम, नाराज़गी अधिक थी। नाराज़गी किसके प्रति? भूचाल के प्रति? अवश्य मेरे प्रति! क्योंकि मैं तो धरती डोलते ही

तपाक से निकल भागा था। पलट कर एक नज़र भी नहीं डाली थी; बीवी कहां, बेटी कहां, बेटा कहां।

मैंने अपने कमीनेपन पर भारी शर्म महसूस की, लेकिन मैं चुप्पी साधे खड़ा रहा।

भूचाल के वक़्त निक्का था राजनांदगांव के अपने कॉलेज में, मिस ग्लैमर के साथ। जैसा कि उसने घर लौट कर बताया, मिस ग्लैमर की तो चीख़ें ही निकल गई थीं, धरती डोलने के साथ। सरेआम, सबके देखते वह निक्के से लिपट पड़ी थी। यूं, जिन्हें पता नहीं था, उन्हें भी पता चल गया था, उनके बीच क्या रिश्ता था।

स्वामी झंकारमोहन उर्फ़ झब्बू पर भूचाल का आतंक सबसे ज़्यादा रहा। उस वक़्त स्वामी जी राम-मन्दिर में ही थे, याने पहाड़ी की चोटी पर। भूचाल ऊंची जगहों पर हमेशा ज़्यादा महसूस होता है। स्वामी झंकारमोहन को तो यही लगा था, जैसे समूचा राम-मन्दिर झूले की तरह पेंग ले रहा हो। ख़ाक पेंग! सरासर अतिशयोक्ति! बचपना! संन्यासियों को ऐसा बचपना शोभा देता है क्या?

मुश्किल से दो घण्टे बीते होंगे कि रायपुर टेलीविज़न केन्द्र का कैमरा आ पहुंचा।

साया

पहाड़ी के पिछवाड़े में जो छोटी-सी झोपड़पट्टी थी, वहां भूचाल ने ख़ासा नुक़सान पहुंचाया था। ग़नीमत, जान किसी की नहीं गई थी। वहां के शॉट लेने के बाद टी.वी. वालों ने मुझे आ घेरा। क्यों नहीं! मैं ही तो था उस इलाक़े की सबसे बड़ी हस्ती! मन-ही-मन बेशक मुझसे चिढ़ते होंगे, किन्तु मेरे बिना उनका काम कैसे चल पाता।

वे ज़्यादा रोशनियां लेकर नहीं आए थे। सिर्फ़ दो रोशनियों से विराट चट्टानी हनुमान कैसे जगमगाए जा सकते। पैंसठ फीट की ऊंचाई तक उनकी रोशनियां फीकी-फीकी ही पहुंच सकीं। शाम इतनी गहरा चुकी थी कि कुदरती रोशनी का सहारा भी उन्हें ज़रा न मिल पाया। वे छत्तीसगढ़ के दर्शक़ों को दिखाना चाहते थे कि भूचाल में चट्टानी हनुमान को कोई नुक़सान पहुंचा है या नहीं, किन्तु पूरी आकृति तो दूर, चट्टानी हनुमान के अकेले चेहरे के भी शॉट वे न ले सके! मजबूरी में उन्होंने अपना सारा ध्यान मुझी पर केन्द्रित किया।

जिन रोशनियों को वे मन्द कह रहे थे, वे भी कितनी तेज़ महसूस हुईं, जब मेरे चेहरे पर दो तरफ़ से एक साथ फेंकी जाने लगीं। मेरी आंखें सिकुड़ गईं, भौंहें बल खा गईं, धड़कनें तेज़ हो गईं। अइया! मैं टेलीविज़न पर दिखाई पड़ूंगा!

मैंने फ़ौरन पहचान लिया, एक ज़बर्दस्त मौक़ा था मेरे सामने। चट्टानी हनुमान का और मेरा, दोनों का ऐसा ज़बर्दस्त प्रचार हो जाएगा कि...मगर सावधान! मेरी आंखें यों सिकुड़ी हुई नहीं होनी चाहिए। मैंने आंखों को संयत किया, फैलाया। भौंहों पर यूं बल न पड़ें। मैंने छूए बिना ही भौंहों को सीधा कर लिया। धड़कनें भी इतनी तेज़ न हों। फ़ौरन मैंने अपने दिल के नाम आदेश जारी किया, 'आस्ते!'

पूरे छत्तीसगढ़ में सुना जाएगा मेरा एक-एक शब्द। चेहरा भी देखा जाएगा। जय बजरंग बली! हां, जी! पूछिए! क्या पूछना चाहती हैं? वैसे, आप हैं बड़ी ज़ोरदार! टी.वी. वाले जाने कहां-कहां से ऐसी टनाटन चीज़ें ढूंढ़ लाते हैं! देवी जी! क्या मैं

मन-ही-मन आपकी तारीफ़ कर लूं? आपने ये जो टाइट ड्रेस पहनी हुई है, इसके अन्दर आप समा नहीं रहीं। आप तो आगे से, पीछे से, ऊपर से, नीचे से, हर तरफ़ से चक्कू हैं, छुरी हैं, तलवार हैं, ए.के.-47 रायफल हैं! हां,जी, अब पूछिए; क्या पूछना चाहती हैं?

"भगत जी! भूचाल आते ही आपको डर तो लगा होगा?"

"डर कैसा? स्वयं श्री चट्टानी हनुमान मेरी रक्षा करते हैं। उनके साथ रोज़ मेरी डायरेक्ट बातचीत होती है। मुझे क्या डर!"

"फिर तो हनुमान जी ने आपको पहले से बता दिया होगा, भूचाल के बारे में।"

"क्यों बताएंगे? मुझ पर कोई ख़तरा तो था नहीं, जो बताने आते।"

"भूचाल के वक़्त आप कहां थे?"

"चट्टानी हनुमान के ठीक नीचे।"

"अगर वो चट्टान धसक कर आप पर गिर पड़ती?"

"चट्टान? कैसी चट्टान? चट्टान कह कर उसका अपमान क्यों करती हैं? यक़ीन जानिए; वहां कोई अलौकिक तत्व है! तभी उस पर श्री हनुमन्त प्रकट हुए हैं। आप सोचती हैं, भूचाल जैसी लौकिक शक्ति से महाबली विचलित हो जाएंगे? धसक जाएंगे? अरे, हिलेंगे भी नहीं!"

"प्रश्न महाबली का नहीं। प्रश्न उस चट्टान का है।"

"आपने फिर उसे चट्टान कहा?"

"बुरा न मानिए, भगत जी! मैं सिर्फ़ आपकी हिफ़ाज़त की सोच रही हूं। अब देखिए न...अभी का भूचाल ज़्यादा तेज़ नहीं था, फिर भी...हो सकता है, श्री चट्टानी हनुमान का अलौकिक तत्व अन्दर से कहीं कमज़ोर पड़ गया हो। इधर आप हैं कि अपना ज़्यादातर वक़्त ठीक उसी के नीचे गुज़ारते हैं..."

"जी, हां! क्योंकि नीचे ही तो विराजमान हैं; श्री छोटे हनुमान! उनकी सेवा याने स्वयं चट्टानी हनुमान की सेवा। मैं इसी में लगा रहता हूं।"

"जबकि मेरा ख़याल है...आपको चट्टानी हनुमान के नीचे से हट जाना चाहिए। क्यों न छोटे हनुमान को दाएं-बाएं कहीं हटाकर दुबारा स्थापित किया जाए..."

"देवी-देवताओं को यूं खेल की तरह बार-बार हटाया नहीं जा सकता। वे कुछ सोच-समझ कर ही कहीं प्रकट या स्थापित होते हैं।"

"लेकिन, भगतजी! आपके साथ दूसरों को भी जान का ख़तरा है। अगर चट्टानी हनुमान अचानक धसक गए..."

"देखिए, इस तरह के प्रश्न उठाना ही महाबली का अपमान करना है।"

"क्या आपको मालूम है, भगत जी; कि भूचाल के पहले झटके के बाद अक्सर दूसरा झटका भी आ जाता है?"

"हां, मैंने सुना है।"

"फ़र्ज़ करिए; दूसरा झटका आ ही गया...और चट्टानी हनुमान उसे झेल नहीं पाए...अगर वो धसक कर गिरने लगे..."

मैं तिलमिला कर हंस पड़ा। बोला, "आप भी हद करती हैं! क्या बार-बार एक ही सवाल...! जो लोग ज़्यादा साइन्स पढ़ लेते हैं, वे ईश्वरीय चमत्कारों को समझ ही नहीं सकते। अरे; हनुमन्त की शक्ति को कौन अधिक पहचानता है? आप या मैं? सुनिए; आख़िरी बार कहे देता हूं...भूचाल के चाहे कितने ही झटके आ जाएं...समूची धरती इधर-से-उधर हो जाए...चट्टानी हनुमान नहीं हिलेंगे। हिलेंगे ही नहीं, तो धसकेंगे कैसे! क्योंकि उनमें तो साक्षात् महाबली विराजमान हैं! समझीं आप? अब एक कृपा करेंगी मुझ पर? इस इण्टरव्यू को यहीं समाप्त समझें! नमस्कार!"

"धन्यवाद, भगत जी!"

टी.वी. वालों के जाते ही स्वामी भद्रमोहन ने मुझे एकान्त में ले जाकर लताड़ा, "क्या, बाऊ जी! आपने तो कुछ भी बक दिया। यह सब अब टी.वी. पर दिखाया जाएगा। बात आम जनता में फैलेगी। इससे तो छोटे हनुमान को हटाना और भी मुश्किल हो जाएगा।"

"हटाना?" मैंने घोर आश्चर्य से कहा, "नहीं! छोटे हनुमान जहां हैं, वहीं रहेंगे; चट्टानी हनुमान के ठीक नीचे। इसी में है उनकी महिमा और गरिमा।"

"लेकिन, बाऊ जी! टी.वी. वाले सच कह रहे थे। ख़ामख़ाह क्यों जान का ख़तरा मोल लिया जाए?"

कुम्हारी के बंगले में, रात के भोजन के बाद, इसी मसले पर, पूरे परिवार की बैठक हुई, बन्द दरवाज़ों के पीछे। मैंने जो ख़ास बात सबको समझानी चाही, वो यही थी कि इस इलाक़े में भूचाल आते ही नहीं हैं। अभी जो भूचाल आया था, वो तो बिल्कुल मामूली था और एक अपवाद भी था। लिहाज़ा; दूसरे झटके का ख़तरा, समझो, है ही नहीं। ऐसे काल्पनिक भय को इतना गम्भीर कैसे मान सकते हैं कि श्री छोटे हनुमान को उनके स्थान से हटा दें? प्रश्न ही नहीं! दाएं-बाएं ज़रा भी सरकाया, तो आग की तरह अफ़वाह फैल जाएगी कि छोटे हनुमान स्वयं की रक्षा तो कर नहीं पाते; दूसरों के संकट क्या दूर करेंगे! श्री छोटे हनुमान की बदनामी याने स्वयं चट्टानी हनुमान की बदनामी...

अख़बार वाले वैसे ही पीछे पड़े हुए हैं। रोज़ कुछ-न-कुछ हमारे ख़िलाफ़ छाप ही देते हैं। माना, ख़िलाफ़ छपना भी ज़रूरी है, मगर एक हद तक। अगर हमने छोटे हनुमान को थोड़ा-बहुत भी इधर-से-उधर किया, तो पत्रकार हाथ धोकर पीछे पड़ जाएंगे। सारी प्रतिष्ठा धूल में मिला देंगे...

अगर आम जनता के मन में भय समा जाए कि चट्टानी हनुमान तो कभी भी धसक सकते हैं, तो रोज़ जो हज़ारों भक्तों की लाइन महाबली के साये में लगती है, उसे ग़ायब होते क्या देर! भव्य मन्दिर बनाने के नाम पर रोज़ हम जो भारी चन्दा वसूल कर रहे हैं, सब ख़त्म हो जाएगा...

जो त्याग हमने किया है, जो भयंकर ख़तरे हम उठा चुके हैं, क्या सब इसी दिन के लिए कि हम डरपोक ख़रगोशों की तरह पीछे हट जाएं? नहीं; चट्टानी हनुमान के साये में हम लगातार मौजूद रहेंगे। तभी हम जनता-जनार्दन को यक़ीन दिला सकेंगे कि श्री चट्टानी हनुमान किसी सूरत में नहीं गिरेंगे। भला महाबली भी कहीं धसक सकते हैं? आओ, भक्तो, आओ! अपनी आंखों से देखो; हम महाबली के साये में स्वयं खड़े हैं या नहीं! कोई ख़तरा नहीं है। आते जाओ, देते जाओ!

भूचाल के दो दिन बाद भू-वैज्ञानिकों का एक दल अपने विचित्र उपकरणों के साथ आ धमका। उन्हें जांच करनी थी कि भूचाल ने समूची पहाड़ी को अन्दर-बाहर से कितना कमज़ोर कर दिया है।

मेरी इजाज़त लेकर वे उस पगडण्डी पर चढ़े, जो उन्हें चोटी पर बने राम-मन्दिर तक ले गई। वहां स्वामी झंकारमोहन ने उनका स्वागत किया। काफ़ी तफ़तीश के बाद उन्होंने राम-मन्दिर को ख़तरे से बाहर घोषित कर दिया।

पिछवाड़े की झोपड़पट्टी के ठीक ऊपर, पहाड़ी के पहलू पर, दसेक पेड़ भूचाल में तिरछे हो गए थे। पहाड़ी के अन्दर उनकी जड़ें गहराई तक गई ही नहीं थीं, क्योंकि उधर मिट्टी कम, चट्टानें ज़्यादा थीं। वे तिरछे पेड़ झोपड़पट्टी पर कभी भी गिर कर तबाही मचा सकते थे। भू-वैज्ञानिकों ने सभी ख़तरनाक पेड़ों पर निशान लगा दिए। भिलाई इस्पात कारख़ाने का फायर-ब्रिगेड ऐसे तमाम पेड़ों को एकाध हफ़्ते में काट गिराएगा; आश्वासन मुझे यही दिया गया। तीन-चार लम्बी दीवारें भी, पहाड़ी के पहलू पर, तुरन्त खड़ी करनी होंगी; जमीन को धसकने से रोकने के लिए। ये दीवारें कम ऊंचाई की, किन्तु मोटी और मज़बूत होंगी।

"लंच के बाद हम श्री चट्टानी हनुमान की भी जांच करना चाहेंगे।" भू-वैज्ञानिकों के मुखिया ने कहा।

सख़्त नाराज़गी का दिखावा किए बिना मेरा गुज़ारा नहीं था। मैंने मिस्टर मुखिया को समझाया कि श्री चट्टानी हनुमान किसी भी प्रकार की जांच से परे हैं। जांच करना याने उनका अपमान करना, जो मेरे जीते-जी हो नहीं सकता। श्री चट्टानी हनुमान 'बने हुए' नहीं हैं। आप क्या समझते हैं, उन्हें 'किसी ने बनाया

है'? वो तो वहां स्वयं प्रकट हुए हैं; स्वयं-भू हैं। महाबली कोपायमान हो गए, तो आप कहीं के नहीं रहेंगे। आदि-इत्यादि।

"लेकिन, भगत जी!" मिस्टर मुखिया ने कहा, "अगर उस चट्टान के अन्दर या बाहर कोई दरार पड़ गई है, तो...आप पर, आपके परिवार पर, आते-जाते भक्तों पर कितना बड़ा ख़तरा है; सोचिए।"

"मैं क्यों सोचूं? सोचिए आप! क्योंकि श्री हनुमन्त मुझ पर नहीं, आप पर कोपायमान होंगे। मैं तो सेवक हूं। अपने आराध्य की जांच की अनुमति कैसे दे सकता हूं?"

स्वामी भद्रमोहन ने मुझे एक तरफ़ ले जाकर हौले से कहा, "इन्हें मत रोकिए। इस जांच में हमारी ही भलाई है।"

"ख़ाक भलाई है! अरे, इससे तो हमारा तिलिस्म ही टूट जाएगा। लोग कहेंगे, चट्टानी हनुमान की तो जांच हो रही है! चढ़ावा आधा भी नहीं रहेगा। समझे?"

"जान ही चली गई, तो चढ़ावे का क्या करेंगे? शहद लगाकर चाटेंगे?"

"बको मत।"

"ज़रा समझिए। इनके यन्त्र लेसर किरणों से चलते हैं। लेसर किरणें क्या होती हैं, जानते हैं?"

"होती होंगी कुछ भी।"

"ये बड़ी ताक़तवर किरणें हैं, जो दिखाई नहीं देतीं। ये हर चीज़ के आरपार निकल जाती हैं। ये आधी दूरी तक जाकर लौट भी सकती हैं। जहां से लौटती हैं, वहां के सारे राज़ बेपर्दा कर देती हैं। भूचाल की वजह से अगर चट्टान के अन्दर कमज़ोरी जैसा कुछ भी कहीं है, तो किरणें सब बता देंगी। ये लोग अगर खुद न आए होते, तो यह जांच हमें अपने ख़र्चे से करवानी पड़ती। ये बेचारे खुद आ गए हैं और सारा काम मुफ़्त में करके दे रहे हैं, तो आप हैं कि इन्हीं को रोक रहे हैं!"

मैं चक्कर में पड़ गया, "लेकिन, भद्रमोहन! ये लोग जूते पहनकर चट्टान पर चढ़ेंगे। जूते उतार कर चढ़ें, तो भी इन्हें महाबली के मस्तक पर पांव धरने की इजाज़त कैसे दे सकते हैं? ज़रा सोच...महाबली की प्रतिष्ठा...हमारी प्रतिष्ठा..."

"मौत के ख़तरे को देखें या प्रतिष्ठा को देखें?"

"भद्रमोहन!" मैंने अपना स्वर दबाकर कहा, "ज़रा समझ। चट्टान पर खुदी लकीरें इनकी नजरों में आ जाएंगी। लकीरें क़ुदरती नहीं, बल्कि छेनी से खोदी गई हैं, ऐसा शक अगर इन्हें हो गया..."

भद्रमोहन भी मेरी ओर देखता रह गया।

भुच्चड़ उर्फ़ स्वामी भद्रमोहन की भौंहें सिकुड़ गईं, लेकिन उसने डेढ़-दो पल के ही विचार के बाद फ़ैसला सुना दिया, "नहीं! उन्हें शक नहीं होगा, क्योंकि वे उन लकीरों को देखेंगे ही नहीं। वे पहुंचेंगे चट्टान के माथे पर, जबकि लकीरें हैं पहलू पर।"

"अच्छी बात है। तुम कहते हो, तो..."

स्वामी भद्रमोहन ने भू-वैज्ञानिकों की तरफ़ लौटते हुए ऐलान कर दिया, "भगत जी ने इजाज़त दे दी है।"

"बहुत-बहुत धन्यवाद, भगत जी!"

"लेकिन एक शर्त है।" मैंने कहा, "जांच की कार्रवाई आप आधी रात के बाद ही करेंगे, ताकि ख़ामख़ाह किसी का ध्यान न जाए।"

"ठीक है।"

"आप जहां पहुंचेंगे, वहां तो महाबली का मस्तक है। वहां अगर किसी ने जूते पहने, फिर तो ग़ज़ब हो जाएगा! जूते आपको दूर ही उतार देने होंगे।"

"ओके!"

"नंगे पैरों से भी आप जहां-जहां चलेंगे, सब जगह हम गंगाजल छिड़केंगे। आपको इसका बुरा नहीं मानना है।"

"लीजिए; इसमें बुरा मानने जैसा क्या है!"

आधी रात के बाद, जांच-दल के कर्मचारी, स्वामी भद्रमोहन, स्वामी झंकारमोहन और स्वयं मैं, सब साथ ही रवाना हुए। हमारे चार नौकरों ने प्लास्टिक का एक-एक पीपा उठा रखा था, जिनमें, जैसा कि हमारा दावा था, शुद्ध गंगाजल था। नहीं है गंगाजल, ऐसा भला कौन साबित करता? असलियत क्या थी? बंगले के नलकों में से ही पीने का शुद्ध जल लेकर हमने चारों पीपों में भर लिया था। नहीं तो क्या प्रयागराज जाते, गंगाजल लाने?

चट्टान के माथे पर जगह-जगह अपने उपकरण टिकाकर वे जाने क्या-क्या जांच करते रहे।

"बधाई, भगत जी!" उनके मुखिया ने नज़दीक आते हुए कहा, "जहां तक आज की तारीख़ की बात है...इस चट्टान के धसकने का कोई रिस्क नहीं है।"

मेरा चेहरा दमक उठा, "शुक्रिया! वैसे...हनुमन्त ने मुझे पहले ही सब बता दिया था।"

"लेकिन, भगत जी! अन्दर एक दरार ऐसी है, जिसे नज़रअंदाज़ नहीं किया जा सकता। छोटे-मोटे फाल्ट्स और भी हैं। बेशक आज कोई रिस्क नहीं है, मगर वक़्त गुज़रने के साथ...रिस्क हो भी सकता है..."

"अरे, मैं हनुमन्त से कह दूंगा। वो सिर्फ़ एक चुटकी बजाएंगे और रिस्क ग़ायब!"

“रियली? जो भी है...मैं सिर्फ़ सलाह ही दे सकता हूं। मानें, न मानें; आप जानें। मेरे अनुसार तो...आपको अपना कैम्प इस चट्टान के नीचे से फ़ौरन हटा लेना चाहिए।”

“अरे; जब आज की तारीख में रिस्क है ही नहीं, फिर क्यों ज़बरन...”

“बात ये है, भगत जी! इन भूचालों का कोई ठौर-ठिकाना तो होता नहीं। ये कभी भी आते, कभी भी जाते हैं। अलावा इसके...वो जो थोड़ा-सा...पहले झटके के बाद का...दूसरे झटके का ख़तरा है...”

“देखिए; हमें यूं डराने की कोशिश न करें। श्री हनुमन्त स्वयं आए हैं, मेरे सपने में। सब बताकर गए हैं। दूसरा झटका अव्वल तो आएगा नहीं। आया भी, तो चट्टानी हनुमान गिरेंगे नहीं।”

“भगत जी! मैं डरा नहीं रहा। मैं आपको सिर्फ़ अपनी सलाह दे रहा हूं।”

“जो हमने सुन ली। धन्यवाद!”

टॉर्चों की रोशनी में सबने लौटना शुरू किया। चारों नौकर चुल्लू में गंगाजल भर-भर कर छिड़कते जाते, साथ चलते जाते। गंगाजल! ह-ह-ह...

अपने उपकरणों के साथ भू-वैज्ञानिकों की जीप जब वापस रायपुर रवाना हुई, तब सुबह के चार बजा चाहते थे। मुखिया ने अपने साथियों से कहा, “आप लोग चलिए। मुझे कुम्हारी में रिश्तेदारी का कोई काम है। मैं रुकूंगा।”

जीप के जाते ही मैंने मुखिया के सामने प्रस्ताव रखा, “अभी अन्धेरे में कहां जाएंगे? पहले हमारे बंगले पर ही चलिए। सुबह जाइएगा, जहां भी जाना हो। बल्कि हमीं अपनी गाड़ी से छोड़ आएंगे। जाना कहां है?”

वह धीमा हंसने लगा, “कहीं नहीं। दरअसल...स्टाफ के सामने बोल नहीं सकता था। मुझे ख़ास आप ही से बात करनी है। इसीलिए रुका हूं।”

सुनते ही अन्दाज़ा लग गया, उसे क्या बात करनी है। मैंने उसे अपनी कार में बिठा लिया। औसत स्पीड से हम बंगले की तरफ़ रवाना हो गए। कार भद्रमोहन ने चलाई।

मुखिया सम्भल कर बोला, “ऐसा है, अब मुझे एक डीटेल्ड रिपोर्ट तैयार करनी होगी, जो तमाम अख़बारों में छपने दी जाएगी।”

“जी।”

“इतना तो आप भी मानेंगे, भगत जी! कि हर सच्चाई को दो तरीक़ों से लिखा जा सकता है। दोनों तरीक़ों में सच्चाई सच्चाई ही रहती है, झूठ में तब्दील नहीं हो जाती, फिर भी...किसी बात को ऐसे न लिखकर वैसे लिख दिया जाए, तो सच्चाई भी इधर-से-उधर हो जाती है।”

“आप डायरेक्ट मुद्दे पर ही आइए।” झंकारमोहन ने हल्की बेरुख़ी से टोका।

''क्यों नहीं! देखिए, रिपोर्ट तो मैं सच्ची ही तैयार करूंगा, लेकिन...अच्छा, यूं करते हैं, दोनों ही तरीक़े मैं आपके सामने रख देता हूं।''

''जी। बताइए।''

''फ़र्ज़ करिए, मैं लिखता हूं, 'लेसर इको-साउण्डिंग करके भी साबित तो वही हुआ है, जो भगत जी शुरू से कहते आ रहे हैं। यही कि अभी के भूचाल में चट्टानी हनुमान को कहीं कोई नुक़सान नहीं पहुंचा है। आश्चर्य ये है कि भगत जी ने यह बात अपनी मानसिक शक्ति से, पहले से ही, मालूम कर ली थी। जैसा कि लेसर उपकरणों से पता चला है; चट्टान के अन्दर सिर्फ़ एक दरार ऐसी छिपी हुई है, जिसे नज़रअन्दाज़ नहीं किया जा सकता, लेकिन भगत जी इस दरार को भूचाल से पहले की बताते हैं। उन्होंने पूरे यक़ीन के साथ कहा है कि यह दरार क़तई ख़तरनाक नहीं है। आधुनिक लेसर उपकरणों से भी यह दरार ख़तरनाक साबित नहीं हुई है। सार यही कि सभी भक्त-गण चट्टानी हनुमान के एकदम नीचे तक जाकर बेखटके श्री छोटे हनुमान के दर्शन कर सकते हैं।' ''

यहां मुखिया दो पल के लिए ख़ामोश हो गया। फिर बोला, ''मगर इसी बात को मैं यूं भी लिख सकता हूं, 'आधुनिकतम लेसर उपकरणों से जांच करके भू-वैज्ञानिकों ने जो पता लगाया है, उसके मुताबिक...मशहूर चट्टानी हनुमान के अन्दर, अभी के भूचाल की वजह से, एक ऐसी दरार पड़ गई है, जिसे नज़रअंदाज़ नहीं किया जा सकता। यह दरार बाहर से दिखाई नहीं देती, हालांकि भगत जी का दावा है कि उन्होंने अपनी मानसिक शक्ति से इसे बहुत पहले से पहचान रखा है। भगत जी के अनुसार यह दरार भूचाल से पहले की है और किसी भी रूप में ख़तरनाक नहीं है, जबकि वैज्ञानिक सच्चाई तो यही है कि यह चट्टान कभी भी टुकड़ों में टूट कर गिर सकती है या पूरी-की-पूरी धसक सकती है। भूचाल का दूसरा झटका अगर आ गया, जो कि आ सकता है, फिर तो चट्टानी हनुमान के धसकने या टूटने का ख़तरा और बढ़ जाएगा।' ''

''जी, हां! समझ गया...आप बिला शक ऐसा लिख सकते हैं, मगर लिखना नहीं चाहते!'' मैंने अकुला कर कहा, ''ठीक है...अच्छा है...बोलिए, क्या सेवा करूं?''

''एक लाख।''

''लगता है, आपको श्री हनुमन्त के प्रकोप का ज़रा भी डर नहीं है!''

''यह मेरा और आपका निजी सौदा है। इसमें किसी भी देवी-देवता को बीच में न लाएं, प्लीज़!''

''फिर तो आपको सौ का एक नोट भी नहीं मिलेगा।''

''वाह! ऐसा कैसे!''

"क्योंकि हमारे पास हमारा अपना कुछ नहीं है। जो भी है, श्री हनुमन्त का है।"

"यह आप जानें।"

"मेरी श्री हनुमन्त से रोज़ डायरेक्ट बात होती है। उनसे इजाज़त लिए बिना कैसे कुछ दे दूं।"

"भगत जी! आप टाल रहे हैं।"

"टालूंगा, तो मैं ही फंसूंगा। यह बात मैं जानता हूं। लीजिए, बंगला आ गया। पधारिए। अन्दर आराम करिए।"

भद्रमोहन, झंकारमोहन और मुखिया को ड्राइंग-रूम में बिठाकर मैं अपने निजी कमरे में चला गया, ताकि 'हनुमन्त से सम्पर्क कर सकूं। दरवाज़ा बन्द कर मैंने सिटकनी चढ़ा ली। आलमारी खोली। विदेशी सुन्दरियों की सनसनीखेज़ तस्वीरें: छापती चिकनी पत्रिकाओं का ढेर व्यवस्थित रखा था। तीन-चार अंक खींच निकाले। उन सतरंगी पन्नों से खेलने में पन्द्रह-बीस मिनट गुज़ारे। पत्रिकाएं वापस रख आलमारी बन्द की। बाहर निकला।

मुखिया मुझे देखते ही उठ पड़ा। भद्रमोहन और झंकारमोहन भी उठे। मैंने संजीदगी से कहा, "महाबली से सम्पर्क हो गया। उनका आदेश है; आधा दे दो।"

मुखिया की आंखें चमकने लगीं, "पचास हज़ार?"

"जी।"

"कब?"

"अभी। नक़द। लेकिन एक शर्त पर।"

"जी; कहिए।"

"साफ़-साफ़ बताइए। धूल के कण के बराबर भी असत्य न बोलिएगा। चट्टान की हालत क्या है?"

"सच्चाई वही है, भगत जी; जो मैं बता चुका हूं। अन्दर एक नाजुक दरार है तो सही, लेकिन आज की तारीख़ में बिल्कुल ख़तरनाक नहीं है।"

"और...भूचाल के दूसरे झटके का ख़तरा?"

"आपकी दो पीढ़ियां पार हो जाएंगी, तो भी दूसरा झटका नहीं आएगा। इस इलाक़े में भूचाल आते ही कहां हैं!"

लेकिन यह भी तो आप ही ने कहा है कि भूचाल का कोई भरोसा नहीं होता। वह कभी भी आता-जाता है।"

मुखिया झेंप गया, मगर उसकी आवाज़ मज़बूत बनी रही, "जी हां! दरअसल. ..इस बहस का कोई अन्त नहीं है। एक तरफ़ जहां यह सच है कि अगला भूचाल यहां दो सौ सालों में भी नहीं आएगा, वहीं दूसरी तरफ़ यह भी सच है कि आने को तो भूचाल कभी भी आ सकता है। जो भी है...इससे आपको इतना यक़ीन

तो हो ही गया होगा कि मैंने आपको खुश करने के लिए कुछ नहीं कहा है। कहा सिर्फ़ वही है, जो सच्चाई के नाम पर कहा जाना चाहिए। बेहतर होगा, आप मुझे अपना अच्छा दोस्त मानकर चलें। श्री हनुमन्त आपको रोज़ हज़ारों हज़ार दे रहे हैं। मैंने जो मांगा है, वो तो कुछ भी नहीं! आपके साथ अपनी दोस्ती मैं हमेशा निभाऊंगा। ग़लत सलाह कभी नहीं दूंगा।''

मुखिया का भरोसा करने की हिम्मत नहीं पड़ रही थी, लेकिन चारा भी क्या था। पचास हज़ार के नोटों का एक ख़ूबसूरत लिफ़ाफ़ा मैंने अन्दर से लाकर मुखिया को थमा दिया।

48 घण्टों बाद पूरे छत्तीसगढ़ में, एक बार फिर, मेरे नाम का डंका बज गया। तमाम अख़बारों ने भू-वैज्ञानिकों की रिपोर्ट विस्तार से छापी, जो खुल्लमखुल्ला मेरे पक्ष में थी। इक्का-दुक्का अख़बारों ने मेरी, और भू-वैज्ञानिकों की, खिल्ली अवश्य उड़ाई; किन्तु इससे तो मानो आग में घी पड़ गया : छोटे-बड़े हरेक की ज़बान पर मेरा ही नाम खेलने लगा!

मण्डी

दूरदराज़ से गुर्राती हुई बसें आती हैं। श्रद्धालुओं के रेवड़-के-रेवड़ उतर पड़ते हैं। फ़ौरन झपट कर लाइन लगाते हैं, श्री छोटे हनुमान के दर्शन करने, आशीर्वाद पाने। चट्टानी हनुमान तो बिना कोशिश किए ही नज़र आ जाते हैं। विशाल हैं, शानदार ऊंचाई पर भी हैं। कोशिश अगर करनी पड़ती है, तो छोटे हनुमान को देखने के लिए, जो बेशक वैसे ही हैं, जैसे चट्टानी हनुमान, लेकिन जो झट से नज़र नहीं आते। नज़दीक जाओ और देखो, तो नज़र आएंगे। छोटे जो हैं! सोचकर मन-ही-मन हंसता हूं, 'कहीं छोटे हनुमान श्री चट्टानी हनुमान से भी ज़्यादा महिमा न पा जाएं!'

दुनिया का दस्तूर है; श्रद्धालुओं का कष्ट ज्यों-ज्यों बढ़ता है, त्यों-त्यों वे उसी कष्टकर देवी-देवता को ज़्यादा महत्त्व देने लगते हैं। छोटे हनुमान लेटे हैं एक संक्षिप्त आसन पर। एस्बेस्टस की छत के नीचे विराजमान हैं। बड़े नख़रीले हैं। लम्बी लाइन लगवाएंगे, लाल कपड़ा और तेल मांगेंगे, नारियल चढ़वाएंगे, आदमक़द दान-पात्र में नक़द भी डलवाएंगे, तब जाकर सिर्फ़ झलकी दिखाएंगे। सामने रुक कर भरपूर नज़र डाल पाने का मौक़ा ही कहां! झलकी देखो, आगे चलो। लाइन में दूसरे भी तो खड़े हैं!

बिना नारियल के छोटे हनुमान के दर्शन नहीं हो सकते। ग़रीब हो? दान-पात्र में नक़द नहीं डाल सकते? चलेगा। नारियल ज़रूर लाओ। साबुत दे दो, स्वामी भद्रमोहन के हाथ में। छीलने की ज़रूरत नहीं। कर्मचारी छीलेंगे। गरी के कुछ टुकड़े भद्रमोहन प्रसाद-स्वरूप दे देंगे। ग्रहण करो। चलते बनो।

हरेक नारियल को झट से एस्बेस्टस की एक दीवार के पीछे पहुंचा दिया जाता है। वहां अनेक मर्द बैठे हैं, पलांठ लगाकर। सबका एक ही काम है, नारियल छीलो। छिलका फेंको मत। जमा करो। रोज़ टैम्पो भर-भर कर छिलका रायपुर जाता है, आधी रात के बाद। दिन के उजाले में इसलिए नहीं कि यह बात एकाएक उछल न जाए, 'लो, जी, ये तो छिलके का भी व्यापार करने लगे।' रायपुर में एक

फैक्ट्री के साथ एग्रीमेन्ट कब का हो चुका। वहां इन छिलकों से दरवाज़ों के पांव-पोंछन तैयार होते हैं; मज़बूत रस्से भी।

चढ़ावे में आते नारियलों का शुद्ध, स्वादिष्ट, पौष्टिक पानी रायपुर का एक व्यापारी ख़रीद ले जाता है, ताकि प्लास्टिक की छोटी-छोटी थैलियों में भरकर बेच सके। बिक्री-केन्द्र रायपुर के अलावा भिलाई-दुर्ग राजनांदगांव में भी खुल गए हैं। वो तो चट्टानी हनुमान के ऐन सामने भी बिक्री-केन्द्र खोलना चाहता था। मैंने मना कर दिया।

बीस प्रतिशत गरी प्रसाद के रूप में बंट जाती है। शेष हलवाई ख़रीद लेते हैं। रायपुर की बनी नारियल की बर्फ़ी छत्तीसगढ़ के बाहर तक पहुंच रही है। ख़ुशी की बात है। लोग मुंह ही तो मीठा कर रहे हैं!

श्री छोटे हनुमान की सेवा में घण्टों-घण्टों छड़ी की तरह खड़ा रहता हूं। इतना थक जाता हूं कि सोमरस पीने का अधिकारी हो जाता हूं। आधी रात के बाद हम सब-के-सब, कुम्हारी के अपने बंगले में, सोमरस पीते हैं। निक्का, स्वामी झंकारमोहन, स्वामी भद्रमोहन और अब तो योगिनी काव्यमाया भी। क्यों नहीं! सोमरस आख़िर देवताओं की चीज़ है। देवताओं के पुजारी ही सोमरस की क़द्र नहीं करेंगे, तो कौन करेगा?

सोमरस के कार्यक्रम में वर्षा फ़िलहाल शामिल नहीं हो पा रही। वजह? इन दिनों वह हमारे साथ रहती ही नहीं है। रहती थी, तब बेशक शामिल होती थी। वर्षा के पति महोदय ने गिड़गिड़ाकर, बाक़ायदा रिरियाकर, माफ़ी मांग कर उसे मनाया है। वो सिर्फ़ थोड़े दिनों के लिए ससुराल गई है।

विदा करते वक़्त मैंने उसकी झोली सोने-चांदी से इतनी भर दी थी कि उस बेचारी से तो उतना बोझ उठाते ही नहीं बन रहा था। उसे ससुराल पहुंचाने के लिए भद्रमोहन और झंकारमोहन दोनों साथ गए थे, कार में।

सोने-चांदी से भरी वो झोली अन्दाज़न कितने लाख की रही होगी? क्या पता! उसमें नीचे भरे थे आलू और ऊपर फैलाए गए थे टमाटर-धनिया, मिरची-अदरक! बीच में छिपा कर धरे थे भारीभरकम गहने; चांदी के ही नहीं, सोने के भी। मेरा ख़याल है, ऐश्वर्य को बन्द सूटकेस में ले जाने से कहीं बेहतर होता है, यूं खुली झोली में ले जाना। कोई देखे, तो यही समझे; घर के लिए सब्ज़ी जा रही है।

फिर भी, ख़तरा तो था। होने को कुछ भी हो सकता था। मसलन, झोली ही कहीं से फट पड़े। गहने झांकने लगे; गिरना ही शुरू कर दें! सुरक्षा के लिए मैंने स्वामी भद्रमोहन के साथ स्वामी झंकारमोहन को भी रवाना कर दिया था। दोनों स्वामियों के पास एक-एक भरा हुआ रिवॉल्वर था। अपने पतित-पावन भारत देश में रिवॉल्वर, कारतूस, हथगोले ये सब कितनी आसानी से उपलब्ध हैं! वाह!

मैं, हनुमन्त की कठपुतली, उन्हीं के नचाए नाच रहा हूं। अब तक जो भी हुआ, या आगे जो होने जा रहा है, सब उन्हीं की कृपा से। आज के पड़ाव तक पहुंचने के लिए जो आड़े-टेढ़े रास्ते पार किए, वे पार होते ही कैसे, अगर हनुमन्त न चाहते। सब-कुछ योजनानुसार होते जाना...यहां तक कि दो मनुष्यों और एक अ-मनुष्य का ख़ात्मा...अवश्य उन तीनों ने पिछले जन्म में कोई घोर पाप किया था। महाबली ने उसी पाप की सज़ा उन्हें दी। इस नेक काम के लिए महाबली ने हमारे हाथ इस्तेमाल कर लिए; हम धन्य हो गए! उन तीनों को इस दुनिया से निकाल बाहर किया, तो कौन-सा अपराध कर डाला? दुष्टों का हनन करने में अपराध कैसा? स्वयं महाबली ने कितने दुष्टों का हनन किया था, गिन सकता है कोई?

लोग कहते हैं; और अब तो स्वयं मुझे भी लगने लगा है...कि मुझमें महाबली का अंश है! पहले नहीं था, अब आ गया है। महाबली मुझमें! मैं महाबली में! आगे-आगे देखिए, होता है क्या। मुख्यमंत्री ने पहाड़ी के सामने का विशाल मैदान हमें आबंटित कर दिया है, भव्य मंदिर के निर्माण के लिए। कितनी आसानी से हो गया आबंटन! घूस के नाम पर एक रुपया भी नहीं! कभी होता है ऐसा, इस देश में? तो इस बार कैसे हो गया? क्या सिर्फ़ इसलिए नहीं कि महाबली चाहते थे?

पहले इस इलाक़े में केवल दो लंगूर हुआ करते थे। ज़रूर वे ही जाकर अपनी शेष टोली को बुला लाए। रोज़ शाम, ठीक चार बजे, दसेक लंगूरों की वो टोली, अपनी लम्बी दुमें धनुषाकार उठाकर, पहाड़ी से उतरती है। चट्टानी हनुमान के ठीक नीचे आकर टोली चुपचाप बैठ जाती है और मेरा इन्तज़ार करती है।

बड़ी-सी झोली में मूंगफली लेकर मैं वहां पहुंचता हूं, उन्हीं के बीच बैठ जाता हूं। मूंगफली निकाल-निकाल कर हथेली पर रखता हूं। बिना किसी धकमपेल के वे आगे आएंगे, मूंगफली उठाएंगे, पीछे हटेंगे, बैठ जाएंगे। मेरे चारों तरफ़ घेरा डालकर वे फटाफट मूंगफली खाते जाएंगे।

लंगूर ठीक चार बजे ही क्यों उतरते हैं पहाड़ी से नीचे? उन्हें कौन बताता है; चार बज गए? वे केवल मेरी ही हथेली पर से मूंगफली क्यों उठाते हैं? स्वामी भद्रमोहन ने कई बार चेष्टा की है, उन्हें मूंगफली खिलाने की। एक बार भी सफल नहीं हुए। मेरे ही प्रति उतना आकर्षण क्यों है लंगूरों के मन में? किसके आदेश पर?

पहले मैं दोपहर के भोजन के लिए बंगले पर चला जाता था। अब नहीं जाता। हनुमन्त का ही आदेश रहा, इसके पीछे।

हुआ यूं...भक्तों को आशीर्वाद दे-देकर उस दिन बहुत थक गया था। पन्द्रह-बीस मिनट के आराम के लिए मैं सबके सामने से हट गया। एस्बेस्टस की दीवारों के पीछे जाकर, श्री चट्टानी हनुमान के ठीक नीचे, समतल भूमि पर दरी बिछाकर मैं लेट गया।

दोपहर ढल चुकी थी। पहाड़ी की तिकोनी परछाईं दूर तक फैली पड़ी थी। अपनी दरी मैंने उसी परछाईं में बिछाई थी।

मैं चित लेटा हुआ नहीं था। पेट के बल औंधा भी नहीं। एकदम चित या पट लेटना भद्र पुरुषों की निशानी थोड़े ही है। मैं करवट के बल लेट गया था। बायां हाथ मोड़ कर मैंने तकिए की तरह सर के नीचे रखा और आंखें मूंद लीं।

निढाल पलकों के नीचे मैं जाग रहा था। पलकों में हल्की पारदर्शिता महसूस हो रही थी; दिन की रोशनी उनके आरपार जो छन रही थी। पलकों में भरे, संचरित हो रहे रक्त की लालिमा सुन्दर लग रही थी। दसेक मिनट बीते होंगे। मुंदी हुई पलकों के पार, अचानक, झप्प-झप्प, सफ़ेद रोशनी होने लगी। चौंध जैसी वो रोशनी बार-बार होती और बुझ जाती। आख़िर मैंने पलकें उठा दीं। अगले ही क्षण उस चौंध ने मेरी आंखों के अन्दर तक आकर मार लगाई।

मैं ज़रा चकरा कर उठ बैठा। जल-जल कर बुझती और बुझ-बुझकर जलती उस रोशनी से बचने के लिए मैंने अपनी एक बांह मोड़ी और आंखों के सामने अड़ा दी।

ओऽ...यह तो फ्लैश-गन है! जो बार-बार चल रही है! कौन खींच रहा है मेरे इतने सारे फोटो? मैं बोल पड़ा, ''बस! बस करो!''

चौंध रुक गई।

सामने तीन जने खड़े थे। दो किशोर, एक किशोरी। तीनों के पास एक-एक कैमरा।

उनकी दिलचस्पी केवल मेरी लेटी हुई मुद्रा के ही फोटो खींचने में थी। मैंने आश्चर्य से पूछा, ''ऐसा क्यों?''

जो जवाब मिला, उससे पहले तो मैं बिल्कुल सन्नाटे में आ गया; फिर भक्ति-रस से ओतप्रोत होने लगा...

तीनों किशोर-किशोरी आपस में परिचित नहीं थे। किशोरी उड़ीसा से आई थी। दोनों किशोर मालवा के थे। उनमें बातचीत यूं शूरू हो गई थी कि तीनों के पास कैमरे थे।

तीनों ने बाक़ायदा मेरे पैर छुए और कहा, ''भगत जी! आप तो साक्षात् महाबली हैं! जानते हैं, अभी आप लेटे हुए थे, तब कैसे लग रहे थे? हूबहू चट्टानी हनुमान जैसे! चट्टानी हनुमान बाईं करवट पर लेटे हैं या नहीं? आप भी अपनी बाईं करवट पर लेटे हुए थे। चट्टानी हनुमान ने बायां हाथ मोड़ कर तकिए की तरह सिरहाने रखा है या नहीं? आपने भी उसी तरह अपने बाएं हाथ का सिरहाना बना रखा हुआ था! हमने अचानक ग़ौर किया कि अरे! यह तो कमाल की बात है! बस; हम आपके फोटो-पर-फोटो खींचने लगे। आकाश में बादल हैं, तो फ्लैश-गन्स चलानी पड़ीं। इससे आपको ख़लल पहुंचा। माफ़ी चाहते हैं''

किशोर-किशोरी चले गए। मैं उनके एक-एक शब्द की जुगाली करता बैठा रह गया।

चट्टानी हनुमान के ठीक नीचे, हू-ब-हू उन्हीं की मुद्रा में, मेरा बेसाख़्ता आकर लेट जाना...जान-बूझ कर तो किया नहीं... अपने-आप हो गया...क्या अर्थ है इसका? किसके आदेश पर हो रहा है यह सब? आह!

बस, उसी दिन से, केवल गरम खाना खाने के लालच में, हर दोपहर, बंगले पर जा धमकना मैंने छोड़ दिया। टिफिन यहीं मंगवा लेता हूं। अब तो दिन में एक मिनट के लिए भी चट्टानी हनुमान से दूर नहीं हटना है।

मैंने, बाक़ायदा रोज़, ठीक उसी मुद्रा में, ठीक वहीं, ठीक उसी वक़्त, दरी बिछाकर, आंखें मूंदकर, लेटना शुरू कर दिया।

पहाड़ी पर श्री चट्टानी हनुमान विराज रहे हैं, ठीक उसी तरह ज़मीन पर मैं विराज रहा हूं!

अफ़वाह आग की तरह फैली। आहाहा! क्या हू-ब-हू चट्टानी हनुमान की तरह ही लेटते हैं! स्वयं हनुमान जी ने उनसे कह रखा है...कि जो मैं हूं, वही तुम हो...जैसे मैं लेटा हूं, वैसे ही तुम भी लेटो! जनता-जनार्दन के लाभ के लिए उसी मुद्रा में आ जाओ, जो मेरी अपनी मुद्रा है...

खींचो! खींचो! धड़ाधड़ फोटो खींचो!

क्योंकि यही वो मौक़ा है, जब भगतजी में हनुमान जी अधिक-से-अधिक होते हैं! दबाते जाओ शटर! करते जाओ कैद! अपने कैमरे में! भगत जी को! स्वयं हनुमान जी को!

गिनती के ही दिनों में मेरे अनगिनत फोटो दूर-दिगंत में फैल गए। न जाने कितने श्रद्धालुओं ने फोटो एन्लार्ज करवा कर, उनके सामने लम्ब-लेट होकर, पूजापाठ शुरू कर दिया। अनेक परिवारों में श्री हनुमन्त के साथ मेरी भी तस्वीर लग गई। मेरी मुस्कराती तस्वीरें कैलेण्डरों तक में दिखाई देने लगीं!

ऐसा जब तक नहीं होता, तब तक नहीं होता, लेकिन जब होने लगता है, तब सहसा चारों तरफ़ हो जाता है। आह! मैं! कहां-से-कहां! कहां-से-कहां!...

वज्र

चाहता तो मैं यहां तक था कि रात के वक़्त भी बंगले पर न लौटूं। छोटे हनुमान का कामचलाऊ मन्दिर बना हुआ है ही। उसी के साथ एस्बेस्टस की कुछ चादरें और डालकर मेरे लिए भी एक कमरा बनवाया जा सकता है। चौबीसों घण्टे, बस, यहीं रहूं। यहीं। यहीं। यहीं।

किन्तु तीनों भाइयों और काव्यमाया ने इतना तीखा विरोध किया कि प्रस्ताव फ़ौरन गिर गया। उनकी प्रतिक्रिया उस हद तक तीखी क्यों रही? क्या उन्हें अब भी याद है कि भूचाल के पहले झटके के बाद दूसरा भी अक्सर आ जाता है? लेकिन यह बात तो आज डेढ़ बरस पुरानी हो चुकी। दूसरा झटका आना होता, तो उसी वक़्त आ जाता। डेढ़ बरस तक न आने का मतलब क्या है? यही न कि वो ख़तरा अब टल चुका।

धरती नहीं डोलेगी। चट्टान नहीं गिरेगी। श्री चट्टानी हनुमान जस-के-तस रहेंगे। उनके ठीक नीचे जाकर लेटने में क्या ख़तरा! हू-ब-हू उन्हीं के जैसा पोज़ बनाकर रोज़ वहीं लेट जाता हूं। अब तो विदेशी भी आने लगे हैं, उस पोज़ में मेरे फोटो खींचने के लिए। ज़बर्दस्त दान-पात्र रोज़ क्यों छलक जाता है? क्योंकि मैं चट्टानी हनुमान के ऐन नीचे मौजूद रहता हूं। बिलानाग़ा और बारहों घण्टे।

बारह नहीं, चौबीसों घण्टे वहीं मौजूद रहने लगूं, फिर तो महाबली की कृपा कहीं-से-कहीं पहुंच जाए! चलो, कोई बात नहीं। आज न सही, कल सही। समूचे चट्टानी हनुमान जब भव्य मन्दिर की छत के नीचे आ जाएंगे, तब कोई कैसे रोकेगा मुझे, चौबीसों घण्टे रुके रहने से? कितना विशाल होगा मन्दिर का परिसर! क्या उसमें मेरे स्थायी निवास की व्यवस्था नहीं की जाएगी? अकेला मैं ही क्यों? काव्यमाया भी आकर रहेगी। महतारी आएगी, तो बेटे भी आ जाएंगे।

तो क्या...कुम्हारी का बंगला हम ख़ाली कर देंगे? सव्वाल ही नहीं। वर्षा रहेगी वहां। वर्षा रहेगी, तो क़ब्ज़ा भी रहेगा। हम आना-जाना रखेंगे।

वर्षा थोड़े अरसे के ही लिए ससुराल गई थी, मगर अब ज़्यादातर वहीं रुकी रहती है। याने, मेरी उम्मीद सही निकली। मायके बार-बार आती है। हर बार ढेरमढेर आभूषण वसूल करके ही वापस जाती है। अच्छा है। सुखी रहे। ख़ुश रहे। उसका पति कामधाम कुछ करता नहीं है। आभूषणों को ही बेच-बाच कर नक़द पूंजी बैंक में जमा कर दी है। व्यापार का ज़माना नहीं रहा। बैंक से ब्याज ले-लेकर खाते रहो। इसी में बुद्धिमानी है। बेशक, उसका लाखों का फिक्स्ड-डिपाज़िट जमा है, किन्तु घरू मकान अभी तक नहीं बनवाया। कुम्हारी का बंगला ही वर्षा के घरू मकान में तबदील हो जाए, तो क्या हर्ज़!

मुम्बई में वो जो महाशय हैं न? जो मन्दिर-विशेषज्ञ हैं? विष्णुकुमार सोमपुरा? जो शास्त्र-सम्मत सम्पूर्ण मन्दिर बना देने का ठेका ही ले लेते हैं? उन्हीं का नक़्शा मैंने पास किया है। नक़्शा मुख्यमंत्री के अवलोकन के लिए भिजवा दिया है। मुख्यमंत्री मीनमेख निकाल सकें, या सुझाव दे सकें, इसकी गुंजाइश कहां। भिजवा इसलिए दिया कि उनका अहं सन्तुष्ट हो। होता रहे। अपना क्या उखड़ जाएगा।

अंग्रेज़ी जानने वाले यूं बात-बात में 'माय फुट' क्यों बोलते हैं? पैरों में ऐसी क्या बात है, जो उन्हें रह-रह कर याद किया जाता है? दूसरों की क्या बात, अपना निक्का ही ऐसा अक्सर करने लगा है। ज़रा-सा मतभेद हुआ नहीं कि 'माय फुट'! अभी, पिछले दिनों, सरकार ने चौथा नोटिस भेजा, आवक-जावक का पूरा हिसाब पेश करने के लिए। निक्का बोला, "हिसाब माय फुट!" मुझे डर है, कहीं मुख्यमंत्री को बीच में न डालना पड़े। हनुमान-भक्तों को हिसाब-किताब के लिए तंग क्यों कर रहे हो, भाई?

निक्के की बात छिड़े और मिस ग्लैमर की याद न आए, भला कैसे! वो गबदू हो गई है। भारतीय लड़कियां शादी के बाद गबदू हो जाती हैं, लेकिन यह लड़की तो शादी से पहले ही...पता नहीं, दोनों क्या-क्या करते रहते हैं। पहले से ही सब कर लेने से खेल अक्सर बिगड़ जाता है। निक्के को सावधान कैसे करूं? वक़्त कहां है! काव्यमाया के पास भी वक़्त नहीं। हमेशा, हर वक़्त, हनुमन्त की सेवा! वैसे, मेरा ख़याल है, निक्का इतना समझदार तो है कि बाज़ी बिगड़ने न दे। जब भी यह शादी होगी, एक और कोठी हमारे क़ब्ज़े में आएगी ही आएगी। नई कार भी कहीं नहीं गई। आजकल विदेशी गाड़ियां क्या धड़ाके से बिक रही हैं। निक्के को चाबी भरनी पड़ेगी। विदेशी की ही शर्त रखे।

वैसे...मैं निक्के और मिस ग्लैमर की चर्चा ग़लत मौक़े पर छेड़ बैठा। इस वक़्त तो मैं उस लंगूर की आंखों में सीधे देख रहा हूं, जो अपनी टोली का नायक है। सिलसिला शुरू हुआ है दसेक दिनों से। वो भारी-भरकम लंगूर जब मेरी आंखों

में देखेगा, तो बस, देखता रह जाएगा। मैं क्यों पीछे रहूं। मैं भी उसकी आंखों में अपलक देखता हूं, तो देखता रह जाता हूं। क्या ग़ज़ब का त्राटक करते हैं हम दोनों, एक-दूसरे पर! त्राटक भी एक योग-मुद्रा है न! मैं योगी। लंगूर भी योगी।

त्राटक के दौरान अचानक डर भी जाता हूं। दहशत की एक मन्द झुरझुरी दिलोदिमाग़ के आरपार निकल जाती है। क्या ये बजरंग बली स्वयं नहीं हैं, जो लंगूर की आंखों से मुझे घूर रहे हैं? बदले में क्या मैं भी उन्हें घूरने लगूं? कितनी बड़ी जुर्रत! क्या सोचते होंगे महाबली? लेकिन लंगूर की आंखों में ऐसा सम्मोहन है कि हल्के से भी देख लेता हूं, तो बस, देखता रह जाता हूं।

महाबली क्यों घूर रहे हैं मुझे? क्या कहना चाहते हैं? जो भी कहना है, सपने में आकर क्यों नहीं कह देते? आज तक एक बार भी सपने में नहीं आए। इधर मैं हूं कि उन्हें रोज़ साक्षात् देखने का दावा करता फिरता हूं। इतनी क़द्र तो उन्हें मेरी करनी ही चाहिए; कम-से-कम एक बार तो आएं सपने में, दर्शन देने। क्या वो मुझसे नाराज़ हैं?

लंगूर मुझे एकटक देख रहा है, देख रहा है...ज़रूर यह हनुमन्त ही हैं, जो ऐसे घूर रहे हैं। कैसी कड़क नज़र! लेकिन क्यों? मैंने तो अब तक उनकी सेवा ही की है।

सेवा माय फुट!

इसी को सेवा कहते हैं? हनुमन्त के बहाने सिर्फ़ अपनी झोली भर रहा हूं। झोली शब्द छोटा है। ख़ज़ाना भर रहा हूं; लगातार!

ख़ज़ाने के फेर में, बेशक, तीन प्राणी सदा के लिए सुला दिए; किन्तु हे, महाबली! जैसा भी हूं; हूं आपकी अपनी कठपुतली! आप ही के नचाए नाचा हूं; नाचूंगा। अच्छा, बुरा; काला, सफ़ेद जो भी किया है; या करूंगा; ज़िम्मेदारी आप नहीं लेंगे, तो कौन लेगा?

'ख़ामोश!' लंगूर की आंखें मुझे डांट रही हैं, 'बदतमीज़! पापी!'

भ्रम!

क्या यह मेरे ही मन का चोर नहीं? तभी तो हनुमन्त की स्नेहभरी आंखें भी क्रोध से धधकती लग रही हैं...

अचानक! वे दोनों आंखें...भय से विस्फारित...आह! यह क्या सोचा मैंने? थू है मुझ पर! भय? और महाबली की आंखों में? कुविचार की यह कैसी चिनगारी थी, जो मेरे दिमाग़ को चीरती निकल गई?

मगर वे आंखें...वे तो वाक़ई डरी हुई थीं! तो क्या वे आंखें महाबली की नहीं? पवनसुत की नहीं? बजरंग बली की नहीं?

क्या वे सिर्फ़ एक लंगूर की आंखें थीं?

लेकिन क्या लंगूर की आंखें भी उस तरह धमकी दे सकती हैं? धमकी? कहां की धमकी? कोई धमकी-वमकी नहीं। सब मेरे ही मन का चोर!

वे आंखें तो...

अचानक कहां चली गईं?

आंखें ही नहीं, लंगूर का पूरा चेहरा ग़ायब था!

मैंने बौखला कर चारों तरफ़ देखा। वो रहा लंगूर! भाग रहा है। मैं मुस्कराने लगा। लंगूर अपनी आंखें साथ लिए भाग रहा था! ह-ह-ह...आंखें साथ न ले जाता, तो क्या पीछे छोड़ जाता? मुझे डराने? लेकिन डराता कैसे? वो तो खुद ही डरा हुआ था! किससे डरा हुआ? मुझसे तो नहीं। तो फिर किससे?

कौन है यह, जो धरती के गर्भ में दांत किटकिटा रहा है? धड़ड़! धड़ड़! और...ये चीख़ें...ज़रूर उसी लंगूर की चीख़ें...

आंखें सिकोड़कर देखता रह गया हूं। लंगूर अकेला नहीं है, जो भाग रहा है। उसकी तो समूची टोली उछल-उछलकर, चीख़ें मार-मार कर झपट रही है। पहाड़ी से दूर! मैदान की तरफ़!

तमाम दिशाओं में... सिर्फ़ लंगूरों की चीख़ें नहीं; मनुष्यों की भी चीख़ें! भयाक्रान्त श्रद्धालु! गिरते, उठते; फिर से गिरते, उठते; चीख़ते और भागते! लेकिन क्यों? अचानक क्यों ऐसी भगदड़?

ओऽ...यह तो...भूचाल है!

हाऽआआऽऽ! बचाओ! भूचाल! बचाओ!

अरे, क्या बचाओ-बचाओ! किसको बचाओ? मुझे? जिसके रक्षक हैं स्वयं हनुमन्त? भूचाल मेरा क्या बिगाड़ लेगा?

तभी आसमान से मिट्टी-ही-मिट्टी बरसने लगी। बड़े-बड़े ढेले। पत्थर। रोड़े. ..सब पहाड़ी की चोटी पर से धसकता चला आ रहा था। मैंने मुण्डी झुका ली। दोनों हाथों से सर ढांक लिया। भय और आतंक से मैं चीख़ पड़ा। लाल-लाल कुछ टपकने लगा। मैंने पहचाना...रक्त!

मेरा अपना रक्त! और भला किसका रक्त? ओ, हनुमन्त! यह सब क्या हो रहा है? क्या मेरा भी रक्त गिरेगा? आपके इतने बड़े भक्त का रक्त?

तभी धरती में ज़ोर का हिचकोला आया। मैं गिर पड़ा। गिरते ही उठ खड़ा हुआ। मैं डोल रहा था...

ठोकर-पर-ठोकर! मिट्टी-ही-मिट्टी! रक्त के रेले सर से उतर कर आंखों में आ रहे थे। वे मुंह में भी चले आ रहे थे। कैसा तो...खारा-खारा!

अचानक पूरा आसमान विकराल पत्थर जैसा हो गया। तमाम दिशाओं को ढांकता वो भीषण पत्थर वज्र की तरह झपटता चला आ रहा था...

मारे आतंक के मेरे दांत बज उठे। मैं अपने-आपको ललकारने लगा, 'भगत! हट जा, भगत! चट्टान टूट रही है। भाग! तू ऐन नीचे खड़ा है!'

लेकिन...ऐसे कैसे टूट सकती है चट्टान? यह कोई मामूली चट्टान नहीं! अरे, ये चट्टानी हनुमान हैं! क्या महाबली कभी टूट सकते हैं? मुझी पर आघात कर सकते हैं? जानते हो; मैं उनका कौन हूं?

मैंने सावधानी से आसमान की ओर देखा।

कड़ाके मार-मार कर नीचे धंसते चले जा रहे थे चट्टानी हनुमान! स्वयं! गदा घुमाते! हुंकार करते! क्रोध से दांत किटकिटाते! झपट रहे थे नीचे! सीधे मुझ पर!

'महाबली! पहचानिए! यह मैं हूं! मैं!' चीत्कार करता मैं भाग चला। अचानक गिरा। उठा। भागा। दुबारा गिरा। फिर नहीं उठ सका...

महाबली ने मुझे कैसे कठोर हूत्कार के साथ गदा मारी, कुछ पता न चला। गदा ने मुझे ऐसा पीस डाला कि मैं हिल भी नहीं सकता था। पीड़ा क़तई महसूस नहीं हुई। मैं चीख़ ज़रूर रहा था, मगर अपनी ही आवाज़ न सुन पाया। न अपनी आवाज़, न कोई और आवाज़...फिर तो दिखाई देना भी बन्द हो गया...ठण्डा अन्धकार. ..चारों तरफ़...

पीड़ा ख़त्म! आवाज़ें ख़त्म! रोशनी ख़त्म! सब ख़त्म!

प्रलय! क्या प्रलय आ गया?

मैं कहां हूं?

'चुप, कमीने! मर चुपचाप!'

यह कौन बोला? क्या तमाम आवाज़ें ख़त्म नहीं हो चुकीं? फिर यह किसकी आवाज़? अन्धेरे के आरपार...लम्बी गरम कील की तरह...सीने में ठुक रही...यह किसकी आवाज़? आह! यह मेरी अपनी आवाज़ है! गले से नहीं, दिल से उठ रही है...

'रे, मनहूस! तू मरता क्यों नहीं? मर जा!'

और मैं मर गया।

चिनगारी

नहीं! मैं नहीं मरा। जो मर जाते हैं, उन्हें पता थोड़े चलता है; वे मर गए या नहीं मरे। जबकि मुझे साफ़ पता चल रहा है, मैं नहीं मरा। भूचाल-सा कुछ याद आ रहा है...एकदम दब गया था न कहीं? लेकिन मरा नहीं। बजरंग बली ने मेरे प्राण बचाए। जय महाबली! उन्हें याद करते ही पूरे बदन में कैसा बल आ गया! पूरा बदन? बदन तो अधूरा-सा लग रहा है! ऐसा क्यों? लहू का दौड़ना दोनों हाथों में तो महसूस हो रहा है, लेकिन जहां पैर होने चाहिए, वहां इस क़दर सन्नाटा क्यों है?

पैरों को टटोलने की कोशिश की। हाथ बढ़ा सका या नहीं, पता नहीं। शायद पूरे होश में नहीं हूं...अच्छा, ठीक है, हाथ नहीं बढ़ा सकता; नज़र तो दौड़ा सकता हूं?

आंखें खोलने की कोशिश की। एक ही आंख खुल पाई। ज़रूर दूसरी पर पट्टी बंधी है। हाथ उठाने चाहे। हाथ हौले-हौले उठे तो सही! मैंने पट्टियों को छूकर देखा...न सिर्फ़ एक आंख, बल्कि पूरा सर पट्टियों के नीचे...चुंधिया कर याद आ गया..कितनी सारी मिट्टी, पत्थर, रोड़े गिर पड़े थे सर पर, चेहरे पर...

सांसें इतनी शीतल क्यों लग रही हैं? ओह! यह एयर-कण्डीशण्ड हवा...जरूर मैं किसी अस्पताल में...

पैरों को टटोलता कैसे? पैर थे ही नहीं। नज़र दौड़ाकर जांच कर रहा हूं। कमर से नीचे मुश्किल से एक फीट तक बदन...मोटी पट्टियां...केवल आधी जंघाओं तक...फिर कुछ नहीं। दोनों पैर, घुटनों से भी ऊपर तक, ख़त्म! डॉक्टरों ने ही काटे हैं। कई बार यही एक तरीक़ा रह जाता है। काटो। निकाल दो।

आह, बजरंग बली! यह क्या किया आपने? दोनों पैर ले लिए? कोई और नहीं मिला, मैं ही मिला आपको; पैर ले लेने के लिए?

सांसों में धंस रही शीतल एयर-कण्डीशण्ड हवा अचानक सुलग उठी...

कोई सामने से आता महसूस हुआ। कौन? कावेरी? भुच्चड़? झब्बू? निक्का? वर्षा? नर्स? डॉक्टर? पता नहीं! बांह पर हल्की-सी चुभन...ज़रूर नशीला

इन्जेक्शन...अचानक सब आपस में गडमड...मैं कौन? कहां? क्यूं? क्या पता! मैं मुझी में घुस गया।

नशीला असर उतर रहा है...कितने घण्टों बाद? घण्टे? या दिन? कितने दिनों बाद? डॉक्टरों की ऐसी-की-तैसी! अरे, इतना तो होश में आने दो कि पूछ सकूं, सब सही सलामत हैं या नहीं? बीवी...बच्चे...

एक कमज़ोर आह के साथ मैंने कावेरी को पुकारना चाहा। अरे, वाह! कावेरी तो फ़ौरन 'हां जी!' कह रही है! आवाज़ उसी की है न? तसल्ली करने के लिए दुबारा पुकारता हूं। फिर वही कावेरी की आवाज़, "कैसे हैं आप?" मैं मुस्कराना चाहता हूं। पूरे चेहरे पर दर्द की पर्त है। "तू कैसी है, कावेरी?" कावेरी से यह कौन पूछ रहा है? धत्तेरे की! यह तो मैं ही हूं, जो पूछ रहा है...

होश अभी आया नहीं है, ठीक से। आ जाएगा। लेकिन अगर फिर वही इन्जेक्शन लगा दिया गया...

कावेरी ने कुछ कहा। क्या कहा? कुछ भी कहा हो; अब मेरी बारी है, बोलने की। कुछ भी बोलूं; बोलूं तो सही! बोलता हूं, "सब कैसे हैं?"

"सब ठीक हैं। बच गए सब।"

सुनते ही कमल की तरह खिल जाता हूं। नज़र उठाना चाहता हूं। इस बार भी एक ही आंख खुल पाती है। दूसरी आंख की पट्टी जस-की-तस बंधी होनी चाहिए। बंधी रहे। एक आंख तो पूरी खोलूं। पलक कितनी भारी लग रही है! येए...खुल गई पलक! पूरी! कावेरी का चेहरा ठीक सामने है, मगर फोकस में नहीं। पलक झपकाने में दो बार सफल हो गया। अब ठीक है। कावेरी का चेहरा अब है फोकस में। मैं उसे छूने को हाथ उठाता हूं। हाथ थाम लिया जाता है। किसने थामा? कावेरी ने ही थामा होगा।

हाथ वापस बिस्तर पर रख दिया जाता है।

कितना बदल गया है कावेरी का चेहरा! मगर है तो कावेरी। क्या बता रही है? तीनों बेटे अभी यहीं मौजूद हैं। कमरे के बाहर बैठे हैं। अन्दर एक साथ नहीं आ सकते। एक-एक कर ही आ सकते हैं। अभी कावेरी आई है। फिर वे आएंगे। किसी को ज़्यादा रुकने की इजाज़त नहीं है। कावेरी को भी नहीं। मैं कहां हूं? भिलाई इस्पात कारख़ाने के जनरल हॉस्पिटल में। इण्टेन्सिव केयर यूनिट।

बेहोशी तीन दिनों बाद टूटने दी गई है। तसल्ली से बातचीत तो पांचवें दिन ही कर सका, "जानती हो, कावेरी! श्री हनुमन्त ने मेरे दोनों पैर क्यों ले लिए?"

सुनते ही उसके आंसू बहने लगे। बोली कुछ नहीं। मैंने जारी रखा, "क्योंकि हनुमन्त पूछ रहे हैं, 'चौबीसों घण्टे क्यों नहीं करते मेरी सेवा?' सोचने की बात है। रोज़, ज़्यादा-से-ज़्यादा कितने घण्टे हाज़िर होता था उनकी सेवा में? बारह घण्टे।

चौदह घण्टे। रात होते ही सटक जाता था। बंगले पर पहुंचता था। खाता-पीता था। टुन्न होकर सो जाता था। हनुमन्त इसीलिए नाराज़ हुए। तभी तो पैर ले लिए। दोनों पैर! बोले कि जा, बेटा! अब देखता हूं, सटककर कहां जाता है!...ठीक भी है। मुझे क्यों जाना चाहिए कहीं? जहां हनुमन्त बिठा दें, वहीं बैठा रहूं। चौबीसों घण्टे, बस, एक ही जगह बैठूं। पूजा करूं। अर्चना करूं। हनुमन्त का संकेत यही है। इसीलिए दोनों पैर ले लिए। हनुमन्त का संकेत क्या मैं ही नहीं समझूंगा? आह! मेरे चट्टानी हनुमान! और मेरे छोटे हनुमान! अब तो इन्हीं की सेवा में जान दे देनी है।''

''अब कहां के चट्टानी हनुमान! और कहां के छोटे हनुमान!''

''क्यों? कहां गए?''

''जाएंगे कहां! वहीं हैं; मगर दब गए, टूट गए।''

''हनुमन्त दब नहीं सकते, टूट नहीं सकते। यह सब भ्रम है। उनकी लीला है।''

''ऐसी भी क्या लीला!'' कावेरी व्याकुल हो गई, ''उतनी बड़ी चट्टान! चार-चार टुकड़ों में टूट कर गिरी! एक टुकड़ा छोटे हनुमान पर, दूसरा आप पर! बाक़ी दो इधर-उधर। बस, ज़रा-सी कसर रह गई। घुटनों तक ही दबे आप...पूरे दब जाते, फिर तो...''

''तो वो भी उन्हीं की लीला होती।''

तभी नर्स ने आकर टोका, ''एकदम से इतना मत बोलिए। शान्त रहिए। अभी बहुत कमज़ोरी है।''

''अच्छा, सिस्टर! चुप हो जाता हूं, मगर...सोच-विचार तो कर सकता हूं न?''

''ज़्यादा सोचना भी नहीं है। डॉक्टर साब को पता चल गया, तो मेरी छुट्टी!''

''अरे, नहीं! लीजिए; बोलना बन्द! सोचना भी बन्द!'' और मैंने होंठ सी लिए। आंखें बन्द कर लीं। पलकें अभी भी कैसी मुर्दा लग रही थीं...

लेकिन मुर्दा पलकों के नीचे मैं किस हद तक ज़िन्दा हाज़िर था, कोई क्या जाने! हुम्म...तो वो चट्टान चार टुकड़ों में टूटी। याने; अन्दर तीन दरारें थीं। तभी तो टुकड़े चार हुए। भू-वैज्ञानिकों का वो कमबख़्त मुखिया! कैसा सफ़ेद झूठ बोल गया! कि अन्दर सिर्फ़ एक दरार है, जो नाज़ुक है...एक और झूठ भी तो बोला वो...कि भूचाल का दूसरा झटका अव्वल तो आएगा नहीं और अगर आया भी, तो मेरी दो पीढ़ियां पार हो जाएंगी, तब आएगा...

स्वयं मैं उसके शब्दों पर लगातार सन्देह करता रहा...फिर भी नक़द दे दिया; चारा भी क्या था...नक़द गया, जाने दो; पैर नहीं जाने चाहिए थे...चलो; जो हुआ. ..जैसी हनुमन्त की इच्छा!

विशाल चट्टानी हनुमान! विशाल भी कितने? इतने कि टूट कर गिरे, तो भी, हर टुकड़ा विशाल! क्या इन टुकड़ों को उठाया नहीं जा सकता? पहले उठाएं, फिर आपस में जोड़ें। इसके हज़ार तरीक़े होंगे; या खोज लिए जाएंगे। विज्ञान के आज के युग में असम्भव रहा ही क्या है! आहा! श्री चट्टानी हनुमान का निर्माण मैं फिर से करूंगा! कैसी निराली बात! तहलका मच जाएगा...

लेकिन दुबारा निर्मित, भारी-भरकम चट्टानी हनुमान को पहाड़ी पर चढ़ाऊंगा कैसे? भूचाल का यह जो दूसरा झटका आया...इसने तो समूची पहाड़ी को और भी कमज़ोर कर दिया होगा...उतना वज़न पहाड़ी झेलेगी कैसे? पहाड़ी तो तभी चरमरा गई थी, जब आया था पहला झटका। तभी इसमें जगह-जगह ऐसे इलाक़े पैदा हो गए थे, जहां से मिट्टी-पत्थर कभी भी धसक सकते थे। धंसान रोकने के लिए, उन कमज़ोर इलाक़ों में, लम्बी-लम्बी दीवारें खींची गई थीं; नाटी और मोटी दीवारें। जैसे किसी ढीली गठरी को कसने के लिए उसे मज़बूत रस्सी से बांध दिया जाए, कुछ उसी तरह समूची पहाड़ी को लम्बी दीवारों की करधनी पहना कर कस दिया गया था।

अब आया है ये दूसरा झटका। मुमकिन है; एक बार फिर पहाड़ी की करवट में लम्बी, मोटी और नाटी दीवारें खींचनी पड़ें। इतनी कमज़ोर पहाड़ी के पहलू पर चट्टानी हनुमान को दुबारा चढ़ाना...अव्वल तो यह सम्भव नहीं; और यदि हो, तो भी उचित नहीं।

चार खण्डों में टूटे हुए श्री चट्टानी हनुमान जब वापस जुड़ जाएं, तब क्यों न उन्हें ज़मीन पर ही स्थापित कर दें? श्रद्धालुओं को बहलाना कभी मुश्किल नहीं होता। कह देंगे, श्री चट्टानी हनुमान अब चट्टानी नहीं रहे। अब वो भू-हनुमान हो गए हैं! क्या वो भू पर उतर नहीं पड़े? इसीलिए; भू-हनुमान!

दोनों पैरों के चले जाने का हादसा भी मेरे ख़िलाफ़ इस्तेमाल नहीं हो सकेगा। जो कावेरी उर्फ़ योगिनी काव्यमाया से कहा है, वही श्रद्धालुओं से कह दूंगा, 'श्री हनुमन्त नहीं चाहते, मैं पल भर के लिए भी उनसे दूर हटूं। इसीलिए पैर ले लिए; दोनों।' कितने गद्‌गद हो जाएंगे तमाम श्रद्धालु, ऐसा सुनते ही! प्रचार तो इसी का ज़्यादा किया जाएगा कि उतने बड़े भूचाल में भी भगत जी की जान नहीं गई, जबकि वह तो खड़े थे, ऐन चट्टानी हनुमान के नीचे। कोई और होता, तो हड्डी-पसली का भी पता न चलता, लेकिन वह थे भगतजी। चट्टानी हनुमान ने उनके केवल दो पैर ही तो लिए, और पैर तो इसलिए ले लिए कि...

जैसा कि योगिनी काव्यमाया बता रही थी...एक ख़ास बात बहुत अधिक मेरे पक्ष में रही। वो ये कि उतनी विशाल चट्टान टूटने और धसकने के बावजूद जान किसी की नहीं गई, जबकि उस वक़्त वहां कम-से-कम डेढ़ हज़ार श्रद्धालु

मौजूद थे। कई तो चट्टान के ऐन नीचे खड़े थे, अर्चना करते। किसी का बाल भी बांका न हुआ। धन्य हैं चट्टानी हनुमान! वो गिरे ही इतने हौले-हौले कि सबको हट जाने का मौका मिल गया। कितना बड़ा चमत्कार! वरना कहीं चट्टानें यूं हौले-हौले गिरा करती हैं?

यूं हर बात को मेरे पक्ष में इस्तेमाल किया जाएगा।

कट-किट...कट-किट...चल रही है, दिमाग की घड़ी। अस्पताल में मेरी मिज़ाजपुरसी के लिए मुख्यमंत्री न आएं, ऐसा हो नहीं सकता। अब मैं उनसे खुल्लमखुल्ला सरकारी सहायता मांगूंगा, ताकि श्री चट्टानी हनुमान के खण्डित टुकड़ों को वापस जोड़कर भूमि पर ही स्थापित कर सकूं। इस चक्कर में लाखों अन्दर करूंगा।

चारों खण्ड जुड़कर एक होंगे, उस दिन इतना भव्य समारोह किया जाएगा कि दुनिया दीदे फाड़कर देखेगी। आदमक़द दान-पात्र में दोगुनी-तिगुनी स्पीड से दान गिरेगा। जय जय जय हनुमन्त अगाधा, दुःख पावत जन केहि अपराधा...अपराध! क्या मैं श्री बजरंग बली का अपराधी नहीं? मैंने, हमने, अब तक, जो कुछ भी किया है...हिश्ट! क्या बार-बार वही एक बात! कि हम स्वयं तो कुछ करते ही नहीं। जो भी करते हैं, श्री हनुमन्त ही करते हैं; हमारे हाथों का इस्तेमाल करते हुए...कट-किट...कट-किट...हमारी क्या ज़िम्मेदारी? ज़िम्मेदारी श्री हनुमन्त की!

''नहीं, बाऊजी!'' स्वामी भद्रमोहन का स्वर, ''अपनी हर करनी के लिए ज़िम्मेदार हम स्वयं हैं। करनी हमारी और ज़िम्मेदारी हनुमन्त की? ऐसा आप सोचें, तो सोचें; मैं नहीं सोच सकता।''

''हां-आं!'' मैंने उलाहना दिया, ''तुम जैसा नास्तिक और क्या कहेगा!''

भद्रमोहन के चेहरे पर व्याकुलता की रेखाएं बार-बार बन और बिगड़ रही थीं। मैंने उस औघड़ नौजवान की औघड़ बातें सुनने के लिए अपने-आपको तैयार कर लिया। उस वक़्त मुझे अन्दाज़ा नहीं था, उन बातों का नतीजा कितना पेचीदा निकलेगा।

मुझे इण्टेन्सिव केयर यूनिट से हटाकर स्पेशनल वार्ड के स्वतन्त्र कमरे में पहुंचाया जा चुका था। आने-जाने वालों पर रोकटोक यहां भी थी, पर ज़्यादा नहीं। आंख पर बंधी पट्टी खुल चुकी थी। नज़र को कोई बड़ा नुक़सान नहीं पहुंचा था। उस एक आंख से धुंधला ज़रूर दीख रहा था, लेकिन जैसा कि डॉक्टरों को यक़ीन था; वक़्त गुज़रने के साथ सब ठीक हो जाएगा। अगर नहीं हुआ, तो ऑपरेशन।

कमरे में उस वक़्त सिवा मेरे और भुच्चड़ के तीसरा कोई नहीं था। भुच्चड़ बेशक स्वामी भद्रमोहन के वेश में था, लेकिन सिटकनी अन्दर से चढ़ाई जाते ही वो वापस मेरा प्यारा भुच्चू बन गया था। बातचीत हम दबे स्वर में ही कर रहे थे।

भुच्चड़ संजीदगी से बोला, ''हां बाऊ जी! मैं नास्तिक हूं और यह बात आप शुरू से जानते भी हैं। इस वक़्त मैं यही कह सकता हूं कि नास्तिक होने के बावजूद मैंने आपका साथ जिस तरह निभाया है, उस तरह बड़े-से आस्तिक ने भी न निभाया होता।''

'हां, भुच्चू!'' मैंने सोचा, 'साथ तो निभाया है तूने, लेकिन क्या मुफ़्त में? जो करोड़ों की सम्पत्ति हमने इकट्ठी की है, क्या उसमें तेरी हिस्सेदारी नहीं?'

किन्तु ये शब्द मेरे होंठों पर न तो थे, न आ सकते थे। दाढ़ी पर हाथ फेरते हुए मैंने इतना ही कहा, ''सो तो है। तेरा ही साथ न होता, तो गाड़ी कैसे चल पाती?''

''लेकिन, बाऊ जी! आज मैं आपसे हाथ जोड़कर एक प्रार्थना करने आया हूं।''

''प्रार्थना कैसी! जो कहना हो, कह। तेरा अधिकार है।''

''बाऊ जी! कल रात, सोने से पहले, आपने मुझे जो-कुछ बताया, उससे मैं एकदम व्याकुल हो गया हूं।''

''कल रात तो मैंने जाने क्या-क्या बताया था। उसमें से कौन-सी बात दिल पर ले ली तूने?'' मेरा चौकन्नापन बढ़ा।

''सारी रात मैं जागता और सोचता रहा। मुझे नहीं लगता, बाऊ जी कि हमें वो सब कर डालना चाहिए।''

''क्या वो सब?''

''आप मुख्यमंत्री से निवेदन क़रने वाले हैं न...कि आपको सरकारी ख़ज़ाने से सहायता दी जाए? ताकि आप...चट्टानी हनुमान के खण्डों को उठवा कर वापस जोड़ सकें?''

''हां! तो?''

''ऐसा मत करिए, बाऊ जी!''

''क्यों, भई?''

''हमने एक ऊंचा खेल खेला था। उसका पुरस्कार भी हमें ऊंचा मिल चुका। अब उसी खेल को दुबारा मत खेलिए।''

''याद रख, भुच्चड़! कोई भी ऊंचा खेल दुबारा नहीं खेला जा सकता। उसे सिर्फ़ एक बार ही खेला जा सकता है, क्योंकि वो आख़िरी सांस तक चलता है. ..वरना वो ऊंचा खेल कैसा!''

भुच्चड़ ने यहां जैसे बात ही पलट देनी चाही, ''बाऊजी! मैं अपने-आपको ईश्वर का खिलौना नहीं मानता, लेकिन मैं क़ुदरत का खिलौना ज़रूर हूं। आप भी क़ुदरत के ही खिलौने हैं, हालांकि अपने-आपको ईश्वर का खिलौना मानते हैं। आप उनमें से हैं, जो हमेशा दोहराते हैं कि ईश्वर की इच्छा के

बिना तो पत्ता भी नहीं खड़क सकता, जबकि पत्ता इसलिए खड़कता है कि झोंका आता है।''

''लेकिन उस झोंके को भेजता कौन है? ईश्वर।'' मैंने टोका।

भुच्चड़ ने पूरी मज़बूती से जवाब दिया, ''हर बात में ईश्वर की इच्छा मत देखिए, बाऊजी! क्योंकि अगर ऐसा ही है, तो अभी मैं जो आपका विरोध कर रहा हूं, इसके पीछे भी ईश्वर का ही आदेश है! झोंका इसलिए नहीं आता कि उसे ईश्वर भेजता है, बल्कि इसलिए आता है कि हवा का दबाव कहीं कम, तो कहीं ज़्यादा हो जाता है।''

''क्या हवा के दबाव का फ़र्क़ भी ईश्वर की ही करामात नहीं?''

''ठीक है। आप ऐसा ही मान कर चलिए। मैं आपको आस्तिक से नास्तिक बनाने की मुहिम लेकर नहीं आया। मैं सिर्फ़ यह कहने आया हूं—''

''—कि मैं मुख्यमंत्री से सहायता न लूं?''

''हां! क्योंकि ऐसी सहायता लेने की आपको ज़रूरत ही क्या है? चट्टान तो आप स्वयं अपने ख़र्च से भी उठवा सकते हैं। आपका अपना ख़ज़ाना बहुत बड़ा है। आप ऐसा हर काम बेधड़क कर सकते हैं, जो दौलत से किया जा सके। मेरा विरोध, दरअसल आपकी दौलत से नहीं, बल्कि उस छत और आडम्बर से है, जिसे आप दोबारा शुरू करने की सोच रहे हैं।

''सिर्फ़ सोच नहीं रहा। फ़ैसला भी कर चुका हूं।''

''क्या यह फ़ैसला अटल है?'' भुच्चड़ की नज़र सूख रही थी।

''हां! क्योंकि जिसे तुम छल और आडम्बर कहते हो, उसी को मैं आदेश और भक्ति समझता हूं।''

''अगर मेरी ओर से कुछ भी कहे जाने की गुंजाइश नहीं है, फिर तो, बाऊ जी! फ़ैसला मेरा भी अटल है।''

''तुम्हारा फ़ैसला?''

''जी हां! आपके साथ न रहने का फ़ैसला।''

''आश्चर्य! दिल का ऑपरेशन तुमने कब करवा लिया? पता भी नहीं चला!''

बाण भुच्चड़ के सर के ऊपर से निकल गया। थोड़ी ख़ामोशी के बाद उसके भिंचे हुए होंठ यकायक खुले, ''बाऊ जी! मैंने क़ुदरत का इशारा समझ लिया है। मैं क़ुदरत के ही हाथों में खेलना चाहता हूं, न कि आपके हाथों में।''

''देखो, भुच्चड़! मैंने कभी तुम्हें अपने हाथ का खिलौना नहीं बनाया। तुम अपनी ही इच्छा से मेरे साथ आए हो।''

''हां, जब आया था, तब आया था; लेकिन आज मैं आपकी केवल कठपुतली बन कर रह गया हूं।''

"हम सब केवल हनुमन्त की कठपुतलियां हैं।"

"सचमुच? क्या आप हनुमन्त की कठपुतली हैं? बल्कि आपने तो स्वयं हनुमन्त को ही अपनी कठपुतली बनाकर..."

"भुच्चड़!"

"सौ बात की एक बात। मैं अपने कर्मों के लिए स्वयं को ही ज़िम्मेदार मानता हूं; न कि हनुमन्त को।"

"ठीक है, मगर इसका ये मतलब कैसे कि तुम मेरा ही साथ छोड़ दो?"

"इसलिए छोड़ दूंगा कि जिस खेल को मैं ख़त्म कर देना चाहता हूं, उसी को आप जारी रखने पर आमादा हैं। देखिए, बाऊ जी! हम सब-के-सब जिस क़ुदरत की कठपुतलियां हैं, उसी के आदेश को आप अनदेखा कर रहे हैं"

"क़ुदरत ने कब आदेश दे दिया, भाई?"

"आदेश तो क़ुदरत ने बिल्कुल स्पष्ट दे रखा है, बाऊ जी...कि बन्द करो यह तमाशा! यह शोषण! धर्म और ईश्वर के नाम पर समाज को मत चूसो!... इसीलिए क़ुदरत ने उस चट्टान को ही तोड़ डाला, जिसे हमने अपनी कामधेनु बना रखा था। सच मानिए, बाऊ जी! चट्टानी हनुमान के टूट पड़ने का वो दृश्य मेरी आंखों के सामने से हटता नहीं है। आप तो चट्टान के ऐन नीचे खड़े थे, उसका टूटना आमने-सामने नहीं देख सकते थे; जबकि मैं था काफ़ी दूर। उस भीषण और भव्य दृश्य को मैंने आमने-सामने देखा; साक्षात्! कैसी विकरालता के साथ वो चट्टान पहाड़ी के पहलू से बाहर निकली...कैसे कड़कड़ाकर टूटी...कैसे धसक कर गिरी ...और, बाऊ जी! मैंने आपको देखा; एक महान सन्त को! रोते, बिलखते, भागते, चीख़ते! पत्थर और मिट्टी के नीचे दब जाते! कितने क्षुद्र लग रहे थे आप! और क़ुदरत कितने मज़े से खेल रही थी, आपके साथ! क़ुदरत की उस भीषणता में भी कैसी भव्यता थी! उसी भीषण भव्यता ने मुझे मेरी औक़ात दिखा दी! समझा दिया मुझे...कि मेरी राहें क्या थीं! कितनी ग़लीज़...कितनी घिनौनी..."

"वाह-वाह!" मैंने अपनी भिंची हुई मुट्ठियां खोलते हुए कहा, "क्या ज्ञान है! कैसा अचानक!"

"ज्ञान हमेशा अचानक ही मिलता है, बाऊ जी!" स्वामी भद्रमोहन के स्वर में नमी आ गई थी, "संसार में एक नहीं, अनेक तपस्वी ऐसे हुए हैं, जो ज्ञान की खोज में जीवन भर भटकते रहे; लेकिन उन्हें जब ज्ञान मिला, तब सहसा, क्षण-मात्र में ही मिल गया...क्योंकि ज्ञान हमेशा बिजली की चौंध की तरह आता है। इसी चौंध को पाने के लिए तपस्वी अपना पूरा जीवन लुटा देते हैं। मैं तो भाग्यशाली हूं कि डेढ़ बरस में ही ज्ञान पा गया।"

"इसीलिए तुम्हारा ज्ञान इतना अधकचरा है।"

"फिर भी यह ज्ञान है! मुझ जैसे अधकचरे इन्सान के लिए अधकचरा ज्ञान भी काफ़ी है। इतने ही ज्ञान से मैं आपके खिलाफ़ खड़ा हो सकता हूं!"

और भुच्चड़ लम्बे डग भर कर मेरे बिस्तर से दूर चला गया। बन्द कमरे की सिटकनी उसने पूरी ठण्डक के साथ उतारी। दरवाज़ा खोल कर वो बाहर निकल गया।

भुच्चड़ का नया रूप मुझे संशय में डाल रहा है। भुच्चू निश्चित रूप से अकेला पड़ गया है, लेकिन इससे तो उसके और भी ज़्यादा अड़ियल हो जाने का ख़तरा है। अकेला यूं ही सिवा उसके, परिवार का कोई सदस्य नहीं चाहता कि चट्टानी हनुमान को यूं ही खण्डित छोड़ दिया जाए। यह भुच्चड़ की नास्तिकता ही है, जिसने उसे सब से अलग काट दिया है।

भुच्चड़ कहीं पुलिस-वुलिस में न चला जाए। पश्चात्ताप के भंवर में वह दिनोंदिन ज़्यादा डूब रहा है। उसे सम्भालें, तो कैसे संभालें?

मैंने बन्द कमरे में कावेरी से चर्चा की। तरीक़ा सूझाना तो दूर, कावेरी उल्टे और घबरा गई, "भुच्चड़ गधा है। कभी भी, कुछ भी कर सकता है। पुलिस में जाकर उगल दिया, तो धरे जाएंगे।"

मैं मुस्कराया, "ऐसा करो, उसे सुन्दर-सलोनी शादी का सपना दिखाओ। शादी तो उसकी करनी ही है, बिना शादी के ठूंठ हुआ जा रहा है...कहो उससे कि हमसे टूट कर अलग होगा, तो लड़की कौन देगा उसे? साफ़ बता दो कि हमारे साथ रहेगा, तो धन-दौलत से खेलेगा और बेहतरीन दुल्हन, आज की दुनिया में, उसी को मिलती है, जो धन-दौलत से खेलता हो।"

"मैं यह सब नहीं कहूंगी। आप कहिए। आपकी बात नहीं टालेगा। मेरी कभी सुनी भी है, जो आज सुनेगा?"

"अरे; मैं कैसे फुसलाऊंगा? मेरे और उसके बीच तो चक्रमक़ झड़ने लगी है। मेरी सच्ची बात भी उसे झूठी लगेगी। तुम उसकी महतारी हो। फुसला लो। कहो कि एकदम मस्त, टनाटन गोरी छोरी कहीं से भी खोजकर लाकर देंगे। लगा रहेगा दिन-रात।"

"अच्छा, ठीक है, कह दूंगी; लेकिन वो उल्टा भड़क भी सकता है। कोई ठिकाना है? पूरा भुच्चड़ है।"

"भड़के, तो कह दो; हम ज़हर का इलाज ज़हर से करेंगे। वो हमें फंसाएगा, तो हम भी उसे फंसा देंगे। ज़्यादा-से-ज़्यादा ख़ूनख़राबा उसी के हाथों हुआ है। हम तो किनारे खड़े थे!"

"धीरे बोलिए।"

"धीरे ही बोल रहा हूं। असली अपराधी हम नहीं, वो है। हम तो उसके सिर्फ़ सहायक हैं। यहां तक कि...चट्टान पर लकीरें खोदने का काम भी उसी ने किया है।"

"उसने जो भी किया, आपके भले के लिए किया।"

"हम भी, आज भी, जो करेंगे, उसके भले के लिए ही करेंगे; बशर्ते वो भी, आज भी, जो करे, हमारे भले के लिए ही करे। समझो, कावेरी..."

"देखिए; यह अस्पताल है..."

"तो?"

"आप बहुत ज़ोर से बोल रहे हैं। मैं जाती हूं।"

और कावेरी रोकते-रोकते भी उठ पड़ी। दरवाज़ा झटके के साथ खोल वो बाहर सरक गई।

हड्डियां

रात के दस बजे मुख्यमंत्री आ पहुंचे, मेरी मिज़ाजपुरसी के लिए। साथ में कई पत्रकार, फोटोग्राफर। वरिष्ठ पत्रकारों ने भी अब पहले जैसी ज़िद के साथ मेरा विरोध करना छोड़ दिया है। बोतल-बन्द विदेशी सोमरस हम कइयों के घर नियमित पहुंचाने लगे हैं, चुपके-चुपके। सचित्र समाचार कल सुबह के ज़्यादातर अख़बारों में प्रथम पृष्ठ पर चमक रहा होगा...

हे, माननीय मुख्यमंत्री जी! श्री हनुमन्त इन दिनों बहुत व्याकुल हैं, क्योंकि धरती पर पाप का घड़ा छलक रहा है। इसी व्याकुलता में वह धरती पर उतर पड़े और खण्डित भी हो गए। उन्होंने मेरे पैर भी अपने पास रख लिए, ताकि मैं उनके सान्निध्य से कभी न हटूं।

हे, महामना मुख्यमंत्री जी! क्या आप सरकारी ख़ज़ाने से कुछ सहायता भिजवा सकेंगे? ताकि मैं क्रेन बुलवा सकूं, श्री चट्टानी हनुमान के चारों खण्डों को सुरक्षित उठवा सकूं, उनमें वेल्डिंग भी करवा सकूं। श्री हनुमन्त ने अस्पताल के इसी कमरे में, सूक्ष्म स्वरूप में, प्रकट होकर अपनी जो मनोकामना मुझे बताई है, उसके अनुसार. ..ह-ह-ह!

बाऊ जी! आज के अख़बारों में यह सब क्या छपा है?'' भुच्चड़ की आंखें मेरी आंखों में सीधी टिकी हुई थीं। अनायास मुझे वो लंगूर याद आ गया, जो कमोबेश इसी तरह मुझे एकदम अन्दर तक घूरा करता था, किन्तु लंगूर की आंखों से तो स्वयं श्री हनुमन्त झांकते थे। लगता तो यही था। क्या भुच्चड़ की आंखों से भी स्वयं हनुमन्त झांक सकते हैं? वाह; क्या दूर की सोची मैंने!

चित लेटा हुआ मैं अपनी नाभि की तरफ़ देखने लगा, ''अख़बारों में वही छपा है, स्वामी भद्रमोहन! जो आपने पढ़ा है।''

''याने आप मुख्यमंत्री से लाखों लिए बिना मानेंगे नहीं।''

''आपने ऐसी उम्मीद ही कैसे रखी, भद्रमोहन?''

"लेकिन, बाऊ जी! मैंने आपसे साफ़ कह दिया था..."

"आपने कह दिया था और मैंने सुन लिया था! कोई वचन तो दिया नहीं था मैंने।"

"याने, बाऊ जी; आप तैयार हैं कि मैं आपका साथ छोड़ दूं?"

"बिल्कुल नहीं! मैं आपको हमेशा अपने साथ ही रखना चाहता हूं। ये तो स्वयं आप हैं, जो..."

"मैं नादान नहीं हूं, बाऊ जी! कुछ सोच-समझकर ही आपसे अलग होना चाहता हूं।"

"मैं भी कुछ सोच-समझकर ही आपको अपने साथ रखना चाहता हूं, स्वामी भद्रमोहन! क्या आपने अपनी मां से बात कर ली है?"

"जी, हां।"

"ऐसा है, भुच्चड़! जो तुम्हारी मां चाहती है, वही मैं चाहता हूं। तुम शादी के लिए हां कह दो।"

"जैसे किसी रोते बच्चे के मुंह में चूसनी देकर उसे ज़बरन चुप करा दिया जाता है, वैसे ही आप मुझे शादी नामक चूसनी का लालच दे रहे हैं!"

"जो समझो।"

"अच्छा, ओके; मैं शादी करने को तैयार हूं, बशर्ते आप खण्डित चट्टान को वापस जोड़ने की ज़िद न करें।"

"ज़िद मेरी नहीं, तुम्हारी है। मेरी तो केवल एक योजना है। ज्यों ही वे चारों खण्ड जुड़कर भू-हनुमान बनेंगे, त्यों ही हमारी ज़िन्दगी फिर शुरू हो जाएगी। फिर से हम धर्म का प्रचार करेंगे, भक्ति और विश्वास की जोत जगाएंगे। थोड़ा-बहुत मेहनताना भी पाने लगेंगे। मेहनताना पाने में क्या हर्ज़?"

"बाऊ जी! ऐसा मत कहिए कि आपकी ज़िद नहीं है। ज़िद मेरी है, तो आपकी भी है, बल्कि मेरी तो ज़िद ही इसलिए है कि आपकी ज़िद है। जिसे आप भक्ति और विश्वास की जोत कहते हैं, उसी को मैं अन्ध-विश्वास और अन्ध-भक्ति की जोत कहता हूं!"

"बस-बस! आगे बकने की ज़रूरत नहीं।"

"मेरी आवाज़ को दबाने से क्या हासिल होगा? आपको अन्दाज़ा है ही नहीं; आज आप कितने बड़े ख़तरे के सामने खड़े हैं..."

"कहीं तुम...पुलिस में जाकर सब बक देने की तो नहीं सोच रहे?" मैंने आंखें सिकोड़ीं।

"बिल्कुल नहीं!" भुच्चड़ का चेहरा अपमान से तमतमा गया।

"तो?"

"सुनिए, बाऊ जी! एक अजीब-सा भंवर है...ख़तरनाक भंवर...जिसमें आप डूबने भी लगे हैं...हालांकि खुद आपको इसका पता नहीं है। आपकी यह जो बेख़ुदी है...यही है वो ख़तरा, जिसकी मैं बात कर रहा हूं।"

"कहना क्या चाहते हो?"

"क्या आपको एहसास है, बाऊ जी! कि जब आप किसी अन्ध-विश्वास को लगातार दूसरों के बीच बांटते हैं, तो एक दिन वही अन्ध-विश्वास स्वयं आपको जकड़ लेता है! आज मैं देख रहा हूं...कितनी शिद्दत से आप दूसरों को अन्धविश्वासी बनाने में लगे हुए हैं...जबकि दूसरों से भी बड़े अन्ध-विश्वासी स्वयं आप..."

"सुनो, भद्रमोहन! संसार में अन्ध-विश्वास जैसा कुछ है नहीं। जो है, केवल विश्वास है। विश्वास ही जब अटल हो जाता है, तब अन्ध-विश्वास कहलाने लगता है। छोड़ो, इन बातों को। इनका कोई अन्त नहीं! तुम तो मुझे सिर्फ़ इतना बताओ..."

लेकिन वो मेरा वाक्य पूरा होने से पहले ही सामने से हट चुका था।

अगले दिन...

पहली नज़र में तो मैं उसे पहचान ही न पाया। स्वामी भद्रमोहन का चोग़ा उतार कर भुच्चू ने वापस शर्ट और जीन्स पहन लिए थे। विदेशी सेण्ट लगाए हुए ज्यों ही वो मेरे कमरे में दाख़िल हुआ, बेचारी नर्स की तो चीख़ ही निकल गई। दौड़ कर वो बाहर भागी, सबको 'विचित्र किन्तु सत्य' समाचार देने!

एकान्त मिलते ही मैं बिगड़ पड़ा, "ये क्या मज़ाक़ है!"

"मज़ाक़ नहीं, हक़ीक़त! आज सुबह मैंने स्वामी भद्रमोहन की हत्या कर दी।"

"अरे, ले-लेकिन...इसका जो असर पड़ेगा आ-आम जनता पर..."

"अच्छा ही असर पड़ेगा। लोग कुछ सोचेंगे, समझेंगे।"

"ख़ाक!"

"वैसे भी, आपका साथ मैंने छोड़ ही दिया था..."

"अरे, लेकिन यह तो हद दरजे की..."

तभी नर्स कमरे में लौट आई। रायपुर के सभी बड़े अख़बार उसके हाथ में थे; ख़ास मेरे लिए, रोज़ की तरह। अख़बार दे रही है मुझे, देख रही है भुच्चू को। हंसे जा रही है।

"बात ये है, सिस्टर!" भुच्चू भी हंसा, "मेरी शादी होने वाली है!"

निश्चित रूप से यह व्यंग्य मुझ पर था, लेकिन मैं पहले पृष्ठ पर छपी एक ख़बर को जल्दी-से-जल्दी पढ़ जाने की कोशिश में गुम हो चुका था :

'कुम्हारी की पहाड़ी पर रहस्यमय हड्डियां बरामद!

'कुम्हारी (प्रतिनिधि) : यहां की मशहूर पहाड़ी की धंसान रोकने के लिए जो खुदाई और मरम्मत चल रही है, उसमें कुछ रहस्यमय हड्डियां बरामद हुई हैं, जिन्हें वैज्ञानिक जांच के लिए भेज दिया गया है। तीन कंकाल, एक पर एक रखे हुए, लगभग साबुत, अचानक निकल पड़े हैं। दो कंकाल पुरुषों के हैं, जबकि तीसरा किसी जानवर का बताया जा रहा है। पहाड़ी की तलहटी में दहशत फैल चुकी है।

जैसा कि लोगों को आज भी याद है, कोई दो बरस पहले पहाड़ी के राम-मन्दिर का पुजारी अपने चौकीदार और कुत्ते के साथ अचानक पलायन कर गया था। आज सवाल उठ रहा है, क्या सचमुच उसने पलायन किया था? वैज्ञानिक जांच में अगर वे हड्डियां दो बरस पुरानी साबित होती हैं, फिर तो सम्भावना बहुत बढ़ जाएगी कि पुजारी और चौकीदार ने पलायन नहीं किया था, बल्कि उनकी हत्या हो गई थी; उन का कुत्ता भी मार डाला गया था और तीनों को वहीं पहाड़ी पर एक साथ दफ़न कर दिया गया था।

'पहाड़ी पर इन दिनों काफ़ी मज़दूर काम कर रहे हैं, क्योंकि भूचाल के दूसरे झटके से पहाड़ी कई स्थानों पर दुबारा फुसफुसी हो गई है। मिट्टी की धंसान रोकने के लिए, एक बार फिर, जगह-जगह दीवारें खड़ी की जा रही हैं। ऐसी ही एक दीवार के लिए जब नींव खोदी जा रही थी, तब अचानक वो हड्डियां निकल पड़ीं...'

मेरे हाथ झुरझुराने लगे। सांसें गरम हो गईं। गला सूख गया। चारों तरफ़ अन्धेरा-सा महसूस होने लगा। अख़बार मैंने चुपचाप नीचे रख दिया। ग़नीमत थी, नर्स कमरे से जा चुकी थी, वरना उसे शक हो जाता, 'भला ऐसी भी क्या ख़बर छपी है, जिसने भगत जी का रंग उड़ा दिया?'

''भुच्चू!'' हौले से मैं, बस, इतना ही बोल सका। भुच्चड़ ने मेरी दशा पहचानी। नीचे धरा अख़बार उसने खुद उठा लिया और पढ़ा...

मुसीबत की घड़ी सामने देख भुच्चड़ ने मुझसे जुदा हो जाने की ज़िद स्वयं ही छोड़ दी है। चाहता तो मैं यह भी था कि वो वापस स्वामी भद्रमोहन के चोगे में आ जाता, मगर उसने साफ़ इन्कार कर दिया है।

बन्द दरवाज़े के पीछे परिवार की जो बैठक हुई, उसमें भुच्चड़ ने सबको नेक सलाह और तसल्ली देते हुए कहा, ''राजनीति में हमारी गहरी पहुंच बन चुकी है। पुलिस में भी हनुमान-भक्तों की कमी नहीं। खुद एस.पी. साहब हमारी जेब में हैं। समाज में हम इतने पूज्य हैं कि सन्देह की सूई हमारी तरफ़ घूम ही नहीं सकती,

फिर भी...पूछताछ तो किसी से भी हो सकती है; हमसे भी। ऐसे में हमें, बस, एक ही मन्त्र याद रखना है, 'हम कुछ नहीं जानते, कुछ नहीं जानते...' "

तक़रीबन हर दूसरे दिन भुच्चड़ नागपुर का चक्कर लगा आता है। वैज्ञानिक जांच के लिए वो हड्डियां नागपुर ही तो भेजी गई हैं। वहां भुच्चड़ किससे, कब, कहां मिलता है; कैसे धागे किस प्रकार खींचता है, किसे क्या देता-लेता है; वही जाने। कोई उससे कुछ पूछता नहीं, किसी को वो कुछ बताता नहीं। मुझसे उसने सिर्फ़ इतना कह रखा है, "फिक्र न करें।"

थोड़े ही दिनों बाद अख़बारों में जो रिपोर्ट प्रकाशित हुई, उसके अनुसार वो नर-कंकाल दो नहीं, दस बरस पुराने थे! साथ में जो एक और कंकाल निकला था, उस पर विशेषज्ञों की राय रही कि वो हड्डियां किसी शिकारी कुत्ते की थी ही नहीं। वो तो सड़कों पर आम घूमते किसी भी आवारा कुत्ते की हड्डियां हो सकती थीं! जय भुच्चड़!

जश्न

शुरू में ज़रूर आशा बंधी हुई थी कि मुझे रबर के नक़ली पैर मिल जाएंगे, जिन्हें 'जयपुर फुट' कहा जाता है; शायद ऐसे पैर सबसे पहले जयपुर में ही बने; लेकिन ...जैसा कि अस्पताल से विदा करते डॉक्टरों ने बताया; 'जयपुर फुट' लगाने के लिए ज़रूरी होता है कि पैर घुटनों के नीचे, कम-से-कम, छह इंच तक, साबुत मिलें। फिर तो वहां नक़ली पैर इतनी ख़ूबी से फिट हो जाते हैं कि अगर दोनों ही पैर नक़ली हों, तो भी इन्सान बिना किसी दिक़्क़त के चल-फिर सके। मेरे दोनों पैर तो घुटनों के इतने ऊपर से चले गए थे कि जांघें आधी ही रह गई थीं। 'जयपुर फुट' का लाभ मुझे मिल सके, इसकी गुंजाइश थी ही नहीं। आना-जाना ज़रूर कर सकूंगा, लेकिन केवल व्हील-चेयर में बैठकर।

अपनी मायूसी मैं बड़ी सिफ़त के साथ छिपा गया था। खिली-खिली मुस्कान के साथ मैंने डॉक्टरों से कहा था, "पैर लग सकते, तो भी मैं लगवा थोड़े लेता! स्वयं हनुमन्त नहीं चाहते, मेरे पैर हों।"

मगर दिल-ही-दिल में एक ऐसा गड्ढा तैयार हो गया था, जिसकी तली दिखाई न दे। मैं बिना पैर का? वाह, बजरंग बली! आप तो हवा में उड़ते फिरें और मैं धरती पर चलूं भी नहीं? व्हील-चेयर में ही बैठा रहूं?

भुच्चड़ ने एक शानदार व्हील-चेयर ख़रीद कर बंगले में तैयार रखी थी। भुच्चड़ और झंकारमोहन के सहारे मैं उस पर विराजमान हुआ। अनायास एक गहरी सांस निकल गई, लेकिन मैंने कहा, "सिंहासन है!"

"हां, बाऊ जी! बिल्कुल सिंहासन है! सारा राज-काज अब यहीं से सम्भालें!" वर्षा कूक रही थी। चट्टान गिरने का हादसा होते ही वर्षा अपनी ससुराल से दौड़ी चली आई थी; पति को साथ लेकर। तब से दोनों यहीं थे।

पुजारी, चौकीदार और वो कुत्ता केवल दो बरस पहले ग़ायब हुए थे, जब कि तीनों कंकाल साबित हुए दस बरस पुराने! साफ़ ज़ाहिर था; वे कंकाल पुजारी, चौकीदार और कुत्ते के थे ही नहीं! तो फिर किनके थे? और वे उस पहाड़ी पर

एक साथ दफ़न कैसे हुए? अरे, वाह! हम कैसे बता सकते हैं? कोई माई का लाल आए तो सही; पूछताछ करने!

बंगले पर उन दिनों चौबीस घण्टों के तीन नौकर थे। तीनों को हमने रात भर की छुट्टी दे दी, अस्पताल से मेरे घर लौट आने की खुशी में। तीनों के हाथ में एक-एक हज़ार की नक़द बख़्शीश भी रखी, "जाओ, ऐश करो। कल दोपहर बाद लौटना; पहले नहीं। रात भर ग़ायब रहो।"

तीनों गद्‌गद। चुटकियों में चम्पत। इधर वे गए, उधर हम आज़ाद। दरवाज़े बन्द किए। खिड़कियां भी बन्द। पहले तो सबने पी। वर्षा और निक्के की गिल्ली जल्दी उड़ने लगी। यही दशा वर्षा के पति की थी। झंकारमोहन उन तीनों को और-और पिला कर तमाशा देखने पर आमादा था, मगर भुच्चड़ ने रोक दिया। भुच्चड़ ने अपने हिस्से की तो पी; वर्षा, उसके पति और निक्के के भी हिस्से की पी डाली। कावेरी मुझे पिला रही थी, मैं कावेरी को। आहा!

लेकिन मुझे बार-बार शू आ रहा था। आने को तो सभी को आ रहा था, लेकिन साले सब-के-सब दो पैरों वाले थे। क्या ठाठ से चलते, बाथरूम में घुसते, बाहर निकलते! जबकि मुझे अपनी व्हील-चेयर हाथ से घुमा कर परदे की ओट में ले जानी पड़ती। अस्पताल में मरीज़ों को शू कराने के लिए जैसा पॉट मिलता है, वैसा ही भुच्चड़ ने मेरे लिए ला रखा था। पॉट कब छलक गया, मुझे होश नहीं। कावेरी ने आकर सम्भाला।

व्हील-चेयर इस बार मैंने नहीं, कावेरी ने घुमाई। वही मुझे परदे की ओट में ले गई और वहां से वापस भी लाई। मेरी तो मुण्डी इधर लुढ़क, उधर लुढ़क! अचानक कावेरी उड़ती हुई-सी महसूस हुई; ठीक वैसे ही, जैसे उस दिन वो पहाड़ी उड़ी थी! मैं हंसने लगा। उड़ती कावेरी वापस फ़र्श पर आ खड़ी हुई। दोनों हाथ कमर पर रख कर पूछने लगी, "क्यों हंसते हो, जी?"

"और पिला।"

"अरे, बस, ना!"

"नैं! और!"

लेकिन फिर कावेरी ने आधा घूंट भी मेरे हलक़ से नीचे न उतरने दिया। बार-बार काजू-किशमिश खिलाती रही। अचानक एक भभका-सा उठ पड़ा, जो मेरे गले को चीरता, ब्रह्म-रन्ध्र के आरपार निकल गया। ही-ही! क्या सोची मैंने भी। ब्रह्म-रन्ध्र के आरपार!

लेकिन क्या ब्रह्म-रन्ध्र सचमुच फूट गया? वरना मैं यूं एकाएक ग़ायब-सा कैसे हो गया? कब तक ग़ायब रहा? क्या पता! वापस कब लौटा? शायद अभी-अभी।

दो तस्वीरें अग़ल-बग़ल दिखाई दे रही हैं, जो हू-ब-हू एक जैसी हैं। दोनों तस्वीरों में हू-ब-हू एक जैसे लोग एक जैसा ही नाच रहे हैं। मैंने आंखें झपकाईं। ज़रूर ज़्यादा चढ़ गई है...सर को हौले से, या शायद ज़ोर से, झटक दिया। दोनों तस्वीरें दाएं-बाएं डोल कर एक-दूसरी में घुस गईं।

अब सामने, बस, एक ही तस्वीर थी। 'ये अच्छा हुआ।' मैंने सोचा। उस एक तस्वीर का एक-एक जना नाच रहा था। बैठा हुआ कोई नहीं था, सिवा मेरे। लेकिन मेरा सवाल बीच में आता ही कहां है? क्योंकि मैं तो तस्वीर के अन्दर हूं ही नहीं। मैं तो तस्वीर का दर्शक हूं; अन्दर कैसे हो सकता हूं? अन्दर जाकर नाच कैसे सकता हूं? उठ तो सकता नहीं; नाचूंगा कैसे? मेरी नियति है; बैठा रहूं; लगातार! तस्वीर से बाहर; गोबर-गणेश की तरह!

मैं रोने लगा। बस; रोना आ गया, तो आ गया। हाय, मेरे पैर! कहां गए मेरे पैर! धड़धड़धड़ आंसू बहे जा रहे हैं...

जितने भी लोग नाच रहे थे, सब थम गए। सबके चेहरे मेरी तरफ़ घूम गए। इससे तो मुझे और ज़्यादा रोना आ गया। तस्वीर में से निकल-निकल कर तमाम लोग मेरे नज़दीक आने और पुचकारने लगे। अरे, वाह! ये तो अपने ही लोग हैं। बीवी। बेटे। बेटी। जमाई।

हिश्ट! क्या मैं रो रहा हूं? मैं तो हंस रहा हूं! व्हील-चेयर में ही बैठे-बैठे मैंने अपने दोनों हाथ ऊपर उठा दिए। हाथ हिला-हिलाकर मैं गाने लगा, "आज मैं ऊपर! आसमां नीचे!" साथ में कमर भी मटकाने लगा। फिर तो निक्के ने कैसेट भी इसी गाने का लगा दिया, "आज मैं ऊपर..."

सब-के-सब नाचने और किलकारियां मारने लगे, "...आसमां नीचे!"

मुर्ग़-मुसल्लम...खाए चला जा...क्या ज़ोरदार म्यूज़िक छलक रहा है! ज़ां-ज़ां ज़िकी-ज़िकी...शाकालाका बूम बूम!...हेएहम्मा!...

जो जहां था, वहीं भहरा कर बैठ गया। जो जहां बैठा, वहीं पसर कर सो गया। किसी को इतना भी ख़याल नहीं कि भगत जी व्हील-चेयर में पसर कर कैसे सोएंगे? उन्हें उतारकर क़ालीन पर तो रखो। आख़िर मैंने ही लुढ़ाक मारी। भड़भड़ाकर व्हील चेयर से बाहर गिरा। कितना शोर हुआ इसका! मगर कोई क्यूं जागे! सब-के-सब चित पड़े थे। टांगें फैला कर सो रहे थे। मुझे भी ऐसा ही करने का मन होने लगा। टांगें तो थीं नहीं। कटी हुई जांघों को ही फैलाकर मैं सो गया। हेए हम्मा!

लाशें दफ़न करने के बाद हमने पुजारी और चौकीदार के उतरे हुए कपड़ों की तलाशी ली थी। चौकीदार के पास से कुछ नहीं निकला था। पुजारी की भी जेबों में कुछ

नहीं था, सिवा चाबियों के एक छोटे गुच्छे के। वो गुच्छा मैंने अपने क़ब्ज़े में ले लिया था।

पुजारी और चौकीदार के टॉर्च जब तालाब में फेंके थे, तब साथ में उन चाबियों को भी हमने पाताल-लोक पहुंचा दिया था। आज सोचता हूं, वो काम मेरे हाथों कितना अच्छा हुआ।

जैसा कि कई सत्य-कथाओं में पढ़ चुका हूं, शिनाख़्त छिपाने के मामले में पेशेवर हत्यारे बहुत पत्थरदिल होते हैं। लाश के कपड़े तो वे सारे उतार ही लेते हैं, सर भी काट कर ले जाते हैं। सर-कटी नंगी लाश अगर बरामद हो भी जाए, तो शिनाख़्त कितनी मुश्किल! हमें भी पुजारी और चौकीदार के सर काट लेने चाहिए थे, लेकिन हम कोई पेशेवर हत्यारे तो थे नहीं। कपड़े और जूते उतार लेना बेशक याद रहा, मगर सर काट लेना नहीं। दोनों के गले भी काटे, तो केवल इतने कि सांस रुक जाए, मगर सर जुदा न हो। अच्छा रहा, जो लाशें फ़ौरन बरामद नहीं हुईं, वरना चेहरों पर से पहचानी जातीं। कंकाल निकले हैं आज, दो बरस बाद; जब तीनों लाशों का मांस मिट्टी खा चुकी है। हड्डियां, बेशक, मिट्टी नहीं खा सकी. ..तभी तो तीनों कंकाल एक पर एक धरे बरामद हुए हैं...हुंह! होते रहें।

आख़िर क्यों मैं इस बिना पर इतना ग़ौर कर रहा हूं? हादसों की अपनी किताब में से, इन पन्नों को, क्या मैंने फाड़ कर फेंक नहीं दिया है? हमेशा के लिए?

चट्टान के चारों खण्ड किस प्रकार औंधे पड़े हैं, क्या देखने भी न जाता? श्री चट्टानी हनुमान जब तक खण्डित नहीं हुए थे, तब तक तो भक्ति-ही-भक्ति, लेकिन खण्डित होते ही नज़र डालने से भी इन्कार? इतनी कृतघ्नता?

''इसमें कृतघ्नता कैसी?'' भुच्चड़ ने कहा, ''क्योंकि वहां हनुमान जी न हैं, न थे।''

''जन-भावना जुड़ती है, तो देवता अपने-आप आ जाते हैं।'' मैंने जवाब दिया, ''छत्तीसगढ़ के किसी भी आदमी से पूछो, 'क्या वहां हनुमान जी हैं?' तो कहेगा, 'हां, हैं!' जब इतनी जन-भावना जुड़ गई, फिर तो महाबली को वहां होना ही है। यही श्रद्धा है।''

भुच्चड़ मुस्कराया, ''इस बहस को अभी रहने देते हैं। ज़रूरी मुद्दा कोई और है। वो ये कि हमें जल्द-से-जल्द यह इलाक़ा छोड़ देना है। कर देंगे ऐलान; भगत जी अपने परिवार के साथ चारों धाम की जात्रा पर निकल रहे हैं। महीने भर में लौटेंगे। इस बहाने खिसकें। यहां तो जान कभी भी हलक़ में आ सकती है। आज हड्डियां निकल पड़ीं; कल पता नहीं, क्या हो।''

"लेकिन...जाएंगे कहां?" निक्के की आवाज़ में एतराज़ का छींटा था। मिस ग्लैमर से बिछुड़ जाने के ख़तरे को उसने तत्काल भांप लिया था।

"असम, मेघालय...कहीं भी चले जाएंगे; दूर...जहां कोई पहचानता न हो। जहां भी बसेंगे, नाम और हुलिया दोनों बदलकर। दस पुश्तें भी बैठ कर खाएं, तो खा न सकें; इतनी दौलत जमा कर चुके हैं। बहुत है।"

मैं तिलमिला कर बोला, "ख़ाक बहुत है। अरे, देख; दक्षिण के मन्दिरों को! क्या सोने से मढ़े हुए हैं! हम तो धूल बराबर भी नहीं उनके आगे। खण्डित चट्टान को जोड़कर एक करना ही होगा, क्योंकि मेरा जो सपना है..."

"बस, बाऊ जी! अब आप कोई नया सपना नहीं देखेंगे। चुपके से खिसक जाने में ही ग़नीमत होगी। चट्टानी हनुमान को अचानक तोड़ कर क़ुदरत ने जो आदेश दिया है, वो यही है।"

"लेकिन, भुच्चड़! जब तक खिसके नहीं हैं, तब तक तो पूजा-अर्चना करनी ही चाहिए। पवित्र चट्टान की ओर से अचानक मुंह मोड़ लेंगे, तो किसी को भी शक हो सकता है। हमारे अपने दिलों पर भी बोझ आएगा। आख़िर हम महाबली के सबसे बड़े सेवक हैं। समझा करो।" मैंने संजीदा होकर कहा।

धूल-धूसरित

भुच्चड़ झटके के साथ उठ पड़ा, "झब्बू! तुम और निक्का बाऊजी को खण्डित चट्टान के दर्शन कराने ले जाना। मां भी जाती है, तो जाए। दर्शन, वैसे, मुझे भी करने हैं; आख़िर उसी चट्टान ने मेरी आंखें खोली हैं, लेकिन मैं बाद में जाऊंगा। अकेला।"

"नहीं! तुम अकेले नहीं जाओगे। सबके साथ चलोगे। मेरे साथ! समझे?" मैं आवेश में आ गया।

"चल तो सकता हूं, बाऊ जी; मगर एक शर्त पर।"

"तेरी तो शर्तों के मारे नाक में दम है। बोल!"

"वहां आप ऐसा कुछ नहीं करेंगे, जिससे छल-प्रपंच बढ़े।"

"छल-प्रपंच कैसा! मैं वहां शुद्ध भक्ति-भाव से जाना चाहता हूं। मन की शान्ति के लिए।"

"कहीं कोई प्रचार न हो। समाचार न छपे। कोई पत्रकार, कोई फोटोग्राफर न आए।"

"अच्छा, ठीक है।"

इस बार वर्षा को विदा करते वक़्त भुच्चड़ ने उसे पहली दफ़ा सफ़ेद धन दिया। पूरे पांच लाख रुपए, बैंक-ड्राफ्ट से। बाऊ जी के सुरक्षित बच जाने और अस्पताल से घर आ जाने की ख़ुशी में। वर्षा और जमाई राजा ने भक्कम गद्‌गद होकर विदा ली।

कार स्टार्ट होते ही मैंने भुच्चड़ से पूछा, "क्या तुम वो जगह पहचान लोगे, जहां दब कर मैं बेहोश हो गया था?"

"क्यों नहीं!" भुच्चड़ ने कार को कुम्हारी की संकरी सड़कों पर बढ़ाते हुए कहा, "अरे, वो हादसा तो रोज़ मुझे सिनेमा की तरह दिखाई पड़ता है। आपने, लेकिन, यह सवाल क्यों किया?"

"क्योंकि मैं ठीक वहीं जाकर मत्था टेकना चाहता हूं।"

"आइडिया ज़ोरदार है।" भुच्चड़ हंसा, "मानना पड़ेगा। आपको हमेशा ऐसे ही आइडियाज़ आते हैं, जिनसे धुआंधार पब्लिसिटी मिले।"

"अब कहां की पब्लिसिटी!" मैंने उलाहना दिया, "तुम तो चाहते ही नहीं कि जनता को पता भी चले, भगत जी ने आज कहां जाकर मत्था टेका।"

"हां-आं...पत्रकारों को बुलाने से रोका मैंने है, तो बात भी मुझी को सुननी पड़ेगी।"

"ऐसे कुछ 'सुना' नहीं रहा हूं तुम्हें! मगर, भुच्चू! पब्लिसिटी में बुराई क्या है? भक्ति की पब्लिसिटी से भक्ति ही बढ़ेगी। भक्ति बढ़ेगी, तो अत्याचार कम होगा।"

"आपकी सूफ़ियाना बातें कम-से-कम मैं तो अब सुनने से रहा! लेकिन मुझे खुशी है कि आपने मेरी क़द्र की और मेरे ही कहने पर पत्रकारों को वहां नहीं बुलाया।" भुच्चड़ कार को मेन रोड पर ला चुका था।

यहां मैंने पीछे की सीट पर ख़ामोश बैठे निक्के की तरफ़ हौले से देख लिया। निक्के के दाएं-बाएं मौजूद झब्बू और कावेरी पर भी उड़ती नज़र डाली। तीनों मेरी ही ओर ताक रहे थे।

भुच्चड़ पर चौकन्नी नज़र ठहरा कर मैंने पूछा, "लेकिन...फर्ज करो, पत्रकार आ पहुंचते हैं।"

"कैसे आ पहुंचेंगे? हमने जब ख़बर ही नहीं दी है?" भुच्चड़ ने गीयर बदला।

मैंने एक बार फिर निक्के पर तिरछी नज़र डाली। निक्के से अपनी मुस्कान अब रोके नहीं रुक रही थी।

क्योंकि निक्का खुद गया था, कुम्हारी के हर पत्रकार के घर, एक-एक पेंट-पीस लेकर। सबको सादर आमन्त्रित कर आया था, खण्डित चट्टान के सामने ठीक चार बजे पहुंचने और फोटोग्राफरों को भी साथ लेते आने के लिए। फोटोग्राफरों के वास्ते भी एक-एक शर्ट-पीस पहुंचाया जा चुका था, पत्रकारों के पेंट-पीस के ही साथ।

यह जानकारी भुच्चू से छिपाना हमारे लिए ज़रा भी मुश्किल नहीं रहा था। निक्का जब रवाना हुआ, भूच्चू घर में था ही नहीं। वो गया हुआ था भिलाई, नई फ़िल्म का मैटिनी शो देखने। जब से भुच्चू मोशाय ने स्वामी भद्रमोहन का चोग़ा उतार कर जीन्स पहनना शुरू किया है, तब से थियेटर में जाकर फ़िल्में देखने का यह नया शौक़ चर्राया है! जाएगा भी अकेला।

वैसे...भुच्चड़ ने पत्रकारों और फोटोग्राफरों की क़द्र हमेशा की है। इस बार बेशक वो उनसे दूर ही रहने की ज़िद पर अड़ा है, मगर सच तो यह है; ज़्यादातर पत्रकारों, फोटोग्राफरों के साथ उसकी दोस्ती अब और भी अच्छी हो गई है। उन्हें आया देख कर भुच्चू भड़क थोड़े जाएगा! फिर...मैं भी तो हाज़िर रहूंगा वहां। कर लूंगा क़बूल कि हां; मेरे ही कहने से निक्के ने खुद जाकर सबको आमन्त्रित किया।

मुमकिन है, भुच्चड़ को यह बात ग़द्दारी जैसी महसूस हो, लेकिन सरेआम झगड़ थोड़े ही पड़ेगा। आड़े हाथों लेगा तो सही, मगर बाद में। तब सम्भाल लूंगा। कहूंगा कि बेटे! धर्म और ईश्वर भी प्रचार की बैसाखियों के बिना चल नहीं पाते; मेरी क्या बिसात? भुच्चड़ की तमाम ज़िदें, दरअसल, अभी से तोड़नी ज़रूरी हैं। बाद में अगर पुख़्ता हो गईं, तो नहीं टूटेंगी।

"लीजिए, आ गई आपकी पहाड़ी..." भुच्चड़ बुदबुदाया।

सड़क के ही किनारे, पहाड़ी से दूर, एक छाया में कार खड़ी करके भुच्चू ने इंजन बन्द कर दिया।

"इंजन बन्द क्यों किया? आगे नहीं चलना है?" मैंने धीमी आवाज़ में पूछा। कैसी ठण्डी आवाज़! सिर्फ़ आवाज़ ही क्यों? मैं पूरा ही ठण्डा हुआ जा रहा था। याद आ रहा था वो विकराल क्षण, जब समूचा आकाश कड़कड़ा कर मुझी पर टूट पड़ा था; वज्र की तरह!

"रुका इसलिए कि चट्टान के टुकड़े ठीक से यहीं से दिखाई देंगे।" भुच्चड़ ने कहा, "टुकड़े इतने बड़े हैं कि नज़दीक पहुंचने पर तो वे एकदम क्लोज़-अप में आ जाएंगे, आधे-अधूरे ही दीखेंगे। पहले यहीं से भरपूर देख लें। फिर आगे चलते हैं।"

मैंने चट्टान के चारों खण्डों को दूर-ही-दूर से आंखों में भरा। मेरा मुंह खुला रह गया था। पलकें झपक नहीं रही थीं। दोनों कनपटियां धप्प-धप्प बोल रही थीं। हनुमन्त! हनुमन्त! यह क्या हुआ, महाबली? आप अचानक खण्डित हो गए? यूं धरती पर आ लेटे?

लाल धूल की सुलगती चादरें गरम झोंकों पर सवार होकर उड़ानें भर रही थीं। उन चादरों के छोर, धरती पर पड़े चट्टान के खण्डों के साथ, रगड़ खाने लगते। कभी कोई चादर धरती पर बिल्कुल ही लेट जाती, मगर तत्काल मस्तूल की तरह उठ पड़ती और उड़ने लगती।

आह! धूल-ही-धूल! हनुमन्त धूल-धूसरित! मेरे रहते! नहीं! ये चारों खण्ड कोई बेजान पत्थर नहीं। ये तो महाबली के प्रतीक हैं। जब तक ये वापस जुड़ नहीं जाते, मुझे अन्न-जल ग्रहण नहीं करना चाहिए, लेकिन फिर जीऊंगा कैसे?

जीऊंगा ही नहीं, तो महाबली की प्राण-प्रतिष्ठा कैसे करूंगा? क्षमा करें, हनुमन्त! मैं न अन्न छोड़ूंगा, न जल; ताकि निरन्तर शक्तिशाली बना रहूं और आपकी सेवा करूं।

चारों खण्ड पहाड़ी के नज़दीक ही ज़मीन पर पटकनी खा गए थे। उन पर खुदी श्री हनुमन्त की लकीरें ज़मीन के साथ दब चुकी थीं। उन पवित्र लकीरों के दर्शन अब हो ही नहीं सकते थे। चारों खण्ड पांच-पांच, सात-सात फीट के फ़ासले पर गिरे थे। दूर से वे फ़ासले आड़े-टेढ़े, गेरुआ गलियारों जैसे लग रहे थे। हरेक खण्ड पर, आसमान की तरफ़, ऊंची नोकें निकली हुई थीं। इतने प्रचण्ड खण्डों को उठाया कैसे जाएगा? बड़ी-से-बड़ी क्रेन भी बैठ जाएगी। फिर भी...होगा; कोई-न-कोई तरीक़ा ज़रूर होगा।

मेरी नज़र पहाड़ी के ऊंचे पहलू की ओर उठी, जहां से समूची चट्टान बाहर धसक कर ज़मीन पर गिरी थी। वहां तो एक जबर्दस्त गुफा ही बन गई थी, जैसे पहाड़ी का पोपला मुंह! जो साठ से भी ज़्यादा फीट की ऊंचाई पर खुल गया था। उसमें डरावना अन्धेरा भरा हुआ था। समूचे पहलू पर एक भी बड़ा वृक्ष बाक़ी नहीं था। सभी बड़े वृक्ष या तो गिर गए थे या गिरा दिए गए थे।

चोटी पर वो राम-मन्दिर! कितना तिरछा! मैंने पीछे बैठे झब्बू से कहा, "स्वामी झंकारमोहन! देख रहे हैं? जिस मन्दिर को आप इतने आदर और स्नेह से सम्भाला करते थे, उसी को भूचाल ने कैसा टेढ़ा कर दिया है।"

"ख़तरनाक!" झब्बू बुदबुदाया, "अच्छा हुआ, जो मन्दिर बन्द कर दिया गया।"

देख रहा था मैं...उन नाटी-मोटी-लम्बी दीवारों को, जो मिट्टी की धंसान रोकने के लिए पहाड़ी की कमर पर लहरा कर लेटी हुई थीं। इन्हीं के बनने के दौरान, खुदाई में, वो कंकाल...मैं सिहर गया। कैसे बाल-बाल बचे थे! भुच्चड़ की कृपा से!

"बाऊ जी!" भुच्चड़ का चौकन्ना स्वर, "एक ख़ास बात है...हल्की-हल्की बताई भी है...आज दोहराना चाहता हूं।"

"ऐसा भी क्या है?" मैंने भौंहें उठाईं।

"जैसा कि उस दिन मैंने इशारा किया था...एक ख़तरनाक भंवर है...आप उसमें डूब रहे हैं...और स्वयं आपको इसका पता नहीं है..."

"हां...कुछ कहा तो था तुमने..."

"मुझे क्या लगता है...आपके पैर चट्टान के नीचे आते ही नहीं, अगर आप एक ख़ास ग़लतफ़हमी के शिकार न होते। वो लंगूर जब अचानक उठकर भागा था...और धरती के अन्दर गड़गड़ाहट शुरू हुई थी...तभी आपको हट जाना चाहिए

था...मैं दूर से बार-बार चिल्ला कर आपको सावधान भी कर रहा था...'हट जाइए! चट्टान गिरेगी! हट जाइए!'...मगर आप तत्काल न हट सके; वहीं खड़े इधर-उधर देखते रहे! आख़िर जब मिट्टी बरसने लगी, रोड़े गिरने शुरू हो गए, धसकती चट्टान एकदम सर पर आ गई, तब आप भागे...मगर देर हो चुकी थी...बहुत देर! याद आता है कुछ?''

''क्यों याद दिलाते हो सब? फ़ालतू ! घाव पर नमक!'' मैंने तड़पकर कहा।

''नहीं, बाऊ जी! इसे घाव पर नमक के रूप में न देखें। सोचने की बात है...उस दिन आप...फौरन क्यों नहीं हटे थे? इधर-उधर देखते खड़े क्यों रह गए थे? क्योंकि...जहां तक मैं समझता हूं...आपके मन में यही विश्वास जमा हुआ था...कि आपकी रक्षा तो स्वयं हनुमन्त करते हैं! भूचाल आपका क्या बिगाड़ लेगा!''

''ये कौन-सी नई बात बताई तुमने!'' मैंने भुच्चड़ की खिल्ली उड़ाने की तरह कहा, ''बच्चा-बच्चा जानता है...कि मैं जान-बूझकर नहीं हटा था! और फिर भी ज़िन्दा बच गया था! क्योंकि महाबली की असीम कृपा थी! चलो-चलो, बोर मत करो। हमें महाबली के नज़दीक पहुंचना है। उनकी पूजा-अर्चना करनी है। यहीं से लौट नहीं जाना है। गाड़ी स्टार्ट करो।''

गाड़ी स्टार्ट किए बिना भुच्चू ने जारी रखा, ''याद करिए, बाऊ जी...उस दिन मैंने यही कहा था न...'जो अन्धविश्वास आप दूसरों को देते हैं, वही अन्धविश्वास एक दिन खुद आपको दबोच लेता है!' आपने दूसरों को हमेशा यही विश्वास दिलाया है...कि तुम पर कोई संकट आ ही नहीं सकता, क्योंकि तुम तो संकटमोचन के भक्त हो!...इसी विश्वास ने, या कहें कि इसी अन्धविश्वास ने, स्वयं आपको ठग लिया! धसकती चट्टान जैसे भीषण ख़तरे को साक्षात् देखकर भी आप पहचान नहीं पाए!''

''भुच्चड़ ! तुम गाड़ी स्टार्ट करते हो या नहीं?'' मुझे गुस्सा आने लगा था। भुच्चू की मज़बूत उंगलियों ने कार की चाबी घुमाई। इंजन चालू हो गया। कार छाया से बाहर निकल आई। खण्डित चट्टान की ओर वो धीमी गति से चली।

''बताइए, बाऊ जी!'' भुच्चू के होठों पर टेढ़ी मुस्कान थी, ''क्या आपने एक बार भी किसी को समझाया?...कि ईश्वर भी उसी की सहायता करता है, जो अपनी सहायता स्वयं करे? आपने तो आम आदमी का विवेक ही नष्ट कर दिया! लेकिन जो आपने दूसरों के साथ किया, ठीक वही आपके साथ हुआ। आज स्वयं आपका विवेक नष्ट हो चुका है! और आपको इसका पता भी नहीं है!''

''उफ़! कोई इसका मुंह बन्द करो, भाई!''

पीछे बैठे झब्बू, निक्के और कावेरी ने भुच्चड़ को एक साथ ज़ोर से डांटा। भुच्चड़ चुप हो गया, लेकिन क्या इसलिए कि उस पर डांट का असर हुआ था?

वो इसलिए चुप हुआ था कि उसका सारा ध्यान उन पत्रकारों और फोटोग्राफरों पर था, जो अपने स्कूटर, मोपेड, मोटर-साइकिल आदि पर सवार होकर दूर से धड़धड़ाते चले आ रहे थे! जब कि मैंने भुच्चू को जो वचन दिया था, वो कुछ और था...

मानना पड़ेगा, पत्रकार बिल्कुल सही वक़्त पर आ पहुंचे थे। भुच्चड़ की सिकुड़ी हुई आंखों में अविश्वास के साथ क्रोध भी सुलगने लगा, ''बाऊ जी! ये यहां कैसे?''

''ठीक है! आ गए हैं, तो आने दो।''

''इन्हें बुलाया किसने?''

''मैंने।''

''लेकिन आपने तो वादा किया था, किसी को नहीं बुलाएंगे।''

''मेरा वचन ब्रह्मा की लकीर नहीं है, बेटे!''

''याने आइन्दा मैं कभी आप पर यक़ीन न करूं?''

मैं चुप रह गया। कावेरी बोली, ''देखो, बेटे! जो कहना हो, घर में कहना। यहां शान्त रहो।''

नाराज़ भुच्चड़ ने कार का ब्रेक अचानक ज़ोर से दबा दिया। मैं मन-ही-मन हंसा। ज़ोर से ब्रेक दबाने के सिवा भुच्चू और कर भी क्या सकता था!

इधर हमारी गाड़ी रुकी है, उधर पत्रकारों के दुपहिया वाहन भी सामने ही आकर थम गए हैं। भुच्चड़, झब्बू, कावेरी और निक्के ने कार से निकल कर पत्रकारों का स्वागत किया। मैं अपनी आधी जांघों के साथ कार की सीट पर ही बैठा रहा। अपनी तरफ़ का दरवाज़ा मैंने पूरा खोल दिया। पत्रकारों ने नज़दीक आकर मेरे हालचाल पूछे। मैं उन्हें बार-बार मुस्कानें देता रहा।

फोटोग्राफर तीन थे। उन्होंने मेरे फोटो खींचने की तैयारी की ही थी कि भुच्चड़ ने जोर से ऐलान कर दिया, ''रुक जाइए, प्लीज़! आज फोटो बिल्कुल नहीं खींचें जाएंगे।''

फोटोग्राफर रुक गए। वे भुच्चड़ की ओर शिकायती नज़रों से देखने लगे। भुच्चू कह रहा था, ''दोस्तो! आज यहां हम केवल मत्था टेकने आए हैं। यह हमारी निजी श्रद्धा का विषय है। इसका हम ज़रा भी प्रचार नहीं चाहते। न कोई समाचार छपे, न कोई फोटो।''

''ऐसा ही था, तो हमें बुलाया क्यों?''

इसके जवाब में भुच्चड़ कुछ भी बक दे, इससे पहले ही मैं अपनी कार के अन्दर से ज़ोर से चिल्लाया, ''सुनिए! आप सब मेरे मेहमान हैं। मैं आपका स्वागत करता हूं।''

"लेकिन, भगत जी! यह कौन-सा तरीक़ा है..."

मैं बेहद मिठास के साथ मुस्कराया, "ऐसा है ही नहीं कि समाचार नहीं देना है या फोटो नहीं देना है। आप बेखटके अपना काम करें। भद्रमोहन को, दरअसल, ठीक से पता नहीं है।"

निक्का और झब्बू, भुच्चड़ को एक तरफ़ ले जाकर, फुसफुसाहटों में कुछ समझाते दिखाई दिए। मेरे नज़दीक खड़ी कावेरी बार-बार उन्हीं की ओर व्याकुलता से देख रही थी। भुच्चड़ क्या समझा, क्या नहीं, पता नहीं; लेकिन जब वह लम्बे डग भरता हुआ वापस आया, उसकी आंखें और ज़्यादा सुलग उठी थीं।

उसने कावेरी की ओर हाथ बढ़ा दिया, "लाओ, मां! दरी दे दो।"

कावेरी के हाथ में दो झोले थे। एक में सुकोमल दरी। दूसरे में बड़ के पत्तों की माला और पूजा-सामग्री। दरी निकालकर उसने भुच्चड़ को थमा दी। कहा कुछ नहीं।

भुच्चड़ चुपचाप उस खण्डित चट्टान की ओर बढ़ा, जो सामने दस क़दम पर थी। भुच्चू ने उस कोने को पांचेक मिनट में पहचान लिया, जहां दब कर मैं बेहोश हो गया था। वहां उसने ज़मीन पर दरी बिछा दी। कावेरी ने उधर पूजा-सामग्री सजाना शुरू किया।

तीनों भाइयों ने मिलकर मुझे कार से बाहर निकाला, अधर उठाया और सावधानी के साथ उस दरी पर ला बिठाया।

बिठाते-बिठाते भुच्चड़ ने हौले से कहा, "बाऊ जी! समाचार थोड़ा छप जाए, तो छप जाए; फोटो बिल्कुल नहीं छपने दूंगा। खींच कर तो देखें! फिर बताता हूं!"

मैंने भी उतने ही हौले से जवाब दिया, "प्रेस वाले यहां केवल अपनी ड्यूटी पर हैं। तुम होते कौन हो उन्हें रोकने वाले?"

भुच्चड़ ख़ामोश रहा। इससे मेरे मन की आशंका बढ़ गई। पता नहीं, वो क्या करने जा रहा था...

उस वक़्त मेरे लिए यही उचित था कि मैं भुच्चड़ की उपेक्षा करता। मैंने यही किया। सारा ध्यान मैंने अपने सामने की उस चट्टान पर केन्द्रित कर लिया।

आह! पवित्र चट्टान! खण्डित हनुमन्त! मेरे महाबली! और चट्टान का यह कोना! जहां मैंने अपने पैर समर्पित किए...पूरा बदन झनझना उठा। क्या सचमुच यही है वो कोना? जहां मैं दबा था? जहां मुझे चट्टान के नीचे से निकाला गया? जैसा कि कावेरी बता रही थी; मेरे दोनों पैर इस बुरी तरह दब चुके थे कि खींच कर तो निकाल ही नहीं सकते थे। आख़िर मेरे नीचे की ज़मीन खोदकर पोली की गई, तब जाकर मैं बाहर निकला था। मुझे तो कुछ पता ही नहीं! हनुमन्त ने बेहोश जो कर रखा था। महाबली अपने प्रिय भक्त को पीड़ा से बिलबिलाते कैसे देख लेते।

मैंने आंखें मूंद लीं। हृदय में अनायास श्री हनुमान चालीसा की जोत जग पड़ी...साधु सन्त के तुम रखवारे...असुर निकन्दन राम दुलारे...

मैंने चट्टान के सामने दीया जलाया। बड़ के पत्तों की माला चढ़ाई। फूल चढ़ाए। सिन्दूर चढ़ाया। नारियल तोड़ा। उच्च स्वर में महाबली की प्रार्थना करते हुए मैंने हाथ जोड़ दिए।

इतने सारे पोज़ मैंने दिए, मगर फोटो?

मैंने कनखियों से दाएं देखा। दाएं कोई नहीं था। बाएं देखा। उधर भुच्चड़, कावेरी और झब्बू एक साथ खड़े दिखाई दिए। भुच्चड़ धीमे मगर गुस्सैल स्वर में फोटोग्राफरों के साथ बहस कर रहा था। फोटोग्राफर और पत्रकार सख़्त नाराज़गी से तन कर खड़े थे। कावेरी भुच्चड़ को कुछ समझा रही थी। ख़ामोश झब्बू का चेहरा झुका हुआ था।

याने...अब तक एक भी फोटो नहीं खींचा गया है। तो क्या...कल जो समाचार छपेगा, बिना फोटो के ही?

तभी मैंने कावेरी का गर्वीला स्वर सुना; वो फोटोग्राफरों से कह रही थी, ''बेधड़क खींचिए फोटो! कोई मनाही नहीं है...''

अगले ही पल भुच्चड़ की गुर्राहट, ''ठहरिए!''

मैं झल्ला गया। अब...हनुमन्त के सामने मत्था टेकूं या इस भुच्चू के बच्चे के साथ सींग भिड़ाऊं?

''स्वामी भद्रमोहन...'' यह मेरी आवाज़ थी। अगर अब भी नहीं टोका, तो कब टोकूंगा।

''कौन स्वामी भद्रमोहन?'' भुच्चू ने पलटकर मुझे घूर, ''मैं भैरोसिंह हूं!''

''अच्छी बात! श्री भैरोसिंह जी! अब आप...एक कृपा करेंगे? वो ये कि याद रखें; ये प्रेस वाले मेरे मेहमान हैं, न कि आपके। इन्हें अपना काम करने दें। आपको यहां तमाशा बिल्कुल नहीं करना है। आया समझ में? मुझे शान्ति से मत्था टेकने दें।''

मत्था टेकने के लिए मैं अपना मस्तक भूमि तक कैसे ले जाता? उतना झुक पाने की शारीरिक स्थिति नहीं थी। बैठे-बैठे ही मैंने अपना धड़ आगे झुकाया। खण्डित चट्टान को दोनों हाथों से छुआ। फिर मस्तक यूं आगे बढ़ाया कि चट्टान से छूने तो लगे, किन्तु रगड़ न खा जाए। इसी अदा में स्थिर होकर मैंने हनुमान जी की पूरी आरती खुलकर गाई। सन्तुष्ट आंखें बड़ी-बड़ी खोल कर मैंने चट्टान को एक बार फिर प्रणाम कर लिया।

कनखियों से मैंने साफ़ देखा...फोटोग्राफर्स अपने कैमरे मुझ पर साध चुके हैं और शटर-पर-शटर दबा रहे हैं...

मैंने यह भी साफ़-साफ़ देख लिया; भुच्चड़ के जबड़े आपस में और अधिक दब चुके हैं...

भुच्चड़ और झब्बू ने मिलकर, एक बार फिर, मुझे अधर उठा लिया और कार की अगली सीट पर ला बिठाया। इस दौरान भी मेरे अनेक फोटो खिंच गए।

पत्रकारों ने मुझसे सवालात पूछने शुरू किए ही थे कि भुच्चड़ की आंखें बदल गईं, चेहरा बदल गया।

मैंने कावेरी से कहा, ''भुच्चू के लक्षण ठीक नहीं! उसे फ़ौरन यहां से हटा दो।''

कावेरी, झब्बू और निक्के ने भुच्चड़ को हटाने की कोशिश की ज़रूर, लेकिन भुच्चू तो बिल्कुल वहशियों की तरह चिल्लाने और चुनौतियां देने लगा। घबरा कर तीनों पीछे हट गए।

इस उत्पात के अनेक फोटो खींचे गए। इससे भुच्चड़ और भी लाल हो गया। दांत पीसकर उसने फोटोग्राफरों की ओर हाथ बढ़ा दिया, ''लाइए! रील निकालिए! निकालिए रील! दीजिए मुझे! देते हैं या नहीं? वरना छीनता हूं कैमरा!''

फोटोग्राफर अपने कैमरे सम्भालते पीछे हटने लगे। पत्रकार सामने अड़ गए। देखते-देखते अजीब-सी चिल्ल-पों और धकापेल का माहौल बन गया।

''नहीं देंगे! बाप का माल है क्या? ख़बरदार! देख लेंगे!'' ''देते हो या नहीं? समझते क्या हो? तोड़ दूंगा कैमरा! ख़त्म कर दूंगा!'' ''अरे, जा! जा! बहुत देखे हैं!'' ऐसी ललकारों के बीच मेरी आवाज़ भी ऊंची होती जा रही थी, ''भैरोसिंह! रुक जाओ, भैरोसिंह! ख़बरदार! यह अच्छा नहीं। झब्बू! निक्के! अपने भाई को रोको। कावेरी! कहां हो? सम्भालो अपने बेटे को! क्या कर रहा है! पागल हो गया है!''

झब्बू और निक्का, दोनों, भुच्चड़ के हाथ के सिर्फ़ एक धक्के से लड़खड़ा कर पीछे हट गए।

भुच्चू ने कूद कर सामने खड़े एक फोटोग्राफर का कैमरा छीन लिया। फोटोग्राफर देखता रह गया। भुच्चड़ की क़दकाठी के सामने उसकी कोई हैसियत थी ही नहीं, फिर भी वह ज़ोर से चिल्लाया और भुच्चड़ से गुत्थमगुत्था हो गया। अचानक भुच्चू ने उसे खींचकर झापड़ दे मारा! आघात और अपमान से वो स्तब्ध रह गया। तभी भुच्चड़ ने भरपूर ताक़त से उसका कैमरा चट्टान पर दे पटका। कैमरा खुल गया। अन्दर की रील भुच्चू ने नोचकर निकाली, ज़मीन पर फेंकी और रौंद डाली।

सब चिल्ला रहे थे। कोई किसी की नहीं सुन रहा था। काश, मैं अपनी कार से बाहर निकल सकता। इस उम्र में भी मेरे हाथ का सिर्फ़ एक झापड़ खाकर भुच्चू के होश ठिकाने आ जाते!

लेकिन निकलता कैसे कार में से? काश, मेरी जांघें आधी न होतीं, जो क्रोध से थरथरा रही थीं। मुट्ठियां भींचकर मैं चीख़े जा रहा था, ''भैरो! रुक जा, भैरो!''

भुच्चू पर जुनून सवार था। उसने जब दूसरे फोटोग्राफर का भी कैमरा छीनकर, पटक कर तोड़ डाला, तब तीसरा और आख़िरी बचा फोटोग्राफर अपने स्कूटर की तरफ़ भागा। अब तो केवल वही एक रह गया था, जिसके कैमरे में आज के प्रसंग के फोटोग्राफ्स क़ैद थे। उन्हें वो भुच्चड़ की गिरफ़्त में भला कैसे आ जाने देता? फोटोग्राफर ने अपना स्कूटर हड़बड़ा कर स्टार्ट किया। तब तक भुच्चड़ उसे दबोचने के लिए झपट्टा लगा चुका था, लेकिन वो बच निकला। अपना स्कूटर उसने ज़ोर से भगा दिया।

अचानक एक और स्कूटर के स्टार्ट होने की आवाज़ सुनाई दी। एक पत्रकार, जो खुद के स्कूटर पर सवार हो चुका था, निकल चलने के इरादे और पोज़ में नज़र आया।

क्रोधित भुच्चड़ उसी पर टूट पड़ा। एक ही झटके में उसने उस पत्रकार को जमीन पर खींच लिया। पत्रकार चिल्लाता रह गया। उसके स्कूटर पर भुच्चू खुद सवार हो चुका था। स्कूटर का इंजन बन्द हुआ ही नहीं था।

''भुच्चड़!'' मैं चीख़ा, हालांकि जानता था, वो नहीं सुनेगा। कावेरी, झंकारमोहन और निक्का भी चिल्ला रहे थे, मगर बेकार।

उधर...वो फोटोग्राफर, जो अपने स्कूटर पर निकल भागा था, मैदान की सरहद पर आंखों से ओझल होने ही वाला था।

भुच्चड़ ने अपने क़ब्ज़े का स्कूटर उसी की दिशा में दौड़ा दिया।

तब तक सभी पत्रकार और फोटोग्राफर अपने वाहनों पर सवार हो चुके थे। सबके इंजन एक-साथ स्टार्ट हुए, तो हवा दूर तक थरथरा गई। जिसका स्कूटर लूटा गया था, वो पत्रकार एक बाइक के पीछे लद गया। मैं कुछ बोल पाता, इससे पहले तमाम प्रेस वाले भुच्चड़ के पीछे झपट चुके थे। ज़ाहिर था; वे अपने फोटोग्राफर दोस्त को भुच्चड़ के आक्रमण से बचाना चाहते थे...

कट-किट...कट-किट...मेरे दिमाग़ की अलार्म-घड़ी शुरू हो चुकी थी। ''निक्के!'' मैंने कहा, ''भुच्चू ने जो कैमरे बर्बाद किए हैं, उनका हर्जाना, बीस-बीस हज़ार रुपए, नक़द, दोनों फोटोग्राफरों के घर, आज रात तक पहुंच जाए।''

''जी, बाऊ जी''

''लेकिन भुच्चड़ को अचानक यह हो क्या गया?'' योगिनी काव्यमाया जितनी झुंझलाई हुई थी, उतनी ही चिन्तित भी थी।

मैंने संजीदगी का नाटक किया, ''कुछ नहीं, कावेरी! भुच्चू आज पूरी तरह पागल हो गया।''

''आप तो ऐसे बोल रहे हैं, जैसे वो आधा पागल पहले से था।''

''था ही! आज पूरी तरह पगला गया।''

"कैसी बात करते हैं, जी, आप!"

"सुनो, काव्यमाया! भुच्चू अगर पागल नहीं हुआ है, तो भी ऐलान करना होगा कि वो पगला चुका है। अब वो हम सभी के लिए बहुत ख़तरनाक है।" मैं पूरे यक़ीन के साथ बोल रहा था, "उस पर चढ़ा है, फ़लसफ़े का भूत! हर बात में वो आदर्श का छौंक लगा रहा है। अब तो वो पुलिस में जाकर कभी भी सब बक सकता है! उसकी ज़बान मेरे ख़िलाफ़ खुल चुकी है। सगा बेटा होने के बावजूद अब वो मेरा कट्टर दुश्मन है। वो किसी भी दिन हम सबका बेड़ा ग़र्क़ कर देगा! अब चारा ही क्या रह गया, सिवा इसके कि हम उसे पागल क़रार दे दें। तभी उसकी ज़बान की कोई क़ीमत नहीं रहेगी और हम सुरक्षित बच सकेंगे।"

"लेकिन बिना डॉक्टरी सर्टिफिकेट के पागल क़रार कैसे दे सकते हैं?" झंकारमोहन सोच में पड़ गया।

मैंने मुस्कान बिखेरी, "ऐसा है, स्वामी झंकारमोहन! भिलाई अपने पड़ोस में है और वहां दिमाग़ी गड़बड़ियों का बेहतरीन इलाज होता है। क्यों न भुच्चू को भिलाई हॉस्पिटल में ज़बरन भरती कर दें? हमारे इशारे पर वहां उसे बिजली के ऐसे मस्त झटके दिए जाएंगे कि फिर वो चुपचाप किसी कोने में ही बैठकर अपनी बक़ाया ज़िन्दगी गुज़ारेगा।"

"मैं नहीं सोचता, भिलाई के डॉक्टर इस हद तक बेईमानी करेंगे।"

"हर काम हो सकता है, बशर्ते दाम दिया जाए।"

"मत बोलिए; मत बोलिए ऐसा! हम जैसा बोलते हैं, वैसा सचमुच होता जाता है। नहीं, मेरा भुच्चू पागल नहीं है, नहीं है।" काव्यमाया ने थरथरा कर कहा।

तभी मैंने देखा, दूर से लोगों का एक जत्था हाथ उठा-उठा कर नारे लगाता, हमारी ही ओर लपक रहा था, "भगत जी! अमर रहें! भगत जी! ज़िन्दाबाद! बोलो बजरंग बली की! जय!"

जत्थे ने तूफ़ान की तरह आकर हमें और हमारी कार को घेर लिया। कार के खुले दरवाज़े से हाथ अन्दर डाल-डालकर जत्थे का हर शख़्स मेरी जांघों को छूने लगा; आशीर्वाद मांगता हुआ। मुझे अपंग देखकर उन सबके आंसू फूट पड़े। इससे मेरे भी आंसू बह चले। मैं रोया, तो काव्यमाया को भी रोना आ गया। निक्का और झंकारमोहन अवश्य क़ाबू में रहे। जत्थे के लोग मुझे और काव्यमाया को रोते देख अकबका गए। मैंने कहा, "भाइयो! बहनो! रोइए नहीं! शान्त हो जाइए। ज़रा समझिए तो सही, बजरंग बली क्या चाहते हैं..."

मैंने उन्हें बताया, श्री हनुमन्त की लीला क्या है, मेरे दोनों पैर उन्होंने आख़िर क्यों ले लिए। यह भी समझाया, कैसे स्वयं मुख्यमंत्री के सहयोग से एक ज़बर्दस्त विदेशी क्रेन ख़रीदी जाएगी, जो खण्डित हनुमन्त को उठा कर वापस जोड़ेगी।

जत्थे की आंखें चमकने लगीं।

भीड़ बढ़ जाए, इससे पहले ही रवाना हो जाना ज़रूरी था। भुच्चड़ भी लौट कर आता दीखता नहीं था। पता नहीं, फोटोग्राफर के साथ उसने क्या सलूक कर डाला हो। मुझे फ़िक्र हो रही थी। मैंने निक्के से गाड़ी स्टार्ट करने को कहा।

काव्यमाया और झंकारमोहन पीछे बैठे। मैं आगे था ही। निक्के ने स्टियरिंग सम्भाला। चारों दरवाज़े एक साथ बन्द हुए।

गाड़ी अभी चली भी न थी कि पांचेक श्रद्धालुओं ने सामने आकर बोनेट पर अपने मस्तक पटकने शुरू कर दिए। वे बाक़ायदा ताल मिलाकर, बोल-बोल कर मस्तक पटक रहे थे, "भगत जी! भगत जी! भगत जी!"

निक्के ने हॉर्न दबाए रख कर गाड़ी हौले-हौले आगे बढ़ाई। श्रद्धालु अपने आंसू पोंछते सामने से हटने लगे। मैंने सबकी ओर हाथ हिलाया। वे एकदम पस्त मुद्राओं में खड़े थे। बेचारे!

भुच्चड़ ने फोटोग्राफर का पीछा जिधर किया था, उसी दिशा में हमारी गाड़ी ने स्पीड पकड़ी। दूर तक कोई स्कूटर-सवार दिखाई न दिया, तो मैंने आश्चर्य और आशंका से सोचा, 'सब किधर जा सकते हैं?'

'पुलिस-स्टेशन!' एकाएक चौंध-सी हो गई।

भुच्चड़ जैसे लमतड़ंग को पीछा करते देख, उस भाग रहे फोटोग्राफर ने पुलिस-स्टेशन में ही शरण ली होगी। जो पत्रकार बाद में रवाना हुए, वे भी वहीं पहुंचे होंगे।

मेरे आदेश पर निक्के ने कार पुलिस-स्टेशन के अहाते में ला खड़ी की।

अन्दाज़ा कितना सही निकला! पत्रकारों के तमाम स्कूटर, मोटर-साईकिल, मोपेड आदि वहीं इधर-उधर खड़े दिखाई दिए। भुच्चड़ ने जो स्कूटर लूटकर चलाया था, वो भी वहीं मौजूद था।

मैं और काव्यमाया कार में ही बैठे रहे। झंकारमोहन और निक्का उतर कर पुलिस-स्टेशन के अन्दर चले गए। बड़ी देर तक वे बाहर न निकले। मैं अकुलाने लगा।

"ज़रा देखो तो," मैंने योगिनी काव्यमाया से कहा, "चक्कर क्या है?"

काव्यमाया भी अन्दर गई, तो वहीं रह गई।

मेरा गला सूखने लगा।

सहसा तीन मज़बूत सिपाही, इरादे की चाल चलते, मेरे नज़दीक आकर रुके। एक ने कार की खिड़की से अन्दर झांका, "प्रणाम, भगत जी!"

मेरे कान खड़े हो गए। उस प्रणाम में श्रद्धा या भक्ति नहीं थी। था केवल व्यंग्य का दंश।

"आयुष्मान भवः!" मैंने हाथ उठाकर आशीर्वाद दिया।

सिपाही मुस्कराया नहीं। कार की खिड़की में से उसका चेहरा एकाएक हट गया।

अधिकार-भरे झटके के साथ उसने कार का दरवाज़ा खोल दिया और ठण्डे स्वर में कहा, "चलिए! साब बुलाते हैं!"

मैं चिढ़ गया, "कौन है तुम्हारा साब?"

"एस.पी. आई. मोहिते।"

"क्या उन्होंने कभी भगत जी का नाम नहीं सुना?"

"हो सकता है, न सुना हो। नए आए हैं। चलिए, अन्दर बुलाते हैं।"

"जाकर अपने साब से बोलो, भगत जी बाहर बुलाते हैं।"

"माफ़ कीजिएगा, लेकिन अगर यह बात मैंने अन्दर कह दी, तो आपके लिए ठीक नहीं होगा।"

"लेकिन मैं चल-फिर नहीं सकता हूं।" मैंने अपनी अधकटी जांघों की ओर इशारा किया।

"आपको कार से निकालकर, उठाकर, अन्दर ले आने के लिए साब ने कहा है। हम तीन मिलकर आपको ज़रूर उठा लेंगे।"

मैंने दो पल सोचने के बाद कहा, "नहीं! मैं तुम्हारे उठाए नहीं उठूंगा। मेरे तीन बेटे अन्दर गए हैं। उन्हें भेजो। वे उठा सकते हैं।"

"आपके बेटे बाहर नहीं आ सकते।"

"क्यों?"

"ये आप साब से पूछिएगा।"

मैं समझ गया, सिपाही के इतने उखड़े-उखड़े बरताव के पीछे सीनियर इन्स्पेक्टर का ही इशारा था। पहले यहां जोशी हुआ करता था। अपना ही बन्दा था। यह मोहिते कहां से आ टपका?

सिपाही तीन अवश्य आए थे, मगर दो ने ही मिलकर मुझे आसानी से उठा लिया। उन दो के कन्धों पर मैंने अपना एक-एक हाथ डैनों की तरह फैला कर धरा हुआ था। तीसरा सिपाही अपने डण्डे से खेलता हुआ साथ चलने लगा। उसे अपने डण्डे से इसी वक़्त क्यों खेलना चाहिए था?

पोर्च की सीढ़ियां अभी चढ़ी भी नहीं गई थीं कि मेरे चेहरे पर तड़ाक से एक चौंध आकर लगी। फोटो! ज़रूर मेरा फोटो खींचा गया था! मैं सन्न रह गया। दो पुलिसवाले मुझे बबुए की तरह अधर उठाकर पुलिस-स्टेशन के अन्दर ले जा रहे हैं और इसका बाक़ायदा फोटो खींचा गया है!

मैंने स्तब्ध होकर उधर नज़र घुमाई, जिधर से चौंध का चील-झपट्टा आया था। उधर वही फोटोग्राफर खड़ा दिखाई दिया, जिसका कैमरा छीन लेने के लिए भुच्चड़ ने स्कूटर से पीछा किया था। कमबख्त कैसा छुट्टा घूम रहा है! भुच्चड़ कहां

है? आकर इसे एकाध धर क्यों नहीं देता? पता नहीं, किधर है भुच्चू। फोटोग्राफर मेरा एक और फोटो खींच लेने की तैयारी कर रहा था। मैंने ज़ोर से डांटा, "मत खींचो!" लेकिन उसने पूरी ढिठाई से अपनी फ्लैश-गन दुबारा चला दी। मेरी आंखें बन्द हो गईं। खुलीं, तो देखा; सामने का दरवाज़ा ज़रा और नज़दीक आ गया था और वो फोटोग्राफर कहीं नदारद था।

मुझे उठाए दोनों सिपाही उस दरवाज़े में दाख़िल तो हुए, मगर चौखट पर ही खड़े रह गए। मैं दरवाज़े के बीचोंबीच अधर में टंगा चारों तरफ़ देखने लगा। झेंप और शर्म के मारे मेरी हालत बिगड़ गई। मुझे जल्द-से-जल्द किसी कुर्सी या सोफे में रख दिए जाने की ज़रूरत थी, जबकि वे ढीठ सिपाही...

"आइए! आइए! भगत जी, आइए! नमस्कार!" एक करारी, मर्दाना आवाज़ ने मेरा स्वागत किया।

कमरे में तीन मेज़ें लगी थीं। करारी आवाज़ सबसे बड़ी मेज़ की तरफ़ से आ रही थी। शेष दो मेज़ों पर पुरानी फाइलों और कागज़ात के गट्ठर। एक टाइप-राइटर। एक कम्प्यूटर...

मैंने करारी आवाज़ के मालिक पर नज़र ठहरा दी। वह नौजवान अपनी कुर्सी छोड़कर क़तई नहीं उठा था। कुर्सी की पुश्त से टिककर वह तसल्ली से मुस्कराए जा रहा था। उसकी आंखों की चमक मुझसे देखी नहीं गई। मुझे हैरानी हुई। क्यों मैं उसकी आंखों में आसानी से देख नहीं पा रहा था? उस नौजवान का शरीर ही नहीं, चेहरा भी लम्बा और छरहरा था। गोरे चेहरे पर लगी उसकी नाक भी लम्बी और उठी हुई थी। उस वक़्त वो इतना सलोना और शान्त लग रहा था कि उतनी करारी आवाज़ उसे मिली कैसे, इसी पर मुझे आश्चर्य होने लगा। 'मेरे स्वागत में यह उठ कर खड़ा कैसे नहीं हुआ?' सोचते ही वह मुझे रहस्यमय और ख़तरनाक महसूस हुआ। उसकी मेज़ पर रखी नेम-प्लेट पर मैंने साफ़ पढ़ा, 'प्रकाश मोहिते, सीनियर पुलिस-इन्स्पेक्टर।'

"विराजिए।" एस.पी.आई. मोहिते ने अपने सामने की एक कुर्सी की ओर इशारा किया। दोनों सिपाहियों ने मुझे उस कुर्सी में सावधानी से रख दिया। फिर वे, अपने तीसरे साथी को बटोरते हुए, चुप्पे-चुप्पे, सामने से हट गए। बाहर जाकर उन्होंने दरवाज़ा हौले से उढ़का दिया।

अकस्मात् लगा, श्री हनुमन्त मुझे सावधान रहने को कह रहे हैं!

भुच्चू में भुस

"हां, भगंत जी!" एस.पी.आई. मोहिते की नज़र मुझ पर ठहर चुकी थी, "आज पहली बार आपके दर्शन कर रहा हूं। नाम तो बहुत सुना था।"

"सब हनुमन्त की लीला है।" मैं बुदबुदाया। मुझे अच्छी तरह याद था; सिपाही ने कुछ उल्टा ही बताया था, 'हो सकता है, साब ने आपका नाम सुना ही न हो...'

"पहले मेरी पोस्टिंग बलौदाबाज़ार में थी। वहीं से यहां ट्रान्सफर हुआ है, अभी हाल में।"

"जी..."

"आज तो आपकी पूरी फेमिली पुलिस-स्टेशन में हाज़िर है!"

"यह भी हनुमन्त की लीला है..." मैंने संजीदगी से कहा।

"सचमुच!" उसका चेहरा खिल गया, "उन्हीं की लीला! वरना आप सब-के-सब यहां एक साथ कैसे आ सकते थे! सभी से एक साथ पूछताछ का सुनहरा मौक़ा मिल गया।"

"पूछताछ?" मैंने भौंहें उठाईं।

"हां-आं...है कुछ; पूछताछ जैसा। यूं ही!" और वह हंसने लगा।

तब तक मैं हिम्मत बटोर चुका था, "अवश्य! क्यों नहीं! लेकिन पहले यह बताइए, मेरा बड़ा लड़का...जो यहां..."

"हां-हां! स्वामी भद्रमोहन! उर्फ़ भैरोसिंह! उर्फ़ भुच्चड़! उर्फ़ भुच्चू! भई, वाह! चार-चार नाम! फुल वेरायटी!"

"मैं स्वामी भद्रमोहन के लिए बहुत चिन्तित होकर यहां आया हूं।"

"क्यों नहीं! आख़िर बड़ा लड़का है। जीन्स पहनता है, तो भी स्वामी है, संन्यासी है! उसके और क्या-क्या रूप हैं, पता नहीं!"

"तो लगाइए पता। आप पुलिस में हैं। पता लगाने की ही तनख़्वाह पाते हैं।" मैंने अपनी नाराज़गी बिल्कुल न छिपाई, "इजाज़त हो, तो फिर पूछूं; भद्रमोहन कहां है? क्योंकि वो जिस स्कूटर पर इधर आया है, वो बाहर ही खड़ा है।"

"स्वामी भद्रमोहन यहीं हैं। सुरक्षित हैं। वो भयंकर क्रोध में हैं। मैंने उन्हें भीतर एक छोटे कमरे के सन्नाटे में बिठा दिया है। सन्नाटे में एक बहुत बड़ा गुण होता है। वो क्रोध को ठण्डा कर देता है।"

"सन्नाटा क्रोध को भड़का भी सकता है, क्योंकि संयम और विवेक देने वाला कोई होता नहीं आसपास! क्या मैं भद्रमोहन से मुलाक़ात कर सकता हूं?"

"अभी नहीं। इतना याद रखें...एक पत्रकार ने उस पर डकैती का आरोप लगाया है। स्कूटर की डकैती! जिसके कई चश्मदीद गवाह हैं! डकैती कितना संगीन जुर्म है, आप समझते होंगे। भिड़न्त दिखाकर किसी डकैत को अगर जान से भी मार डालें, तो पूछने वाला कोई नहीं होता।" इतनी कठोर बात कहते वक़्त भी एस.पी.आई. मोहिते मुस्करा रहा था, "स्वामी भद्रमोहन ने दो-दो प्रेस-फोटोग्राफरों के कैमरे तोड़ डाले...तीसरे के साथ भी यही करने के लिए बाक़ायदा उसका पीछा किया, वह भी डकैती के स्कूटर पर! बेचारा फोटोग्राफर! कुछ न सूझा, तो यहां आ घुसा। यक़ीन करेंगे? इसी कमरे में, खुद मेरी आंखों के सामने, आपके भद्रमोहन ने उसका कैमरा छीनने की फिर कोशिश की! पुलिस बीचबचाव न करती, तो गया था, एक और कैमरा! भगत जी! आप सन्त हैं। आप ही बताइए। हर बात की एक हद होती है या नहीं?"

"होती है और होनी भी चाहिए, लेकिन एस.पी.आई. साब! हद के अन्दर क्या है और बाहर क्या, इसका फ़ैसला वो कर सकता है, जिसका दिमाग़ सही हो। क्या आपको पूरा यक़ीन है कि भद्रमोहन का दिमाग़ सही है?"

एस.पी.आई. मेरी ओर देखता रह गया।

मैंने अपना स्वर अच्छी तरह भिगो लिया, ताकि कह सकूं, "साब! भद्रमोहन का दिमाग़ तो उसी दिन फिर गया था, जब उसने श्री चट्टानी हनुमान को कड़कड़ाकर टूटते और गिरते देखा था। उसने जब संन्यासियों का चोग़ा अचानक उतार दिया और जीन्स पहनना, अनापशनाप फ़िल्में देखना शुरू कर दिया, तब...पहले तो हम भी नहीं समझ पाए थे कि यह दिमाग़ फिरने की निशानी है, लेकिन आज मैं दावे के साथ कह सकता हूं; भद्रमोहन दीवाना हो चुका है। बड़ी-से-बड़ी अदालत भी दीवानों को क्या सज़ा दे सकती है?"

"कुछ नहीं! बशर्ते दीवाना वाक़ई दीवाना हो!" एस.पी.आई. मोहिते ने मेरे सम्पूर्ण व्यक्तित्व को आंखों-आंखों में तौलना चाहा, "क्या आपने भद्रमोहन की डॉक्टरी जांच करवाई है?"

"जांच की सोच ही रहे थे कि आज का काण्ड हो गया।"

"हूं..."

"एस.पी.आई. साब! ये सब बताते मेरा गला सूख रहा है।"

"ओह! भगत जी! सॉरी! मैंने आपसे पानी के लिए भी नहीं पूछा।" और माहिते ने घण्टी बजा दी।

उढ़का हुआ दरवाज़ा ठेल कर अर्दली ने झांका, "जी, साब!"

"भगत जी के लिए पहले ठण्डा पानी, फिर चाय। कड़क। गरम। फ़ौरन।"

गरम चाय की पहली चुस्की खींचते ही दिमाग़ की घड़ी और तेज़ी से चल पड़ी। एस.पी.आई. प्रकाश मोहिते...चालाक अफसर! इसे पता कैसे चला कि भद्रमोहन के चार-चार नाम हैं? हमारे बारे में...यह और क्या-क्या जानता है? और कैसे?

मोहिते ने स्वीकार कर लिया कि भद्रमोहन के चार नामों के बारे में उसे उसी फाइल से पता चला था, जिसे इन्स्पेक्टर जोशी ने तैयार किया था। झंकारमोहन, काव्यमाया और निक्के के भी असली नाम वो जानता था। निक्के की तो दिलरुबा तक का पूरा नाम-पता उसे मालूम था। रायपुर में हम कहां रहते थे, कैसी माली हालत में थे, कैसे मैंने चट्टानी हनुमान की भविष्यवाणी की, कैसे आधे लाख की भीड़ के सामने चट्टानी हनुमान सचमुच प्रकट हो गए...भला क्या नहीं जानता था वह।

मैं उसकी चाल समझ रहा था। वह मुझे आतंकित कर देना चाहता था, मेरे बारे में अपने ज्ञान से; ताकि मैं उसके सामने जो कहूं, केवल सच कहूं और सच के सिवा कुछ न कहूं।

कावेरी कहां है? और झब्बू? निक्का? तीनों में से कोई भी नज़र क्यों नहीं आ रहा? फोटोग्राफर भी सिर्फ़ एक दिखाई दिया, जिसने यहां अचानक मेरा फोटो खींचा। बाक़ी दो फोटोग्राफर? और वे तमाम पत्रकार?

"भगत जी! मुझे आपके भद्रमोहन से बहुत पूछताछ करनी है; चाहे उसकी दिमागी हालत कुछ भी हो। न केवल भद्रमोहन से, बल्कि आपसे भी; और आपके परिवार से भी। इसीलिए...फिलहाल मैं आप लोगों को एक-दूसरे से मिलने नहीं दे सकता।"

"लेकिन मैं समझ नहीं पा रहा, हमसे आख़िर क्या पूछना चाहते हैं आप? डकैती का आरोप अकेले भद्रमोहन पर है। जो पूछना हो, उससे पूछिए। हमें जाने दीजिए।"

"सच बताऊं, भगत जी? हम लोग साल भर से आपकी एक खुफ़िया फाइल तैयार कर रहे हैं। एस.पी.आई. जोशी ने ख़ास सिफ़ारिश की थी कि आपके ऊंचे ताल्लुक़ात को देखते हुए, इस मामले की तहक़ीक़ात मैं खुद करूं, किसी और से न करवाऊं। कुछ लोगों की ज़िन्दगी बहुत ड्रामे और एक्शन से भरी होती है। आपका परिवार लगातार एक्शन कर रहा है; अच्छा या बुरा, लेकिन एक्शन! आपकी खुफ़िया फाइल में इसी की डीटेल्ड रिपोर्ट है।"

मस्तक पर उभर चुका पसीना मैंने जल्दी से पोंछ लिया। गरदन के पीछे भी मैंने दो बार रूमाल फेरा, ''क्या वो फा-फाइल मुझे दे-देखने को मिल सकती है?''

''जी, नहीं।''

''आप जो भी सेवा कहेंगे...''

''शुक्रिया! आपने मुझे इस लायक़ समझा! ऐसा प्रस्ताव जब भी पहली बार रखा जाता है, मैं माफ़ कर देता हूं। दुबारा कोशिश करेंगे, तो पछताएंगे।''

कमरे का चप्पा-चप्पा मुझे चेतावनी देता महसूस हुआ। मैं नीचे देखने लगा। एस.पी.आई. ज़ोशी की ग़द्दारी ने मुझे दहला दिया था। जोशी मेरे बंगले में अन्दर तक आता-जाता था। वर्षा के साथ तो उसने ठिठोली तक का नाता बना लिया था। उसकी जेब गरम करने का कोई मौक़ा मैं नहीं चूकता था। क्या वही जोशी का बच्चा चुपके-चुपके हमारी फाइल तैयार कर रहा था?

नज़र ज़्यादा देर तक झुकाए रखना मेरे हित में न होता। मैंने पलकें ज़बरन उठाईं और कहा, ''साब! मुझसे जो भूल हुई, आपको पहचानने में, उसके लिए माफ़ी चाहता हूं।''

''अजी नहीं! सब ठीक है...''

''यहां जो प्रेस वाले आए हुए हैं...मैं सबसे मिलना चाहता हूं।''

''वो क्यों?''

''उनसे कहूंगा, भद्रमोहन को दीवाना समझकर माफ़ कर दें।''

''याने आप चाहते हैं, कल सुबह तमाम अख़बारों में छप जाए कि भद्रमोहन दीवाना हो चुका है।''

''नहीं, ये बात नहीं! मैं तो उसे सिर्फ़ माफ़ी दिलाने के लिए...''

''आप कुछ भी कहेंगे, तो पत्रकार भड़केंगे। वे पहले से ही चिढ़े बैठे हैं और चाहते हैं, हम भद्रमोहन की अच्छी तरह धुलाई करें। यूं समझिए; सिर्फ़ भद्रमोहन की चीख़ें सुनने के लिए ही वे यहां रुके हैं। भद्रमोहन आख़िर एक डकैत है!''

''उसे पीटिएगा नहीं, साब! दीवाने को क्या पीटना!''

''भद्रमोहन के साथ मेरी जितनी भी बातचीत हुई है, उसमें वो कहीं से भी दीवाने जैसा नहीं लगा है। यहां आकर उसने धमाल ज़रूर किया, लेकिन वो एक क्रोधित व्यक्ति का धमाल था, न कि किसी दीवाने का। इधर आप हैं कि उसे बार-बार दीवाना क़रार दे रहे हैं। क्या आप मुझे लिखकर दे सकते हैं कि उसका दिमाग़ खराब है?''

''लिखकर? हां, हां, क्यों नहीं; ज़रूर दे सकता हूं, लिखकर।''

''इससे हमें काफ़ी आसानी रहेगी, उसे दिमाग़ी इलाज के लिए कहीं भी ले जाने में। अदालत में भी उसके साथ कोई अन्याय नहीं होगा, यदि आप लिखित आवेदन कर दें। क्या आपके परिवार के दूसरे लोग भी दस्तख़त करेंगे?''

''बिला शक करेंगे।'' मैं तपाक से बोल पड़ा। इतने तपाक से नहीं बोलना चाहिए था। आख़िर वो मेरा बेटा है। उसे दीवाना क़रार देने के लिए मुझे इतना उत्सुक नहीं होना चाहिए। मेरा चेहरा भी कितना खिल गया! क्या यह बात एस.पी.आई. मोहिते ने पकड़ ली है?

चेहरे को जल्दी से बुझाकर मैंने मोहिते की ओर देखा। उसकी आंखें मुझी पर टिकी हुई थीं। मैं खिसिया कर मुस्कराने लगा। ख़ामोशी का बोझ सहना मुश्किल था। आख़िर मैंने ही शुरू किया, ''इजाज़त हो, तो एक छोटी-सी बात...जानना चाहूंगा।''

''कहिए...''

''क्या आपने अपने...एस.पी. साब से पूछ लिया है?''

''किस बारे में?''

''यही...मेरे बारे में...क्योंकि एस.पी. साब इतने बड़े हनुमान-भक्त हैं कि...और फिर...मैंने तो उनकी आंखों के सामने एक ऐसा चमत्कार कर दिखाया था कि...''

''माफ़ कीजिएगा, भगत जी! एस.पी. साब का ऑर्डर भी आपके सख़्त ख़िलाफ़ है।''

''ओह! लेकिन...मेरा और उनका नाता...''

''चाहे जो रहा हो; उन्होंने साफ़ कह दिया है कि ज़रा भी मुरव्वत न की जाए।''

''फिर तो...मुख्यमंत्री के ही दरबार में दुहाई देनी पड़ेगी!''

''यह आप जानें! फ़िलहाल...ऐसा करिए, भगत जी! बग़ल के कमरे में बैठिए। हो सकता है, आपको दुबारा बुलाना पड़े; पूछताछ के लिए।'' और एस.पी.आई. मोहिते ने घण्टी बजा दी।

जिन दो सिपाहियों ने मुझे अधर उठा कर मोहिते के सामने ला बिठाया था, वे फिर हाज़िर हो गए। मैंने अपने दोनों हाथ उनके कन्धों पर रखकर अटका दिए, ताकि वे मुझे कुर्सी में से बाहर निकालें और उठाकर ले जाएं। चलते-चलते मैंने मोहिते को नमस्कार भी किया, लेकिन उसने इतने हल्के से जवाब दिया कि मैं चाहता, तो सुनता; न चाहता, तो न सुनता।

अंधकार

अधर टंगी हालत में मुझे दरवाज़े से बाहर निकाला ही गया था कि झपाझप! फ्लैश-पर-फ्लैश! धड़ाधड़ मेरे फोटो खींचे जाने लगे। कैसे रोकूं, आह, कैसे रोकूं इन प्रेस वालों को? अभी मैं बिल्कुल किसी बबुए की तरह टंगा हुआ हूं। क्या मेरे इन्हीं फोटोग्राफों को देखेगी आम जनता? मैं; यूं पुलिस की गिरफ़्त में?

फोटोग्राफर पीछे हटे। पत्रकार आगे बढ़े। सबका एक ही सवाल, "एस.पी. आई. से आपकी क्या बातचीत हुई?"

सबको मेरा एक ही जवाब, "यूं ही; गपशप। ख़ास कुछ नहीं।"

पूरे गलियारे में पत्रकार साथ चलते कांव-कांव करते रहे। मुझे उठाए सिपाही किसी भीतरी कमरे में दाख़िल हुए। पत्रकार तो वहां भी आना चाहते थे, मगर सख़्ती से रोक दिए गए। सिपाही मुझे एक बेंच पर बिठाकर चले गए।

वहां मैं अकेला नहीं था। पांच-सात जने पहले से मौजूद दिखाई दिए, जिनके चेहरों पर ही अपराध अंकित था। उन्होंने मुझे झट से पहचान लिया, "अरे! भगत जी! आप यहां?" उनके आश्चर्य और दुःख की सीमा न रही। सबने उठ-उठ कर मेरी कटी जांघों को छुआ। मैंने सबके सर सहलाकर आशीर्वाद दिए।

एस.पी.आई. का बच्चा! वो जान-बूझ कर मुझे ऐसे घटिया लोगों के सामने, ऐसी घटिया हालत में, पेश कर रहा था। यहां मुझे ज़रा भी मायूस नहीं दीखना चाहिए, वरना और दब जाऊंगा। मैंने धीमे स्वर में, ताकि आजूबाजू कहीं ख़लल न पहुंचे, किन्तु गहरी मुस्कान के साथ, हनुमान चालीसा का पाठ शुरू कर दिया। वे पांच-सात जने मुण्डी हिला-हिलाकर मेरा साथ देने लगे, धीमे ही स्वर में।

पत्रकारों और फोटोग्राफरों के तमाम दुपहिए वाहन एक साथ स्टार्ट होने की आवाज़ वहां तक सुनाई दे गई। आवाज़ तेज़ी से बुझ गई; वे चले गए थे। ज़ाहिर था; भुच्चू को पिटवाए बिना। सुबह के अख़बारों में, अब, जाने क्या-क्या लीपापोती होगी। ठीक है। देखेंगे।

कावेरी। झब्बू। निक्का। तीनों से बारी-बारी, अलग-अलग पूछताछ कर रहा होगा एस.पी.आई. का बच्चा! जाने क्या-क्या पूछेगा। तीनों के बयानों में कहीं

विरोधाभास नहीं होगा; ऐसी, बस, उम्मीद ही रख सकता हूं। सिर्फ़ एक वाक्य ऐसा है, जो उनके मुंह से ज़रूर निकलना चाहिए, 'भद्रमोहन दीवाना हो चुका है।' जो कि निकलेगा ही। तीनों को मैंने कसकर चाबी भर रखी है। बस, एक बार भुच्चड़ पर 'दीवाने' का ठप्पा लग जाए। बेड़ा पार।

तीनों से पूछताछ में तीन घण्टे तो लगेंगे ही, ऐसा मेरा अन्दाज़ा ग़लत निकला। एस.पी.आई. ने मुझे ढाई घण्टों में ही दुबारा बुलावा लिया। सिपाहियों ने एक बार फिर मुझे, उसके सामने, उसी कुर्सी में ला बिठाया

"बधाई हो, भगत जी!" एस.पी.आई. मोहिते के होंठों पर मुस्कान थी, "आपकी पत्नी और दोनों बेटों ने यहां अलग-अलग आकर जो बयान दिए, वे हू-ब-हू एक जैसे हैं। जो उन्होंने कहा, ठीक वही आप कह चुके हैं। ज़ाहिर है, किसी ने भी कुछ असत्य नहीं कहा।"

"क्या उन्होंने साफ़-साफ़ बताया कि भद्रमोहन दीवाना हो चुका है?" मैंने सावधानी से पूछा।

"हां, यह बात तीनों ने साफ़-साफ़ कही।"

'ग़नीमत है!' मैं मन-ही-मन बोला।

एस.पी.आई. ने काग़ज़-क़लम मेरी ओर बढ़ा दिए, "लिखित आवेदन कर दें कि भद्रमोहन को दिमाग़ी इलाज की ज़रूरत है।"

मैंने विस्तार से लिखा कि किस प्रकार भद्रमोहन ऐसा मानता है कि उसके अपने पापों से नाराज़ होकर श्री चट्टानी हनुमान अचानक टूट पड़े। भद्रमोहन ने स्वयं के पापों और अपराधों की कई मनगढ़न्त कहानियां सोच रखी हैं, जिनमें वो अपने समूचे परिवार को भी शामिल कर लेता है। भयंकर-से-भयंकर अनर्गल बकवास भी वो बेहद संजीदगी के साथ कर सकता है, जिससे किसी के भी मन में कुछ भी ग़लतफ़हमी हो सकती है। भद्रमोहन के मन का बोझ कम हो, उसकी चित्र-विचित्र कल्पनाएं अंकुश में आएं और वह अपना मानसिक सन्तुलन वापस पा सके, इसके लिए ज़रूरी है कि उसे जल्द-से-जल्द कहीं दिमाग़ी इलाज के लिए ले जाया जाए...

बड़े ही शौक़ से नीचे दस्तख़त कर, आवेदन मैंने एस.पी.आई. मोहिते की ओर बढ़ा दिया। एस.पी.आई. ने पूरा आवेदन ग़ौर से पढ़ा। सहसा उसके होठों पर एक ऐसी मुस्कान खिल उठी, जो सन्तोष की थी या व्यंग्य की, मैं न समझ सका। एक बार तो मेरा दिल धक से होकर रह गया कि कहीं मैंने कुछ अगड़म-बगड़म तो नहीं लिख कर दे दिया। "ठीक है न?" मैंने कमज़ोर आवाज़ में पूछा, हालांकि पूछने में कोई तुक नहीं थी। अगर कहीं कुछ ग़लत था भी, तो एस.पी.आई. मुझे बताने वाला नहीं था। क्यों बताता? वो कोई मेरा शुभचिन्तक नहीं था।

न हो शुभचिन्तक; बला से! भुच्चू के दीवानेपन का लिखित ऐलान जब हो ही गया, फिर क्या परवाह। भुच्चू अब किसी का बाल भी बांका नहीं कर सकेगा। उस पगले की ज़बान का अब कोई मोल नहीं! हमारी पोलपट्टी वो पूरी-की-पूरी खोल दे, तो भी...पग्गल-पग्गल पिप्पी-पों!...हा-हा-हा!

एस.पी.आई. ने कावेरी, झब्बू और निक्के को हाज़िर करने का हुक्म दिया। उन तीनों ने, दाख़िल होते ही, मुझे बड़ी व्याकुल नज़रों से देखा। मैंने गहन-गहन मुस्करा कर तीनों को तसल्ली दी। एस.पी.आई. ने मेरा लिखित आवेदन उन्हें पढ़कर सुनाया। तीनों ने खुशी-खुशी उस पर दस्तख़त कर दिए। तत्काल उनके चेहरों की मुर्दनी छंटने लगी।

फिर हमने भुच्चू से मुलाक़ात ही न की। उसे पुलिस-हिरासत में ही छोड़, एस.पी.आई. से विदा ले, हम बंगले पर लौट आए। रात के सिर्फ़ साढ़े नौ बजे थे। मारे थकान के लग ऐसा रहा था, जैसे आधी रात बीत चुकी। बेमन से थोड़ा खा-पी कर हम सोने चले गए।

मैं और कावेरी एक-दूसरे को दिलासा देते, बस, करवटें ही बदल रहे थे। रात के ढाई-तीन बजे ठकठक हुई। कावेरी ने दरवाज़ा खोला, तो सामने झब्बू और निक्का!

निक्का तपाक से बोला, "बाहर पुलिस की गाड़ी खड़ी है, मां!"

मैंने फ़ौरन अपनी बनियान पर कुरता पहन लिया।

दोनों भाई अन्दर आए। मुझे व्हील-चेयर में रख, बैठक में ले गए।

परदे का छोर ज़रा-सा उठाकर मैंने खिड़की से बाहर, अन्धकार में नज़र दौड़ाई। हमारी बैठक में सिर्फ़ नाइट-बल्ब जल रहा था। बाहर से कोई भांप नहीं सकता था कि हम परदे के पीछे से झांक रहे हैं।

फ़ासले पर, दरख़्त के नीचे झलक रही वो गाड़ी निश्चित रूप से पुलिस की थी। उस की छत पर लगी लाल रोशनी पूरी ढिठाई के साथ गोल घूम रही थी। मैंने महसूस किया, लाल रोशनी जान-बूझ कर जलाकर रखी गई है, ताकि हम पर दबाव बना रहे...मगर क्यों? दबाव की ज़रूरत ही क्या थी? हम भागे तो जा नहीं रहे! मोहिते ने हम सबको कितने अच्छे से विदा किया था...

"कब से खड़ी है?" मैंने पूछा।

निक्के या झब्बू में से कोई इसका सटीक जवाब न दे सका। व्याकुलता के मारे दोनों सोए नहीं थे, किन्तु आंखें बन्द अवश्य कर रखी थीं। गाड़ी कब आकर खड़ी हुई, देख नहीं पाए। झब्बू पानी पीने उठा, तो यकायक देखा...पुलिस!

"ये लोग समझते क्या हैं; लाल रोशनी चमका कर हमें डरा देंगे?" झब्बू व्याकुल हो गया, "अभी जाकर पूछता हूं, क्यों ऐसी पहरेदारी?"

कावेरी ने रोका, "नहीं, बेटे! वे हमारे अहाते के अन्दर नहीं हैं। बाहर सड़क पर हैं। वहां तो कोई भी आकर खड़ा रह सकता है।"

मैंने दोनों हाथ उठाकर सबको शान्त रहने का इशारा किया। आंखें मूंदकर मैंने मन-ही-मन पूछा, 'हनुमन्त! क्या करूं?'

कोई जवाब नहीं। घनी ख़ामोशी! इससे पहले, संकट की हर घड़ी में जब भी हनुमन्त से कुछ पूछा था, साफ़ महसूस हुआ था, जैसे दिल के अन्दर से कोई जवाब आया। आज क्यों ऐसी ख़ामोशी?

मैंने पलकें उठा दीं। बड़ी-बड़ी आंखों से सबको देखा। पल भर के मौन के बाद कहा, "फ़िकर जैसा कुछ नहीं है। अभी-अभी मैंने महाबली से पूछा, 'क्या होने जा रहा है?' वह ख़ामोश रहे। ख़ामोशी याने कुछ नहीं! कुछ नहीं होगा हमारे ख़िलाफ़! समझे? हनुमन्त का वचन है!"

निक्का चिढ़ गया, "क्या हर वक़्त हनुमन्त! हनुमन्त! अरे, हनुमन्त ने दोनों पैर ले लिए, तो भी आप...हिश्ट!"

मैंने आंखें तरेरीं, "निक्के! ये क्या बदतमीज़ी हैं! हनुमन्त ने पैर क्यों ले लिए, दुनिया जानती है। तू नहीं जानता? याद रख! अगर महाबली की ही कृपा न होती..."

"बस! हो गया!" कावेरी बीच में पड़ी, "निक्के! चुप! आप भी चुप रहिए, जी!"

लेकिन मेरे नथुने फूल रहे थे।

झब्बू सर झुकाकर बुदबुदाया, "नौकरों को जगाएं?"

कावेरी का स्वर ठण्डा था, "नौकर क्या करेंगे? पुलिस को रोकेंगे? उल्टे खुद ऐसे घबरा जाएंगे कि साथ में हम भी..."

मैं व्हील-चेयर चला कर दूसरे परदे के पास पहुंच चुका था। परदे का छोर उठाकर बंगले के गेट की जांच की। वहां रायफल से लैस चौकीदार नियुक्त ही इसलिए किया है कि रात भर जागे। वो सो रहा था। राइफल ज़रूर हाथ में थी, लेकिन पीठ दीवार से टिकी हुई। आंखें बन्द। गर्दन टेढ़ी। उस मिट्टी के माधो से तो चूहा भी आकर राइफल छीन सकता था!

लेकिन अगर वो मुस्तैदी से जाग रहा होता, तो भी, पुलिस पर फायर तो कर नहीं सकता था। एक सेकण्ड में ऊपर पहुंचा दिया जाता। मैंने परदे का छोर गिरा दिया। व्हील-चेयर घुमा कर मैं अपने शयनकक्ष की ओर जाने लगा, "चलो, चलो, सब सो जाओ।"

सब मुझे आश्चर्य से देखने लगे।

मैं हंसा, "क्या तुम लोग भी छछूंदर की तरह डर गए! किसने कहा, पुलिस हमारे ही ख़िलाफ़ कुछ करने आई है? अरे, ये दुनिया है। इसमें अनगिनत बदमाश

हैं। कर रही होगी तफ़तीश, किसी के ख़िलाफ़। खड़ी है। खड़ी रहे। हमें क्या! चलो, मस्त रहो। ख़र्राटे भरो।''

लेकिन तभी झब्बू ने सावधान का इशारा किया। वो परदे के किनारे से बाहर नज़र पिरो कर खड़ा था, ''दो गाड़ियां और आ गई हैं। लाल रोशनियां चमका रही हैं।''

''खुशफ़हमी में मत रहिए। वे हमारे ही ख़िलाफ़ कार्रवाई करने आए हैं।'' कावेरी ने मेरे कन्धे पर हाथ रखा, ''जल्दी कुछ करिए।''

''क्या कर सकते हैं?''

''आपके पास मुख्यमंत्री की हॉटलाइन का नम्बर है न? खुद उन्होंने आपको दिया था।''

''मतलब? आधी रात को मुख्यमंत्री को फोन करूं और जगाऊं और कहूं कि हाय-हाय! मर गया! बचाइए! मेरे घर के सामने पुलिस खड़ी है!...अरे, जब तक हमारे ख़िलाफ़ कोई बड़ी कार्रवाई न हो, कैसे हम उस नम्बर को इस्ते–''

तभी अचानक! ट्रिन-ट्रिन! बैठक की एक-एक ईंट थरथरा गई। ट्रिन-ट्रिन! किसी को समझ में ही न आया, रिसीवर कौन उठाए। आख़िर मैंने उठाया, ''हैलो!''

''नमस्कार, भगत जी! मोहिते।''

''नमस्कार, एस.पी.आई. साब! इस वक़्त?''

''जी हां, कष्ट देना पड़ा।''

''आधी रात को मेरे दरवाज़े पर तीन-तीन गाड़ियां?''

''अभी मैं उन्हीं तीन में से एक से बोल रहा हूं। क्या मेरी आवाज़ आपको साफ़ सुनाई दे रही है?''

''ज़ी हां, आवाज़ तो आपकी बिल्कुल साफ़ है। इरादे का पता नहीं।''

''मैं आपको सपरिवार गिरफ़्तार करने आया हूं।''

''क्या बकवास है!''

''आदेश था कि आधी रात के अन्धेरे में अचानक आकर गिरफ़्तार करूं। जनता की नज़र में आप देवता समान हैं। दिन के वक़्त गिरफ़्तार करता, तो बलवा हो जाता।''

''चले जाओ वापस!''

''आप, सब-के-सब, चुपचाप बाहर निकलिए...और हमारी जो भी गाड़ी पसन्द हो, उसमें बैठ जाइए।''

''रे, मोहिते! तुझे तो मैं इसी वक़्त सस्पेन्ड करवाता हूं!''

''आपको चारों तरफ़ से घेरा जा चुका है। आपके पास जो भी हथियार हों, सरेण्डर कर दें! दोनों हाथ उठाकर फ़ौरन बाहर निकल आएं, वरना...आगे की पूरी ज़िम्मेदारी आपकी होगी!''

एस.पी.आई. मोहिते कैसा बहुरूपिया है, मैंने शुरू से भांप रखा था, किन्तु अपना नक़ाब वो इतनी जल्दी उतार फेंकेगा, ऐसी तो मैंने कल्पना भी नहीं की थी। फोन पर मैं उसे बराबर की टक्कर दे रहा था, हालांकि अच्छी तरह एहसास मिल चुका था, टक्कर-वक्कर में अब कुछ धरा नहीं है।

"अरे, लेकिन ये कैसी बातें कर रहे हैं आप?" मैं घोर आश्चर्य और क्रोध से बोला, "हम कोई चोर-लुटेरे हैं? फ़रार क़ातिल हैं? क्या हैं हम?"

"आप जो भी हैं, चुपचाप बाहर आ जाइए। आपको पांच मिनट दिए जाते हैं।"

"नहीं। हम बाहर नहीं आएंगे। आप अन्दर आइए। पहले मुझसे बात करिए।"

"ओके! मैं आ रहा हूं। आप अपने चौकीदार को जगाकर सावधान करिए। वो हथियार न उठाए, वरना भून देंगे।"

"इतना कड़क होने की ज़रूरत नहीं। हम लोग कोई..."

"आपका चौकीदार दोनों हाथों से अपनी राइफल सर के ऊपर तक उठाकर चुप खड़ा रहे। बंगले के अन्दर से भी कोई हरकत न हो। हम पहुंच रहे हैं।"

मैंने रिसीवर रख दिया, "निक्के! पुलिस अन्दर आ रही है। लपक! चौकीदार को जगा। वो किसी सूरत में फायर न करे। अपनी राइफल दोनों हाथों से सर के ऊपर तक उठाकर चुप खड़ा रहे।"

निक्का सिटकनी उतार कर बाहर भागा; चौकीदार की तरफ़।

कावेरी मुझे फटी आंखों से देख रही थी। यही दशा झब्बू की थी।

"कावेरी! तुम अन्दर जाओ। घबराना मत। दरवाज़ा खुला रखो। जो भी सुनाई पड़े, सुनती जाओ; और शान्त रहो। जय हनुमन्त!"

कावेरी 'जय हनुमन्त!' बोली ही नहीं। सर झुका, नज़र झुका, चुपचाप अन्दर चली गई।

अचानक झब्बू ने भी अन्दर की तरफ़ लपकना चाहा।

मैंने टोका, "क्या हुआ?"

"मैं ख़ाली हाथ नहीं रहूंगा।" झब्बू ठिठक कर बोला, "साले! समझते क्या हैं अपने-आपको?"

तब तक निक्का गेट पर से वापस लौट चुका था, "मैं भी ख़ाली हाथ नहीं रहूंगा।"

दोनों भाई चीतों की तरह झपटते अन्दर चले गए। कावेरी जा ही चुकी थी। मैं बैठक में अकेला रह गया। गेट पर से लौटते वक़्त निक्के ने दरवाज़ा ज़रा खुला छोड़ दिया था। दोनों हाथ सर से ऊपर तक उठाकर, रायफल थामे, चुपचाप खड़ा चौकीदार अधखुले दरवाज़े से साफ़ नज़र आ रहा था। बैठक में अभी भी केवल नाइट-बल्ब जल रहा था।

आधे मिनट में ही निक्का और झब्बू बैठक में लौट आए। दोनों एक-एक चीनी रिवॉल्वर हमेशा तैयार रखते हैं, भरेभराए। कोई साल भर से।

"निक्के!" मैंने कहा, "ट्यूब जला।"

निक्के ने स्विच ऑन किया।

दूधिया रोशनी में झब्बू दाहिनी तरफ़ मुस्तैद खड़ा दिखाई दिया। निक्का बाईं तरफ़ तैनात हो गया। दोनों भाइयों ने अपने रिवॉल्वर हाथ में एकदम खुल्ला ले रखे थे। पुलिस भी तो अपने हथियार एकदम खुल्ला लेकर आएगी, छिपाकर नहीं। जैसे को तैसा।

"लेकिन, झब्बू! निक्का!" मैंने कड़क होकर कहा, "फायर नहीं करना है। पुलिस भारी पड़ेगी।"

"फ़िकर नहीं..." झब्बू बुदबुदाया।

मैंने एस.पी.आई. मोहिते को बंगले के अहाते में दाख़िल होते देखा। आगे-आगे दो राइफलधारी। पीछे चार राइफलधारी। एक ने चौकीदार की राइफल झटक कर छीन ली। चौकीदार लड़खड़ा कर पीछे हट गया।

नौकर-चाकर सब पिछवाड़े में सो रहे हैं। गधों को पता भी नहीं चलेगा, इधर के नाटक का।

बैठक के अधखुले दरवाज़े में राइफल की दो नलियां एक साथ दाख़िल हुईं। तपाक से दो सिपाही अन्दर आ घुसे, जिनके हाथ में वो राइफलें थीं। झब्बू और निक्के के हाथ में रिवॉल्वर देखते ही दोनों सिपाही झपट कर दौड़ पड़े, मगर बीच में रुक गए। दूर से ही उनकी राइफलें झब्बू और निक्के पर तन गईं।

मोहिते ने अन्दर आते ही दो राइफलों को दो रिवॉल्वरों पर तने देखा। उसने भी झट अपना रिवॉल्वर निकाल लिया। उसके लम्बे गोरे चेहरे पर उठी हुई लम्बी गोरी नाक क्रोध से लाल हो गई। उसके जो चार राइफलधारी ठीक पीछे चले आ रहे थे, वे भर्रर्रर से अन्दर आकर चारों तरफ़ दौड़ पड़े। उनकी राइफलों ने क्षण मात्र में मेरे, निक्के और झब्बू के सीनों पर निशाने साध लिए।

"बहुत ख़ूब!" मैंने हिम्मत का दिखावा किया।

"मैं भी यह कहूंगा! बहुत ख़ूब!" मोहिते दो क़दम आगे आया।

"किस सबूत के ज़ोर पर आप ऐसी कार्रवाई कर रहे हैं?" मैंने सीधा वार किया।

"आपकी फाइल में, हमारे पास, सबूत-ही-सबूत भरे पड़े हैं।"

"तो अब तक कार्रवाई क्यों नहीं की?"

"बस, एक अदद चश्मदीद गवाह की ज़रूरत थी।"

"चश्मदीद गवाह?"

"हां! जिसने पुजारी और चौकीदार की हत्याएं स्वयं देखी हों।"

“क्या बकवास है!”

“और शिकारी कुत्ते का ख़ात्मा भी! अपनी ही आंखों से देखा...”

“बकवास की हद है!”

“इन्हीं के कंकाल निकले थे खुदाई में...जिनकी जांच नागपुर में हुई...जिसे भद्रमोहन ने घूस देकर बदलवा दिया...”

“अगर आप भद्रमोहन की बकबक के ज़ोर पर इतने उछल रहे हैं, तो याद रखें, वो पागल है।”

“हां! इतना पागल कि आपके ख़िलाफ़ एक लफ़्ज़ भी नहीं बोल रहा था! आख़िर मैंने उसे वो लिखित आवेदन दिखाया, जिस पर आपके दस्तख़त हैं। योगिनी काव्यमाया के, स्वामी झंकारमोहन के और निक्के के भी दस्तख़त हैं। जिसमें आप सबने उसे पागल क़रार दिया है! पढ़ कर पहले तो वो सन्न रह गया, फिर रो पड़ा। हमने उसे पुचकार कर समझाया। आख़िर उसने सब बता दिया।”

“सब क्या बता दिया?”

“ऐसा है...मैं देखूंगा कि भद्रमोहन को कम-से-कम सज़ा मिले; आख़िर वो सरकारी गवाह बन चुका है! लेकिन, भगत जी! आप नहीं बचेंगे। असली हत्यारे आप हैं!”

“अरे, पहले उस पगले का इलाज तो कराइए।”

“दूसरों को पागल कहने वाला अक्सर खुद पागल होता है।”

“ख़बरदार! रे, एस.पी.आई.! अभी शिकायत करता हूं तेरी! गई तेरी नौकरी!” मैंने कांपते हाथों से अपना मोबाइल निकाला और मुख्यमंत्री की हॉट-लाइन का नम्बर पंच करना शुरू किया।

कमाल है! हॉट-लाइन नहीं मिल रही! वो भी आधी रात को!

“आप जो नम्बर मिला रहे हैं, वो तो कब का बदल चुका, भगत जी! हद है! आप को नहीं मालूम?”

मैंने मोहिते की ओर नज़र उठाई। वो मुस्करा रहा था। उसने तसल्ली से अपना रिवॉल्वर वापस होल्स्टर में रखा। फिर खुद का मोबाइल निकाल कर तेज़ी से कोई नम्बर पंच किया, “हैलो, सर!...सॉरी, सर! आपको डिस्टर्ब किया...मैं, एस. पी.आई. मोहिते...यस, सर!...नो, सर!...ओके, सर!...भगत जी बात करना चाहते हैं, सर!...यस सर!”

उसने झट अपना मोबाइल मेरी ओर बढ़ा दिया, “लीजिए! मुख्यमन्त्री लाइन पर हैं!”

मोबाइल हाथ में लेते ही मैं सर से पांव तक झुरझुरा गया। अब क्या आशा! फिर भी मैंने मज़बूत आवाज़ में शुरू किया, “दण्डवत् प्रणाम, मुख्यमन्त्री जी!”

"अरे, भगत जी! आप हमें दण्डवत् प्रणाम करेंगे? क्यों शर्मिन्दा करते हैं!"

"जब आप ही के आदमी हम पर आधी रात को छापा मारेंगे, तब दण्डवत् प्रणाम कौन करेगा? हम या कोई और?"

"चिन्तित न हों। उन्हें अपना काम करने दीजिए। आप भी अपना काम करिए।"

"हमारा काम तो है, भक्ति करना।"

"तो करिए न भक्ति! कौन रोक सकता है?"

"हमें फंसाया जा रहा है।"

"मत फंसिए।"

"हमारे पूरे परिवार को फंसाया जा रहा है।"

"निर्दोष निडर होता है।"

"निडर हैं, तभी तो आपसे बात कर रहे हैं।"

"कहिए, क्या सेवा करूं?"

"हमें न सताया जाए।"

"अच्छा; मोहिते को दीजिए।"

सुनकर मेरे मन में तो जैसे मोर कूक पड़ा! अरे! कितना आसान रहा! अब देखता हूं; मोहिते का बच्चा, साला रास्कल, मेरा क्या उखाड़ता है। मैंने मोबाइल बढ़ा दिया, "लीजिए,एस.पी.आई. साब! मुख्यमन्त्री से ऑर्डर ले लीजिए।"

मोहिते भी चौंक गया। उसने मोबाइल कान से लगाया, "सर!"

मुख्यमन्त्री कम-से-कम पन्द्रह मिनट तक लगातार बोले होंगे। एस.पी.आई. के मुंह से 'यस, सर!' के अलावा और क्या निकल सकता था, जो निकलता? आख़िर उसने 'यस, सर!' के बजाए 'ओके, सर!' कहा और मोबाइल बन्द कर अपनी जेब में रख लिया।

उसकी संजीदा नज़र मेरी ओर घूमी, "ऐसा है, भगत जी! मुख्यमन्त्री ने जो सलाह पहले दी थी, वही इस बार भी दी है...यही कि आपको सब खुल कर बता दिया जाए, क़तई कुछ न छिपाया जाए...ताकि आप हक़ीक़त समझ सकें और बिना हो-हल्ला मचाए, बिना किसी हिंसा के, चुपचाप हथकड़ी पहन लें।"

"क्या बकते हो!"

"क्या मैं आपको आपके ड्राइविंग-लाइसेन्स के बारे में कुछ बताऊं? जैसा कि मुख्यमन्त्री का आदेश है?"

"जी?" मेरा दिल अचानक उछल कर हलक़ में आ गया।

एस.पी.आई. ने जारी रखा, "ड्राइविंग-लाइसेन्स। आपका।"

"ले-लेकिन मेरा तो कोई ड्राइविंग ला-लाइसेन्स है ही नहीं।"

"है नहीं, था! पहले था। जब आप दाढ़ी नहीं रखते थे।"

"दाढ़ी..." अनायास मैं अपनी दाढ़ी को छूने लगा।

"जब आप भगत जी नहीं बने थे। ड्राइवरी किया करते थे। रायपुर में थे। ख़स्ता-हाल।"

"ले-लेकिन वो तो तब की बात है, जब मैं..."

"मैं भी तब की ही बात कर रहा हूं।"

"जी, हां! था तो सही! ला-लाइसेन्स था; उस वक़्त!"

"अब कहां है?"

"वो तो...वो तो मेरे भगत बनते ही ग़ायब हो गया! हनुमन्त ने खींच लिया! हनुमन्त नहीं चाहते थे; मैं ड्राइवरी करूं।"

"आपका वो ड्राइविंग-लाइसेन्स हनुमन्त ने हमें सौंप दिया है!"

"ह-ह! जैसे कि आप और हनुमन्त रोज़ आमने-सामने मिलते रहते हों!"

"यही समझ लीजिए।"

यकायक मेरे दोनों कानों में कींइंइं जैसी बारीक आवाज़ होने लगी। गला तर करने के लिए मुझे थूक गटकना पड़ गया। पहली बार पता चला, मेरी आंखें कितनी कमज़ोर हो गई हैं। तभी तो सामने ही खड़ा मोहिते भी ठीक से नज़र नहीं आ रहा था।

क्या से क्या

आह! दो बरस पहले की वो भयंकर रात! जिसकी काली यादों ने कभी पिण्ड नहीं छोड़ा...आज वो एक बार फिर किसी डरावने अनारदान की तरह भरभरा कर फूट पड़ी...आंखों के ऐन सामने!...

तब हम चौकीदार की लाश को गड्ढे में डाल रहे थे...वो तीसरी और आख़िरी लाश थी...जाने क्यों...ऐसा लगा था, जैसे...गला कटने के बाद भी चौकीदार ज़िन्दा है! तो क्या हम उसे ज़िन्दा ही दफ़न कर रहे थे? बस, सोचने की देर थी! मेरा मस्तक ही नहीं, पूरा सर भी पसीने से तर और ठण्डा हो गया था। पसीने के रेले गरदन के पीछे उतर कर पीठ पर भी चलने लगे थे।

अब तक मैंने केवल अपनी मुड़ी हुई उंगली ही मस्तक पर फेर कर पसीना पोंछा था, लेकिन इस बार बाक़ायदा जेब से रूमाल निकाला और मस्तक पर रगड़ा। रूमाल गरदन के पीछे भी ले जाकर अच्छी तरह रगड़ा...

क्या यही वो क्षण नहीं था, जब ड्राइविंग-लाइसेन्स मेरी जेब से निकल कर गड्ढे में गिर पड़ा? रूमाल जेब से निकाला, तो साथ में लाइसेन्स भी निकल गया. ..आज होश आ रहा है! उस वक़्त तो कैसे मज़े से तीनों लाशें दफ़न कर दी थीं, लाइसेन्स समेत!

"एक ख़ास समाचार हमने अख़बारों तक पहुंचने नहीं दिया था।" एस.पी.आई. मोहिते का स्वर मुझमें दाख़िल हो रहा था, "वो ये कि खुदाई के वक़्त हड्डियों के साथ एक ड्राइविंग-लाइसेन्स भी बरामद हुआ था। वो पतले प्लास्टिक की सफ़ेद थैली में लपेटा गया था। इसीलिए उस पर मिट्टी का कोई असर नहीं हुआ था। आप अवश्य जानते होंगे, प्लास्टिक को मिट्टी खा नहीं पाती।"

"मेरा लाइसेन्स! हड्डियों के बीच? नहीं! यह नहीं हो सकता..."

"—हुआ इसलिए कि आप मौक़ा-ए-वारदात पर मौजूद थे। आज वो लाइसेन्स आपकी खुफ़िया फाइल की शोभा बढ़ा रहा है। उसमें बाक़ायदा आपकी तस्वीर लगी हुई है। बिना दाढ़ी की साफ़ तस्वीर! रंगीन!"

मैं ऐसा स्तब्ध हुआ कि रोकते-रोकते भी नज़र झुका बैठा।

अचानक मैंने एक तेज़, मक्कार हंसी सुनी। झब्बू की हंसी! एस.पी.आई. मोहिते को झब्बू सीधी चुनौती दे रहा था, "अरे, वो लाइसेन्स! उससे क्या साबित होगा? ख़ाक?"

डूबते को तिनके का सहारा! मैं चमकती आंखों से झब्बू की ओर देखने लगा।

झब्बू बोले जा रहा था, "वो लाइसेन्स तो...यूं समझिए; किसी राहगीर को धूल में पड़ा मिल गया था! राहगीर ने ये सोचकर जेब में रख लिया कि डाक से वापस भेज दूंगा; मालिक का पता इसी में से देखकर। अब...इस राहगीर का अचानक क़त्ल हो जाता है। क़ातिल उसकी लाश को दफ़न कर देता है। साथ में वो लाइसेन्स भी दफ़न हो जाता है। उसी लाइसेन्स को बाद में आप बरामद करते हैं। बताइए, कैसे साबित होगा कि खुद बाऊ जी वहां मौजूद थे? हा-हा-हा!"

एस.पी.आई. ने झब्बू को हंसने दिया। फिर कहा, "लाइसेन्स एक मज़बूत सबूत होने के बावजूद हम किसी बेहतर सबूत की खोज में लगातार रहे। आख़िर हमें एक चश्मदीद गवाह मिल ही गया। स्वामी भद्रमोहन उर्फ़ भैरोसिंह उर्फ़—"

"भुच्चड़! वाह-वाह! क्या शानदार चश्मदीद गवाह! वो पगला!" मैं ज़ोर से हंस पड़ा।

एस.पी.आई. की नज़र मेरी ओर घूमी, "आपके भद्रमोहन ने मुझे सावधान किया है कि उसकी दिमाग़ी जांच मैं भिलाई में न कराऊं। भिलाई के डॉक्टरों को शायद आप ख़रीद भी लें। भद्रमोहन में यक़ीनन इतनी समझ है कि वो इस हद तक सोच सकता है। भद्रमोहन ज़मानत पर भी छूटना नहीं चाहता, क्योंकि वो अपने ही घर के लोगों से जान का ख़तरा महसूस करता है। उम्मीद है, इतनी जानकारियां पाने के बाद आप चुपचाप हथकड़ी—"

मैं कुछ बोल पाता, उससे पहले झब्बू धधक उठा, "कैसी हथकड़ी! अभी साबित ही क्या हुआ है!" रिवॉल्वर वाला झब्बू का हाथ झुरझुराने लगा, "मैं वकील लेकर आऊंगा। अपने भुच्चू भैया से मिलूंगा। उनका चश्मदीद बयान भी मैं बदलवा दूंगा!"

एस.पी.आई. मुस्कराया, "आसान नहीं है! क्योंकि भद्रमोहन ने वो बयान किसी दबाव में नहीं; अपनी मरज़ी से दिया है। न आप लोग उसे पागल क़रार देते, न वो हमारा चश्मदीद गवाह बनता। ये तो आप ही लोग हैं, जो मक्कार..."

"मक्कार? कौन है मक्कार? हम या आप?" झब्बू दांत पीस रहा था, "आप ही ने हमसे मक्कारी करवाई। आप ही ने हमसे वो बयान लिखवाया—झांसा देकर।"

"झांसा कैसा? वो बयान तो भगत जी ने अपनी मरज़ी से..."

"सब तेरी चाल है! तूने ही हमें फुसलाया! सूअर की औलाद! तुझे तो इसी वक़्त उड़ा दूंगा!" और झब्बू ने मोहिते के सीने पर रिवॉल्वर तान दिया! रिवॉवर बुरी तरह कांप रहा था, क्योंकि झब्बू के दोनों हाथ थरथरा रहे थे।

मैं चिल्ला उठा, "नहीं! झब्बू! होश में आ! तू छलनी हो जाएगा!"

झब्बू ने दांत पीसे, "मर जाऊंगा, लेकिन इस साले को नहीं छोड़ूंगा।"

मैंने घबरा कर चारों तरफ़ देखा। हर तरफ़ से झब्बू पर किसी-न-किसी की राइफल तनी हुई थी। मैं फिर चिल्लाया, "झब्बू! रिवॉल्वर झुका! झुका रिवॉल्वर! मैं कहता हूं; हाथ नीचे कर!"

तभी मोहिते के दाहिने हाथ में सर्प जैसी हरकत हुई। अपना रिवॉल्वर उसने कब निकाला और कब झब्बू पर फायर कर दिया, पता ही न चला। चिल्लाते सिपाही चारों तरफ़ से इतनी तेज़ी से झपट पड़े कि कौन क्या कर रहा है, समझ में आया ही नहीं। झपटती छायाओं के बीच मैंने एक झलक-सी देखी...कि झब्बू दुबक कर निशाना ले रहा है। तत्काल दो फायर एक साथ हुए। क्या दोनों ने दोनों को भून दिया? झब्बूऽऽ...! मेरी चीखें निकलने लगीं। कुछ बारीक, ज़नाना चीखें भी मैंने तत्काल सुनीं। वो कावेरी की चीख़ें थीं, जो धमाके सुनते ही दौड़ी चली आई थी। सिपाहियों ने उसे खिलौने की तरह उठाया और फ़र्श पर दबा दिया।

चीखें तो निक्के की भी निकली होंगी, मगर हो-हल्ले और लपकझपक में सब गडमड हो गया। मैं अपनी व्हील-चेयर में बैठा, हर तरफ़ से धक्के खा रहा था। कभी भी, कहीं से भी, कोई भी आकर मुझसे टकरा जाता। बड़ी मुश्किल से इतना देख सका...निक्के का रिवॉल्वर छीना जा चुका था। हाथ मरोड़कर, कुन्दे मार-मार कर उसे पस्त किया जा रहा था। चारों तरफ़ हुंकारें और ललकारें गूंज रही थीं। झपटते पुलिस वालों के बूट धड़ाधड़ बज रहे थे।

झब्बू! झब्बू कहां है? ज़िन्दा भी है या नहीं? मैं ज़ोर से चिल्लाने जा ही रहा था, "झब्बूऽऽ...!" लेकिन तभी वो नज़र आ गया। मैं चीखते-चीखते रुक गया। अपनी व्हील-चेयर को मैंने झब्बू के नज़दीक ले जाना चाहा, मगर धक्कों ने मुझे पीछे हटा दिया।

चारों ओर से पिट रहा होने के बावजूद झब्बू तन कर खड़ा था। मुझे पहली तसल्ली यही हुई कि वो ज़िन्दा था, भले ही उसके पूरे चेहरे पर ख़ून बहता-सा दिखाई दिया। बाईं कनपटी के पास उसका सर फट चुका था, मगर सिपाही थे कि राइफलों के कुन्दों से ठोके जा रहे थे। झब्बू ज़रा भी कराह नहीं रहा था। मैंने उसे मन-ही-मन शाबाशी दी।

तभी मैंने देखा; झब्बू का रिवॉल्वर, सामने, फ़र्श पर गिरा पड़ा है। मैंने तिलमिला कर उधर बढ़ना चाहा, मगर धकापेल में मेरी व्हीलचेयर एक बार फिर पीछे हट

गई। अचानक झब्बू की पीठ पर राइ....फल के तीन कुन्दे कसकर एक साथ जड़ दिए गए। झब्बू की आंखें फैल गईं। फ़र्श पर गिर कर वो लम्बा हो गया। उसके दोनों हाथ दाएं-बाएं पसर चुके थे। अनायास उसका एक हाथ उस रिवॉल्वर के नज़दीक पहुंच गया, जो उसका अपना रिवॉल्वर था...

झब्बू ने आगे सरकना चाहा, ताकि रिवॉल्वर उठा सके, लेकिन तभी एक सिपाही ने दौड़कर उसकी हथेली पर अपना बूट जमा दिया। झब्बू की हथेली पर सिपाही मानो खड़ा ही हो गया। जो झब्बू अभी तक कराहा भी नहीं था, वही अब बिलबिला कर चीख पड़ा। शायद उसकी उंगलियों की हड्डियां चटक रही थीं। ज़ोर लगाकर उसने बूट के नीचे से अपना हाथ खींच लिया। उसके सर से बहता ख़ून फ़र्श पर पुता जा रहा था। सिपाही उसके चेहरे पर अपने बूट की नोक दे मारने के लिए खींच-खींच कर लातें चलाने लगा।

झब्बू ने अपनी दोनों बांहें उठाकर, उनका चौकोर फ्रेम-सा बनाकर, अपने चेहरे को फ्रेम के बीचोंबीच छिपा लिया। पूरा चेहरा उसने फ़र्श पर रखकर दबा लिया। यूं उसने अपनी आंखें तो बचा लीं, मगर सर खुला रह गया था। सिपाहियों ने झुककर झब्बू के बाल मुट्ठियों में भर लिए। वे उसका सर उठा-उठाकर फ़र्श पर पटकने लगे।

कावेरी बिलख-बिलख कर दुहाई दे रही थी, "मत मारो! रे! मत मारो!"

मैं भी तड़प कर चिल्लाया, "बस करो! छोड़ दो!"

सच तो यह था; हमें पुलिस वालों का अहसान मानना चाहिए था, क्योंकि उन्होंने झब्बू को गोली से उड़ा नहीं दिया था। आख़िर झब्बू ने उनके साहब पर गोली चलाई थी! जवाब में वे उसे छलनी कर सकते थे। निक्के को भी सदा के लिए सुला सकते थे। निक्के की तो उन्होंने ज़्यादा ठुकाई भी नहीं की। सिपाही ज़रूर दयालु थे। मां-बहन की गालियां बेशक बक रहे थे, मगर इतना तो उनका हक़ था।

"ठहरो! रुक जाओ!" सहसा एक कड़क आवाज़ गूंज उठी।

सिपाहियों के हाथ, पैर, ज़बान, बूट और कुन्दे, सब रुक गए।

"पहना दो हथकड़ी! भर दो सबको! वैन के अन्दर!"

एस.पी.आई. मोहिते की वो आवाज़ उतनी कड़क और करारी कैसे थी? झब्बू की गोली क्या उसे लगी ही नहीं? मैंने चौकन्नी नज़र उठाई। मोहिते को मैंने अपने सामने ही तनकर खड़े देखा; लहूलुहान! उसने अपने बाएं कन्धे को दाहिने हाथ से कस कर दबा रखा था। हुम्म...लगी तो है! बहते ख़ून से उसकी उंगलियां सन चुकी थीं। ख़ाकी ड्रेस भी सनती जा रही थी। लेकिन आवाज़ कैसी करारी! मानना पड़ेगा!

मैंने सोचा था, वो बैठ जाएगा; सोफा-चेयर पास ही थी; लेकिन वो खड़ा रहा। सिपाही उसे सहारा देना चाहते तो थे, मगर यह उसकी क़िस्मत में ही नहीं

था। तभी तो वो बार-बार सहारा छोड़कर स्वतन्त्र हो जाता था। कितनी कठोर ड्यूटी! भारत सरकार उसे तनख़्वाह क्या देती होगी?

अचानक! तबाह! सब तबाह! आह! अब क्या करूं? रोऊं? रोऊं भी नहीं, तो क्या करूं? ठीक है; रोता हूं! बुक्का फाड़ कर!

मैं हंसने लगा।

एक सिपाही ने मोहिते को रूमाल निकाल कर दिया, जिसे उसने अपने रक्तरंजित कन्धे पर दबा लिया। रूमाल लाल होने लगा। तन कर खड़े मोहिते की ओर देखने के लिए मुझे अपना सर बहुत उठाना पड़ रहा था। मेरी आंखें भीग रही थीं, हालांकि मैं इतना नहीं हंस रहा था कि आंसू आ जाते।

''क्यों इतना हंस रहे हैं?'' मोहिते ने हैरत से पूछा।

''दरअसल मैं...अपनी हंसी और अपने रोने, दोनों को छिपाने के लिए हंस रहा हूं।'' मैंने कहा और हंसना रोक दिया, ''जो हुआ, हंसने लायक़ हुआ...और जो हुआ, रोने लायक़ भी हुआ।''

''क्या आपको खुद समझ में आया; अभी आपने क्या कहा?''

''नहीं!'' और मैं फिर हंसने लगा।

''क्या इसी तरह हंसते-हंसते हथकड़ी पहनेंगे?'' मोहिते ने पूछा। उतना घायल था, तो भी कितनी मज़बूती से बातें कर रहा था!

''हथकड़ी की क्या ज़रूरत? मैं भाग तो सकता नहीं! इन पैरों से!'' और मैं अपनी दोनों अधकटी जांघों पर तड़ातड़ थप्पड़ मारता चला गया। हाय, मेरे पैर! हाय, मेरे पैर! दे दिए हनुमन्त को! क्या आज का ही दिन देखने के लिए? ओ, महाबली! यह कैसा न्याय है! कैसा न्याय!

''बिना हथकड़ी के तो नहीं ले जा सकूंगा। सरकारी आदेश है।''

एक सिपाही हथकड़ी झुलाता मेरे सामने आ खड़ा हुआ। मैंने उसे ज़रा रुकने का इशारा किया। अपने कुरते की जेब से मैंने एक रूमाल खींच निकाला। परतें खोल कर मैंने वो रूमाल अपने मुंह से आधे बीते के फ़ासले पर रखा; फिर उसमें ज़ोर से थूक दिया।

गीले रूमाल को मैंने वापस परतों में मोड़ा और जेब में रख लिया। एस.पी.आई. की आंखों में देखते हुए पूछा, ''बता सकते हैं, मैंने अपने रूमाल में क्यों थूका?''

''जी...ये तो आप ही जानें...''

''भयंकर...एकदम भयंकर गुस्सा आ रहा था मुझे! उसी गुस्से को थूक दिया! आप ऐसा भी कह सकते हैं...कि मैंने अपने-आप पर ही थूका! अब ठीक हूं।''

"ख़ुशी की बात है...कि अब आप ठीक हैं!" मोहिते के स्वर में व्यंग्य की कमी नहीं थी, लेकिन मैंने परवाह नहीं की और आगे कहा, "ठीक मैं इसलिए भी हूं कि अभी...अचानक...तन-मन को झकझोर देने वाला...विचारों का एक तूफ़ान-सा आया और निकल गया!...क्या होना था, क्या हो गया...जो हुआ, वही क्यों हुआ...और जो हुआ, वो कितना सही हुआ...क्योंकि जो हुआ, सिर्फ़ वही हो सकता था...रोम-रोम में जो व्याकुलता महसूस की, उसे आप समझेंगे कैसे, जब तक मैं बोलूंगा नहीं? लिहाज़ा...मैं बोलूंगा ज़रूर! आप सुनेंगे तो सही न?"

"क्यों नहीं! लेकिन पहले आप ये हथकड़ी..."

मैंने संजीदगी से अपनी कलाइयां आगे बढ़ा दीं।

तीन सिपाहियों ने मिलकर मुझे व्हील-चेयर समेत उठाया और उस बड़ी-सी पुलिस-वैन में चढ़ा दिया। वैन के अन्दर कावेरी सर झुकाकर सिकुड़ी बैठी थी। उस ने मेरी तरफ़ देखा भी नहीं। निक्के ने भी नहीं देखा। मैं उन्हें मजबूर तो कर नहीं सकता था कि वे मेरी तरफ़ देखें। मैंने ग़ौर से झब्बू का मुआयना किया। झब्बू अपना लहूलुहान सर सम्भाल नहीं पा रहा था। पुश्त के साथ टिककर उसने आंखें मूंद रखी थीं। मैंने उसके सर के घाव को देखा और समझा। वो गोली लगने का ही घाव था, मगर गोली सर में धंस नहीं पाई थी। सर को छीलती हुई बाहर से निकल गई थी। ग़नीमत!

निक्का और कावेरी गोलियों की चपेट में आने से साफ़ बच गए थे। यह बात मैंने उनसे पूछी नहीं, उन्होंने बताई नहीं...लेकिन उनके बदन बोल रहे थे...

कावेरी, झब्बू, निक्का; तीनों को हथकड़ियां! मेरी तरह।

हमारे सभी नौकरों को दूसरी वैन में ठूंसा जा चुका था; साथ में चौकीदार को भी। क्या फ़ालतू...इन्हें क्या घसीटना? चलो, ठीक है...

हमारी वैन में चार राइफलधारी बैठ चुके थे। एस.पी.आई. मोहिते सबसे बाद में चढ़ा।

वैन रवाना हुई। इसका जो झटका आया, उससे मेरी व्हील-चेयर अचानक चल पड़ी। मैं डर गया! मेरे मुंह से एक ऐसी चिंहुंक फूट पड़ी, जो ख़ुद मुझे शर्मनाक लगी। ज़रा-सी बात पर कैसे डर गया! बस, इतनी औक़ात है मुझमें? इतनी ही क़ूवत?

मोहिते ने तपाक से पैर बढ़ाकर बीच में अड़ा दिया। व्हील-चेयर रुक गई।

"शुक्रिया! साब!" मैंने कहा। मोहिते ने कोई जवाब न दिया। वो मेरी व्हील-चेयर के हत्थे की तरफ़ देख रहा था। नहीं। अवश्य वो मेरी अधकटी जांघों की तरफ़ देख रहा था।

मैंने शुरू किया, "क्यों, साब! मेरी ये जांघे देखने लायक़ हैं या नहीं? दरअसल ...ये बहुत-कुछ बताती हैं।"

मोहिते ने झट से नज़र हटा ली; जैसे कोई चोरी पकड़ी गई हो।

मेरी आंखें चमकने लगीं, "यक़ीन करेंगे? जिस दिन महाबली अपनी गदा घुमाते, धड़ाम से आकर मुझ पर गिरे थे, उस दिन अगर वो चाहते, तो ज़रूर मेरा वध कर देते। इसके लिए उन्हें, बस, ज़रा-सा ही आगे आकर गिरना था। मैं पूरा दब जाता, ख़त्म हो जाता। मैं उनका घोर अपराधी था, आज भी हूं। फिर भी महाबली मेरे सिर्फ़ पैर लेकर ही रुक गए। वध नहीं किया मेरा। क्यों नहीं किया? आज तक इसका जो भी अर्थ मैं लगाता रहा, सब ग़लत था। ऐन अभी...बस, थोड़े ही क्षण पहले तक...मैं उसी ग़लत अर्थ से चिपका हुआ था...उबल रहा था क्रोध से! हनुमन्त को उलाहना भी दे रहा था!...लेकिन अभी अचानक...सही अर्थ चमचमा कर सामने आ गया! भद्रमोहन ने कितना सच कहा था! कि ज्ञान जब मिलता है, तब क्षण मात्र में मिल जाता है; बिजली की चमकार की तरह!...जैसा कि अभी-अभी हुआ...मेरे साथ! सुन रहे हैं, साब?"

"जी..."

"ज़रा सोचिए...वध याने क्या? छुटकारा! जिसका वध हो गया, वो तो इस हद तक छूट गया कि उसे कुछ पता ही नहीं! वो क्या था, क्या नहीं था; क्यूं था, क्यूं नहीं था; क्या हो सकता था, क्या हो गया; उसका सही भी क्यूं ग़लत था और ग़लत भी क्यूं सही था...उसे कुछ नहीं पता! क्योंकि उसका तो वध हो गया! क्या ग़ज़ब का छुटकारा! ऐसा छुटकारा महाबली भला क्यों दिलाते मुझे? दिला देते, फिर तो मैं सज़ा ही न पाता। अपराध से छूट जाता, सज़ा से भी छूट जाता! इसीलिए महाबली ने मेरे केवल पैर ले लिए और छोड़ दिया ज़िन्दा! आधा-अधूरा! यही है मेरा वध! असली वध! आधा-अधूरा ज़िन्दा छोड़ देना! और फिर...पुलिस के हवाले भी कर देना! क्योंकि ये हनुमन्त ही हैं, जिन्होंने मुझे पुलिस के हवाले किया है। क्या उनकी इच्छा या अनुमति के बिना आप मुझ तक पहुंच सकते थे? प्रश्न ही नहीं!...आज मेरी औक़ात क्या रही? और भविष्य? बरसों अदालती चक्कर। बरसों बाद फांसी। या अगर फांसी नहीं? तो बरसों की क़ैद और ज़िन्दगी भर की थू! लगातार! चारों तरफ़! यही है असली वध! मेरा अपना वध! महाबली के हाथों! क्या कहते हैं आप?"

मोहिते मुस्कराया, "भगत जी! बातें बनाना कोई आपसे सीखे।"

"सब हनुमन्त की लीला है।" मैं आदतन कहने जा ही रहा था, मगर चुप रह गया।